中社智库年度报告
Annual Report

主　编◎崔　波
副主编◎隗静秋　陆朦朦

出版新业态发展研究报告

2023—2024

Research on the Development of
New Publishing Business Models
(2023–2024)

中国社会科学出版社

图书在版编目（CIP）数据

出版新业态发展研究报告. 2023—2024 / 崔波主编. —北京：中国社会科学出版社，2024.12. -- ISBN 978-7-5227-4446-9

Ⅰ. G239.2

中国国家版本馆 CIP 数据核字第 2024F1F698 号

出 版 人	赵剑英	
责任编辑	周　佳	
责任校对	胡新芳	
责任印制	李寡寡	

出　　版	中国社会科学出版社
社　　址	北京鼓楼西大街甲 158 号
邮　　编	100720
网　　址	http://www.csspw.cn
发 行 部	010-84083685
门 市 部	010-84029450
经　　销	新华书店及其他书店

印　　刷	北京君升印刷有限公司
装　　订	廊坊市广阳区广增装订厂
版　　次	2024 年 12 月第 1 版
印　　次	2024 年 12 月第 1 次印刷

开　　本	710×1000　1/16
印　　张	18.75
插　　页	2
字　　数	325 千字
定　　价	108.00 元

凡购买中国社会科学出版社图书，如有质量问题请与本社营销中心联系调换
电话：010-84083683
版权所有　侵权必究

序　　言

　　出版作为文化传承和知识传播的重要载体，始终与时代脉搏和技术变革紧密相连。随着技术的不断进步和社会的快速发展，出版业也在不断面临技术性变革和应用性创新。特别是人工智能技术的广泛应用，正在对出版业产生深远的影响。从内容创作到市场分析，从出版流程到读者互动，人工智能正在为出版业带来前所未有的机会和挑战。本书立足于记录和探索出版领域的新现象、新动态。这些现象或许只是出版业变革浪潮中的一抹亮色，甚至可能在未来转瞬即逝，但它们在出版的历史长河中留下了深刻的印记。

　　在热点篇，本书聚焦出版业界的热门话题和关键事件，其中之一便是生成式人工智能技术在出版业的应用。本部分既有对生成式人工智能在出版业应用的系统梳理，也分析了数智赋能的少儿出版融合发展。此外，本部分还对中国式出版现代化、预印本出版等前沿热点领域进行梳理，以期反映2023—2024年出版业的新动态。

　　在产业篇，本书深入分析了多元领域的新业态、新现象，内容覆盖出版短视频、图书市集、全媒体戏剧出版、学术出版等新鲜有趣的议题。这些新业态的涌现，不仅丰富了出版市场的产品形态，更为读者带来了丰富多彩的阅读体验和文化享受。

　　在国际篇，本书聚焦与中国具有更多文化关联性的共建"一带一路"国家和地区，对共建"一带一路"国家和地区的出版业动态进行全面系统地梳理与总结，为不同文化和市场的出版业务开展提供有益参考。

　　在案例篇，本书重点分析了一批融合出版产品与企业案例，包括青云在线，旨在探讨数字教辅出版转型发展；华东理工大学出版社融合出版实践，旨在挖掘中小型出版社融合发展的路径。通过这些实例，我们可以更直观地了解技术迭代中出版一线的生动实践。

在政策篇，本书将研究落脚点置于出版融合政策和版权保护政策等领域，这也是当前出版新业态发展中关键的政策因素。本部分对相关前沿政策进行梳理，尤其对政策的行业影响进行深度剖析。

通过观察与分析，我们可以更好地理解当下出版业的趋势与方向，并为未来的持续发展提供借鉴。我们深知，每一个新现象、每一次创新尝试，都是出版业进步的阶梯。当后人研究我们所处时代的出版历史时，他们可以从这些浪花中拼接出历史的全貌，感受我们这个时代的出版脉络和创新精神。

希望通过本书的呈现，让更多的人了解出版业的变革与发展，激发更多的创新灵感和动力。同时，我们也期待与学界、业界同仁共同探索出版业的未来之路，共同书写出版业更加辉煌的未来。

崔波

2024 年 5 月 6 日

目　录

热点篇

中国式出版现代化发展报告 …………………… 崔　波　黄智尚（3）
生成式人工智能在出版业的应用现状及发展趋势研究
　　报告 …………………………… 赵　磊　林庆澳　张　薇（16）
中国预印本发展研究报告 ………………… 刘　畅　陈一奔（31）
中国少儿出版融合发展研究报告 ………… 曹月娟　孙雯雯（48）

产业篇

出版行业短视频与直播业态发展
　　报告 …………………………… 王思文　胡雨祺　严童静（69）
中国NFT出版发展报告 …………………… 李　修　刘玉林（81）
中国图书市集发展报告 ………… 沈　珉　徐　妍　庄心雨（101）
中国全媒体戏剧出版业态报告 …………… 王勇安　赵浚哲（123）
学术出版发展报告 ………………………… 王子娴　王艺霏（137）

国际篇

"一带一路"国际出版报告 ……… 杨海平　冯明会　陈月梅（155）
亚洲出版产业发展报告 ………… 刘　畅　石国旭　冀莹珂（184）

案例篇

基于青云在线数字教辅出版转型
  报告 ………………… 崔　波　杨淳淇　刘舒予　蓝　榕（211）
中国剧本杀出版新业态发展报告 ……………… 王武林　刘子博（230）
华东理工大学出版社融合出版
  报告 ………………… 尹　力　张　杰　马　兰　邢　洁（261）

政策篇

中国版权保护报告 ………………… 李　娟　李琬钰　陆　彤（275）

热点篇

中国式出版现代化发展报告*

崔 波 黄智尚**

摘 要：在向民众传播民族"站起来"、人民"富起来"、国家"强起来"的同时，中国出版以时代为底色、以文化为内核形成了中国式现代化话语体系。坚持以出版物为中心，在党的领导下推动出版业高质量发展。在坚持"二为"方向、"双百"方针、社会效益与经济效益相统一，以及创造性发展和创新性转化的过程中，逐步推动中国式出版业现代化发展。面对蜂拥而至的技术，出版人迎难而上，坚守出版把关岗位，适应时代变迁，坚持为人民服务，为社会主义服务。站在"两个一百年"奋斗目标的历史交汇点，积极践行社会主义核心价值观、铸牢中华民族共同体意识、打造中国文化软实力成为中国式出版物现代化转型升级的主要任务。

关键词：中国式现代化；出版；历史演进；社会动因；未来面向

党的二十大报告中指出，从现在起，中国共产党的中心任务就是团结带领全国各族人民全面建成社会主义现代化强国、实现第二个百年奋斗目标，以中国式现代化全面推进中华民族伟大复兴。从中华人民共和国成立到改革开放，再到党的十八大以来，中国出版逐步摸索出了中国式现

---

* 本研究是国家社科基金重大项目"'双循环'新格局下中国版权贸易国际竞争力研究"（项目批准号：21&ZD322）的阶段性成果。

** 崔波，博士，浙江传媒学院出版学院教授、硕士生导师；黄智尚，浙江传媒学院新闻与传播学院硕士研究生。

代化的发展道路。中国式出版现代化既具备各国出版现代化的共性,也包含符合中国国情的个性品质。相较于西方资本主义国家走过的出版现代化道路,中国出版的本土化与现代化自成一体,对西方出版现代化进行批判借鉴的同时,又以本土品质为基础,在借鉴中发展,为保持中国出版的生机与活力提供源源不断的养分。中国式出版现代化包括三个层面,即中国式出版业现代化、中国式出版物现代化、中国式出版人现代化。

一 中国式出版业现代化

中国式出版业现代化有别于西方,它是在马克思主义的指导下,根据中国的具体国情和时代特征而提出的围绕新发展理念的现代化,体现的是国家意志;中国式出版业现代化在与其他民族的文化交流互鉴中得到发展,广泛吸收外来文化的精华,具有国际视野。出版方针、政策和法规或被时代主题性事件唤醒,或与时代需求不期而遇,它们既是中国式出版业现代化的分期标准,又为中国式出版业现代化带来巨大的发展空间,是中国出版业永葆生机和活力的主要原因。

(一) 中国式出版业现代化曲折探索 (1949—1978 年)

1949 年 10 月,全国新华书店第一届出版工作会议在北京召开,毛泽东同志题词"认真作好出版工作"。1950 年 9 月,第一届全国出版会议明确提出了出版业的基本方针是为人民服务。1952 年 9 月,国家出版总署印发《关于公营出版社编辑机构及工作制度的规定》,提出了编辑初审、编辑主任复审、总编辑终审的出版"三审制"。

基于出版的意识形态属性,中华人民共和国成立初期,"对私营出版业,以各种方式加以利用、限制和改造,使之逐步地纳入国家计划建设的轨道"。1956 年年底,国家完成了对私营出版业的社会主义改造,全国共有出版社 97 家,其中国营出版社 80 家,公私合营出版社 17 家。[①] 在基本完成对出版业所有制的社会主义改造后的 1956 年,毛泽东同志提出"百花齐放、百家争鸣"的重要方针,带动了出版业的繁荣发展,一批优

[①] 范军主编:《新中国新闻出版业 70 年》,书籍出版社 2019 年版,第 3 页。

秀作品出版，为保卫社会主义制度作出重要贡献。

从 1949 年中华人民共和国成立到 1978 年改革开放之前，出版业现代化虽然经历了"大跃进"和"文化大革命"两个时期的挫折，但是高度计划的出版体制，在一定程度上贯彻了"百花齐放、百家争鸣"和"为人民服务"等宗旨和方针。既保障了党和国家的政策得以广泛传播，也使出版人的地位和劳动得到尊重。然而，计划经济下的出版业一定程度上制约了出版生产力的发挥。

（二）中国式出版业现代化优化转型（1978—2012 年）

从"文化大革命"中走出的中国出版业，面临着落后出版生产力和广大人民群众对出版物的渴望的矛盾。1983 年 6 月，由中共中央、国务院印发的《关于加强出版工作的决定》对于拨乱反正具有历史意义，明确了出版物的双重属性，要求出版工作正确处理社会效益与经济效益的关系，"出版事业的发展，既是社会主义精神文明建设的重要方面，又是物质文明建设的组成部分和重要条件"，"必须坚持为人民服务、为社会主义服务的根本方针"，为中国经济建设和改革开放提供强大的精神动力和智力支持。

20 世纪 90 年代，中国基本上已经解决了书荒难题。然而出版市场的繁荣，也滋生了诸如片面追求经济效益，导致图书、报纸、期刊出版质量下滑等问题，因此对出版活动规范化刻不容缓。从 1994 年起，国家停止出版内部报刊上千份；逐步取消了省市行业报刊，合并内容重复的报刊，精简报纸、期刊数百种。1997 年 1 月，国务院颁布了《出版管理条例》，该条例成为指导出版活动与出版管理的基本准绳和重要遵循。

从 2002 年开始，在文化体制改革精神的推动下，以企业化、市场化和产业化为重点的出版体制改革拉开序幕；2006 年 1 月，中共中央、国务院颁布了《关于深化文化体制改革的若干意见》，出版业体制改革全面推开。截至 2012 年 9 月，580 家出版社、3000 家新华书店、38 家党报党刊发行单位、3041 种非时政类报刊完成转企。[①]

[①] 范军主编：《新中国新闻出版业 70 年》，书籍出版社 2019 年版，第 16 页。

(三) 中国式出版业现代化创新发展 (2012 年至今)

2012 年 11 月，党的十八大召开，吹响了全面建成小康社会、加快推进社会主义现代化的集结号。出版业在新的历史方位上统筹把握中华民族伟大复兴战略全局和世界百年未有之大变局，全面优化升级出版业，在融合发展、提高质量等方面推进改革的总体布局、战略安排。

针对部分出版企业片面追求经济效益、忽视社会效益的情况，中共中央办公厅、国务院办公厅于 2015 年 9 月印发《关于推动国有文化企业把社会效益放在首位、实现社会效益和经济效益相统一的指导意见》。2018 年 12 月，中宣部印发了《图书出版单位社会效益考核评价试行办法》，确立了包括出版质量、文化和社会影响、产品结构和专业特色、内部制度和队伍建设等在内的考核指标。推进党委领导与法人治理结构相结合的管理模式，在出版集团和上市公司设立总编辑岗位，建立健全编辑委员会，统筹重大选题策划，组织重点产品生产，履行内容把关终审职责。一批传承中华文明、传播中国声音、培育民族精神、凝聚社会共识、提高公民素质、促进经济发展、推动社会全面进步的精品力作不断涌现。

党的十九大和党的二十大将中国出版业置于中华民族伟大复兴与文化强国建设的认识高度，出版承担着"举旗帜、聚民心、育新人、兴文化、展形象"的历史使命，出版业践行"马克思主义基本原理同中国具体实际相结合、同中华优秀传统文化相结合"，实现中国出版产业和出版事业创造性转化、创新性发展。

二 中国式出版人现代化

自印刷时代以来，随着历史的流转和技术的更迭，出版生产要素配置不断创新，出版产业也迎来了深度转型，出版主体同样呈现出多元化发展趋势。现代化出版技术在高速发展之下也开始跻身于出版主体之列，从而导致长期占据高位的出版人面对新的挑战。面对新主体、新局势的冲击，出版人唯有守正创新、拥抱技术，方能保证人的主体地位，坚守住为人民服务、为社会主义服务的出版阵地，并在发展中呈现出与现代化出版技术同频共振的态势。

（一）出版流程的把关者

出版人作为出版生产的重要推动者和参与者，其自诞生时就具备对出版内容进行"把关"的权力。尤其是出版产业成熟以后，出版物往往需要经过"三审三校"方能正式走向读者。但值得注意的是，出版内容往往面向大众传播，而出版物作为载体，向读者传递所蕴含的精神理念和观点，这种内容更多被称为"知识"。因此，也可以说出版人是人类知识的把关人。他们不只是信息筛选者，他们更是知识"得以传播、何以传播"的关键决策者；甚至从知识权力的视角看，他们还是"何为知识"的定义者。

随着智能媒体技术的发展和渗入，诸如内容核对、纠错、润色等较为繁杂、重复、无创作意义的劳动开始交由技术处理，极大程度地提高了出版生产的效率，但同时把关权也因此不再是出版人特有的权力。出版技术介入出版活动时，会依照其通过批量数据处理和学习所得的内容进行出版内容审核工作，但人类知识并非声音越大就越有说服力，所以出版技术所作出的决策并不总是正确的，甚至复刻错误。比如，谷歌于2023年年初发布的机器人Bard就误将本由甚大望远镜阵列拍摄的第一张太阳系外行星的照片"易主"给了詹姆斯—韦伯望远镜。[①] 除此之外，基于算法逻辑开展出版工作的技术还会加重社会偏见。

联合国教科文组织的一项研究发现，开源LLM在编写故事时总是将类似于工程师、医生等一类具有高地位的工作人员设置为男性，而将如"佣人"等传统上并不体面的、甚至污名化的角色分配给女性。在其关于家庭劳动的表述中，女性出现的频率是男性的4倍，与"女性"共现的高频词往往是"家庭""孩子"等。除此之外，生成式AI还可能"存在性别偏见、恐同和种族刻板印象倾向"。[②] 因此，在中国式出版现代化建

---

① 《答错一题，扣千亿美元！谷歌聊天机器人首秀回答出错股价暴跌8%》，2023年2月9日，澎湃新闻，https://www.thepaper.cn/newsDetail_forward_21845879?commTag=true。

② 《教科文组织报告敲响警钟：生成式人工智能加剧性别偏见》，2024年3月7日，联合国新闻，https://news.un.org/zh/story/2024/03/1127197。

设与技术融入的过程中，出版人的编辑力是保证出版物表达正确的关键所在。

随着人工智能的研究越发深入，技术开发者和社会各界都越发关注到人工智能价值对齐（AI Alignment）的问题，大模型的安全性和实用性都在不断提升。OpenAI 在其 2023 年发布的博客"Our Approach to AI Safety"中指出，其通过反馈强化学习等技术改善模型，以及建立广泛的安全和监测系统等措施以强化 ChatGPT 的安全性。① 清华大学黄民烈研究团队也针对大模型的安全伦理问题开展系统研究，并通过建立安全框架，打造中文大模型的安全风险测试评估平台的形式，完善人工智能的安全体系。② 尽管如此，人工智能的风险仍旧存在，出版人在编辑生产中发挥的作用始终无法被机器替代。

一方面，法律的滞后性与技术的高速发展之间的矛盾导致法律在人工智能生产内容上的监管是缺位的，从而导致出版的各个决策环节无法完全、清晰地向读者披露和解释，其最终生成内容的可信度是存疑的。另一方面，人工智能作为非人主体，其活动只受字符代码限制，而不受道德法规的约束。③ 所以无论安全框架如何搭建，人工智能始终依据运算进行"价值判断"这一底层逻辑不会改变，因而它始终无法将人类的价值观等作为其根本判断标准。此外，算法本身也是由开发者设定的，但开发者所预设的价值理念显然不可能完全等同于普适性的、主流的价值观。在人工智能的后续工作中，原先非主流的观点不断强化会致使内容的同质化，甚至积非成是。因而就当前技术来看，人工智能生成内容与主流价值保持对齐是一个伪命题。所以更要求出版人牢牢把握编辑力的主体地位，审慎看待技术、加强驾驭能力，确保出版内容的正确性和正向性，避免过度依赖技术导致把关权力的让渡与丧失。

---

① 《关于 AI 安全，OpenAI 最新回应：没有人会为了尽快取得成功而"偷工减料"》，2023年4月7日，澎湃新闻，https://www.thepaper.cn/newsDetail_forward_22594731。

② 《如何规避安全风险？大模型安全评估框架发布》，2023年3月24日，清华新闻，https://www.tsinghua.edu.cn/info/1182/102311.htm。

③ 崔波、黄智尚：《AI 涌现：国际传播生态新物种、新范式和新秩序》，《出版广角》2024年第 3 期。

（二）技术变迁的适应者

出版技术蜂拥而至，数字化出版势不可挡。面对时代的浪潮，出版人一方面需要不断适应数字智能技术带来的变化，以积极的态度、"以我为主，为我所用"的原则拥抱技术，提高出版效率，打造现代化出版；另一方面也需要提升对于出版技术和自身的认知，快速适应技术高速发展所带来的变化，及时作出改变，拓展编辑力的竞争力度、强度和广度，占领编辑出版活动中的话语权高位。

正如前文所言，出版技术带来的出版效率的提高和出版效益的增长是毋庸置疑的，并且技术的融入促使出版内容变得更为生动多元，也让出版人的观念思想，以及希望传播的内容以更加易于接受的形式高效、高速地传递给读者。因此，出版技术对出版人而言并不只是竞争者，也是建设中国式出版业现代化的重要合作者。培养专业高素质技术型出版人才成为当前建设出版的重要一环。2014年，国家新闻出版广电总局联合财政部发布了《关于推动新闻出版业数字化转型升级的指导意见》，并在新闻出版业数字化转型升级的主要任务中提及要"加强数字出版人才队伍建设"，包括培养在岗的高级数字人才和数字出版的储备人才。2016年以来，国家新闻出版广电总局就开展了一系列出版融合发展重点实验室的建设活动，以期为出版行业培养高端复合型人才和专业技术骨干人才；2017年，总局发布《关于开展"数字出版千人培养计划"试点培训工作的通知》；2020年，中共中央办公厅、国务院办公厅印发的《关于加快推进媒体深度融合发展的意见》，以及国家新闻出版署发布的《出版业"十四五"时期发展规划》，都强调了数字出版人才建设的重要性和必要性。截至2023年2月，全国开设数字出版本科专业的普通高校共20所，同时编辑出版学教育的数字化转型也在加快，全国80余所设立编辑出版学专业的高校基本上都开展了培养方向和课程体系的数字化改造。[1] 除了加强出版技术学习和应用能力，提升出版人对出版技术的适应能力也是不容忽视的一点。

---

[1] 高锦宏：《做好新时代数字出版人才培养工作》，《中国新闻出版广电报》2021年11月1日。

虽然以人工智能为代表的出版技术通过广泛的应用度和庞大的资料库来提升信息的丰富性与多样化，但算法逻辑下的人工智能所生产的内容始终是有局限性的。在算法逻辑的运作之下，受关注的内容会得到人工智能的青睐，被忽视的内容依旧被冷落，甚至更严重。因此只要人工智能的底层算法逻辑不发生改变，被忽视的、边缘化的知识就始终难以得到传播，并在"马太效应"的作用下逐步失声甚至消亡。但文化世界应当是五彩斑斓、多姿多彩的，绝非一家之言可以撑起的。因此，面对这些当前技术无法调和或者本就由技术引发的问题，出版人应当加强观察力、适应力和行动力，在充当内容筛选者和信息传播者之余，成为文化多样性的保护者，确保中国式出版的多样化和多元化，以及人类知识世界的丰富性和延续性。

（三）"二为"方向的坚守者

从赋能加码到竞争合作，尽管出版人与出版技术之间所呈现的关系越发复杂，但"为人民服务、为社会主义服务"这一方向始终是中国式出版现代化所要遵循的基本要求和必须承担的社会责任，同时也是出版人的基本职业规范。关于"为社会主义服务"这一概念，胡乔木认为："只要有益于培养社会主义新人的世界观、理想、道德、品质、信念、意志、智慧、勇气、情操和整个精神世界，都是为社会主义服务。在今天，为社会主义服务就是为人民服务。"[①] 总体上看，"二为"方向是统一的，宗旨都在于满足人民多样化的精神文化需求，构建和谐的社会风气，推动文化的繁荣发展。

具体而言，由于出版活动最终面向的是读者，出版物作为一项产品应当满足人民需求，因此出版人在出版物生产过程中也当首先考虑读者的需求。无论是出版物中所传递的知识、所蕴含的思想，还是出版物的载体、交互、格式、呈现形式等，都应当以人民群众喜闻乐见的形式为主。另外，专业的出版人也应当意识到兼具意识形态产品和商品属性的出版物，还需具备启迪民智、教化育人的职能。这也要求出版人不能只

[①] 转引自丁艳霞《论编辑的"二为"方针的现实意义与实践要求》，《今传媒》2015年第9期。

是一味地迎合受众的需求，而要对出版内容作出专业的筛选，为读者提供优质的出版物。同时，以为人民服务为宗旨的出版人会与读者形成似有若无的"人际吸引律"，促使出版人与读者之间搭建起互相信任的桥梁，从而进一步提升出版人的知名度。①

除此之外，出版人不仅需要把握好单个或系列出版物的方向，还需要从社会需求和时代背景上把握出版的大方向，最为典型的就是主题出版。出版人通过社会信息传播，围绕某一符合当下社会需求，并与时下的政治、经济、社会、技术相适应的主题进行议程设置，引导受众关注那些能展现党和国家关于探索与建设中国特色社会主义道路的历程，以加强民族凝聚力、文化认同度和国家软实力。2023 年，中国出版人以"纪念毛泽东同志诞辰 130 周年"为主题，围绕党和国家领导人的事迹推出一大批如《毛泽东年谱》《永远的"毛泽东号"》《世界是这样知道毛泽东的》《抗战旗帜毛泽东》《毛泽东文谭》等优秀出版物，引导群众从红色资源中汲取精神力量；2024 年，各出版社也开始围绕"纪念邓小平同志诞辰 120 周年"这一主题进行谋划和布局。

出版技术赋能也为出版人的出版活动提供了更多的可能性。结合数字虚拟人、NFC 芯片等软件、硬件技术，以虚实结合的交互形式提升出版内容的可读性和易读性，满足读者的新兴文化需求，将传统出版与数字出版进行有机融合，最大限度为出版人践行"为人民服务、为社会主义服务"提供助力。

三 中国式出版物现代化

作为出版活动的客体，出版物既是出版人与作者、读者、社会等之间纷繁复杂关系的交汇点，也是发挥出版效能的关键载体。如果将出版人看作人类知识的筛选者，在浩瀚的知识海洋中筛选出那些先进的、优秀的、符合人民与社会需求的内容，那么出版物就是一座桥，将那些出版人所希望传递的内容和知识文化与读者连接起来，并借此促进社会交流、形成社会合意，进而加快中国式现代化的步伐，推动中国优秀文化

---

① 任希儒：《编辑工作中的吸引律》，《出版发行研究》1988 年第 1 期。

内容走向现代化、走向世界、走向未来。

（一）引领社会价值观

出版物自进入读者或观众视野起，就开始影响和塑造着他们的世界观和价值观。一方面出版物中所蕴含的知识文化满足了读者、观众最基本的需求；另一方面，出版物作为文化载体，通过其中所蕴含的具有一定深度的价值观念去触动信息接受者，从而达到影响个人价值观和引领社会价值观的作用。

具体而言，出版物作为一项商品，要满足消费者的需求才能生存。但就出版物本身的特殊属性和功能而言，作为"工具"的出版物更多层面上是作为读者世界观和方法论上的指导物。比如，课本、科普读物和影音等具有教育性质的出版物以"工具"的角色为人们提供技术等层面的支持，去补足人们在基础知识方面的缺失。中华人民共和国成立初期，出版物成为开展"扫盲运动"的重要工具，为刚获得解放的人民群众提供了认识世界的新方式和新角度。《中国统计年鉴（2023）》的统计数据显示，2022年新出版的课本种数达21022种，占出版总数的38.2%。高比例的专业性图书和教材的出版，反映出出版物在知识教育中的重要地位。

出版物是文化的载体，出版物传达了出版人的思想，读者作为信息接收者受其影响。出版物作为"扫盲运动"的工具，为人民群众扫除了因文字隔阂带来的阴霾；同时也为人民群众扫去愚昧，带来了新思潮。纵观中国历史，可以发现出版物对于人类意识变革的重要作用，《新青年》《湘江评论》冲破了历史禁锢的闸门，为黑暗笼罩的中国带来了"德先生"和"赛先生"；《林海雪原》等红色经典反映了革命时期人们的时代精神与革命力量，为国家建设提供了强有力的精神力量。

可以说启蒙运动真正的发动机是出版，出版物在不同的时代需求下促进知识和文明的飞速进步与全面传播。关于当前出版物的重要任务，时任中国出版协会理事长的柳斌杰在2014年出版工作者践行社会主义核心价值观座谈会上指出，就是在于"培育和践行社会主义核心价值观，形成中华民族伟大复兴的精神支柱和全国人民团结奋斗的思想基础"。[①]围绕这一任务,一大批中华优秀出版物涌现出来,覆盖了政治、经济、历史、艺术、农业等各个方面,根据不同的传播层次和对象进行内容设计,运用各式各样的技术手段和传播方式,"贴近化、对象化、接近化"地引领读者感悟社会主义核心价值观。

(二) 铸牢中华民族共同体意识

出版活动作为一种"共享与互动"的文化传播过程,出版物承担其中载体和介质的角色,出版活动的参与者借此实现了意义的共享。因此可以说,出版物不只是在塑造个体的世界观与价值观,同一思想指导下的出版物还通过批量复制与规模传播,引领一个群体形成社会合意、达成共识。这种共识是国家统一的基础,是民族团结的根本。凝聚共识是中国式出版物现代化的重要职责和任务,对此,中国式出版物现代化进行了诸多实践。

其一,出版物在出版生产时牢牢把握"共同历史、共同文化、共同情感、共同价值"四个方面以铸牢中华民族共同体意识。2024 年出版的《中华民族共同体概论》,通过结合"以史带论、论从史出"的论述方式,从中华民族整体视角出发,涵盖政治、经济、社会、文化等多个维度,以契合青年学生认知特点和学习习惯的写作形式讲述马克思主义基本原理同中国具体实际相结合、同中华优秀传统文化相结合的伟大实践、历史成就和创新理论成果。[②]

其二,把握好民族间的共同性和差异性。可以将出版物译成多种少数民族语言传向民族地区。例如,四川民族出版社出版的《何以中华》推出了面向汉族、藏族、彝族、壮族的双语版;中国传媒大学和中国新闻网联合推出的"解码中华文化基因"系列融视频也推出了多种少数民族语言版本进行传播。在科学保护方言和民族语言文字的同时,也需

---

① 《做好社会主义核心价值观的践行者、推动者、引领者——出版工作者发出践行社会主义核心价值观倡议书》,2014 年 9 月 4 日,中国政府网,https://www.gov.cn/xinwen/2014-09/04/content_2745708.htm。

② 《一本书读懂中华民族共同体——〈中华民族共同体概论〉出版座谈会在京举行》,2024 年 3 月 1 日,光明网,https://politics.gmw.cn/2024-03/01/content_37179424.htm。

坚定不移地加强推进通用语言文字普及与推广工作。

统编教材建设和通用文字教育对于铸牢中华民族共同体意识的重要性非同小可。党的十八大以来，习近平总书记就此多次作出重要指示批示，强调要"全面加强国家通用语言文字教育，不断提高各族群众科学文化素质"①，并指明"提高民族地区教育质量和水平，加大国家通用语言文字推广力度"②的重要意义。二十届中共中央政治局第九次集体学习时也指出，全面推广普及国家通用语言文字，全面推行使用国家统编教材，以语言相通促进心灵相通、命运相通。③《中华诗词鉴赏》围绕小学生必背75首古诗词设计融合出版物，有助于全国人民群众接受优秀中华传统文化的熏陶，让民族文化血脉得以赓续，从而加强全国各族人民的身份、文化和情感认同。

（三）打造国家文化软实力

随着中国日益走向世界舞台的中央，中国文化的国际出版变得十分紧迫，如何向世界讲好中国故事、传播好中国声音，并在国际范围内打造中国文化软实力，成为出版物亟待回答的重要时代命题。

当前中国对外出版仍有较大的发展空间，从出版物进出口贸易上看，2022年全国图书、期刊、报纸、音像、电子出版物的进口总额共计76702.88万美元，但出口总额仅为3395.97万美元，贸易逆差较为显著；从版权进出口贸易上看，中国版权输出数量从2003年的1443种增加到2020年的13903种，由于国际经济环境的影响，2021年和2022年均有下降；从整体上看，中国的版权输出在近二十年实现了大跨步的发展。为了加强版权输出和加大出版物的贸易，中国通过构建主流零售渠道、跨国网络书店、海外版权代理机构等，搭建矩阵化的国际营销渠道，拓宽中国出版物的营销。其中以网络文学为代表的电子出版物在对外传播上起到了较好的示范作用。《2020中国网络文学蓝皮书》数据显示，2015—

---

① 习近平：《在全国民族团结进步表彰大会上的讲话》，《人民日报》2019年9月28日。
② 王敏：《全面加强国家通用语言文字教育》，《人民日报》2021年5月10日。
③ 习近平：《铸牢中华民族共同体意识　推进新时代党的民族工作高质量发展》，《人民日报》2023年10月29日。

2020年，中国网络文学作品数量逐年递增，截至2020年，中国向海外输出网文作品数量10000余部，辐射五大洲，在共建"一带一路"的亚非拉国家形成了基本的网文市场，在东南亚和欧美地区也有了自身的影响力。① 此外，网络文学还通过内容出海与生态出海双管齐下的出海模式稳步扩大规模，甚至与美国好莱坞大片、日本动漫与韩国偶像剧合称为世界四大文化奇观。

值得注意的是，网络文学出海过程中通过 AI 翻译结合人工审校从而加快网络文学的规模化出海进程，也为中国出版物"走出去"带来了可借鉴方向——运用技术全方位、多层次、多角度提高中国式出版物现代化对外传播能力和叙事技巧。AI、VR/AR/XR 等新技术不论是在传播渠道还是内容创作、场景升级等方面，都为中国式出版物现代化带来了新的活力。上海米哈游公司所推出游戏《原神》中的新角色"云堇"以一曲《神女劈观》在 YouTube 和 Twitter 等海外软件上爆火，在海外掀起了一波"戏曲热"，从未接触过戏曲的海外玩家因此开始关注中国的戏曲文化，并产生了浓厚的兴趣。②

渠道的打通与技术的赋能都是服务于内容，内容始终是出版物在对外传播过程中取得好成绩的核心与关键。一方面在于出版物本身内容的质量；另一方面，在于跨文化传播过程中进行高低语境转化后的内容质量，以及受文化差异影响的内容到达率，主要表现在语言翻译和文化隔阂带来的文化误读。因此，中国出版物在对外传播过程中应当增强对国外受众需求的适配性，做到"取其作品叙事所长，投其异域文化所好，应其涉华态度之变，供其国际视野所需"。例如，浙江传媒学院撰写并翻译的《中希交流：聆听五千年的回响》，以中希两国当代青年的视角去探索中国与希腊共通的文化根源，从而向海外读者展示中华文明与希腊文明对话的历史文化。通过把握叙事口吻、传播对象，以及翻译等，打好内容基础，加强出版物的传播力，确保其中知识文化突破壁垒畅通地到达读者。

---

① 《2020中国网络文学蓝皮书》，2021年6月2日，中国作家网，https：//www.chinawriter.com.cn/n1/2021/0602/c404023-32119854.html。
② 《听潮观澜｜"十四五"时期中国版权贸易现状》，2022年7月7日，新华社，https：//xhpfmapi.xinhuaxmt.com/vh512/share/10937451。

生成式人工智能在出版业的应用现状及发展趋势研究报告

赵 磊 林庆澳 张 薇[*]

摘 要：人工智能技术的飞速发展使人工智能生成技术得到了极大的提升，生成式人工智能技术所具备的流畅对话、编写代码、阅读文献、撰写报告和内容生成等能力，将人机对话推向了新的高度，深刻地影响了各个领域。近年来，生成式人工智能技术在出版业的引入，在提升内容生产效率和质量的同时，也带来了数据安全风险急剧上升、知识版权侵权风险和价值伦理偏离等挑战。在可以预见的将来，生成式人工智能技术与出版业的融合将更加深入，将为出版业实现智能出版、全流程升级、融合细分出版领域和提供优质出版服务等图景提供重要支撑。

关键词：生成式人工智能；智能出版；出版业；内容生产

一 生成式人工智能在出版业应用的近期进展

（一）生成式人工智能技术概述

自1956年麦卡锡（John McCarthy）提出人工智能概念以来，直到计算机、通信技术和互联网的广泛普及，人工智能才与出版业的稿件审校、出版物营销和用户分析等领域逐步融合，但一直未能进入出版业的内容

---

[*] 赵磊，博士，浙江传媒学院出版学院副教授、硕士生导师，研究方向：数字出版；林庆澳，浙江传媒学院新闻与传播学院硕士研究生；张薇，浙江传媒学院新闻与传播学院硕士研究生。

生产领域。

2022年，OpenAI公司开发的高级语言生成模型ChatGPT（Chat Generative Pre-trained Transformer）、Bing Chat和Bard文本生成机器人以及Stable Diffusion和Imagen绘图机器人的推出与应用，基于超强算力、大数据和智能算法在自然语言处理领域展现的巨大技术进步，可以完成几乎所有涉及理解和生成自然语言、图像与音频等内容的多模态任务，出版业作为与人类语言联系极其密切的领域，自然也被推进到了新纪元。与之前的人工智能相比，生成式人工智能机器开始能够模拟人类的创造性思维而生成数字内容，从而有望大幅促进社会生产力的发展，加速各行各业的智能化进程。当前，人工智能机器学习领域可以分成判别式（Discriminative）和生成式（Generative）两种模型。前者即常规人工智能，典型应用领域包括图像识别、语音识别、内容分析和数据分类等。生成式人工智能（Generative AI）则指具有文本、图片、视频、音频和动画等内容自动生成能力的模型及相关技术，强调基于数据集学习归纳后的演绎创造，通过模仿式、缝合式的生成创作，在与用户的互动中不断完成自我进化和规训，从而产生全新的内容。所以，生成式人工智能的本质是"创造未知"。[①]

目前，生成式人工智能主要应用领域聚焦于文本生成和图像生成两大核心功能。在文本生成方面，包括智能对话、代码生成、决策辅助、智能翻译和知识管理等；而在图像生成方面，则包括了图像设计及生成、视频生成和模型生成等。[②] 基于这些内容生产功能，生成式人工智能可以在包括出版业在内的诸多产业中发挥出惊人的创作能力。生成式人工智能能够在出版业智能选题、内容生产、版本印刷、智慧发行等方面发挥提质增效作用，推动出版业的人工智能应用的深度发展。

（二）生成式智能出版新业态概述

人工智能的引入将出版推进到新阶段之后，出版业已经超越了数字

[①] 《中国AI治理的独立思考——生成式人工智能发展与监管白皮书》，2023年8月16日，未来智库网站，https：//www.vzkoo.com/document/20230816ee813e51b95cb48a1a3576fd.html。

[②] 《通用人工智能的曙光：生成式人工智能技术的产业影响》，2023年8月9日，植德律师事务所网站，http：//www.meritsandtree.com/index/journal/detail? id = 6375。

出版发展阶段的初期特征——将各种出版内容进行简单的数字化再现，而是呈现以人机共生、"软"技术管理理念为依托，人工智能等前沿技术完美融入出版业生产流程的崭新特征，[①] 出版业也进入了智能出版阶段。相较传统出版业态，人工智能赋能下的出版业态实现了内容生产智能化、出版形态多元化和出版发行智慧化，从而推动出版向高效率、精传播和深价值方向的纵深发展。

智能出版是指以智能化数字技术对作品进行编辑加工后，经过复制发行的新型出版类型。[②] Midjourney、Stable Diffusion、ChatGPT 和 SORA 等生成式人工智能产品的出现与应用，为生成式智能出版这一全新业态的出现提供了技术支持，从而带来出版流程进一步的智能变革，并促进出版产品及服务数智化的加深。生成式智能出版即运用生成式人工智能为主的相关理念、技术、工具和平台等开展的相关出版活动。与现有智能出版的区别在于，它以生成式人工智能为基础和核心，能够用于解决出版中没有明确答案的创造性问题。例如，出版物选题的生成、出版物内容的自动生产和出版物营销方案设计等。但是，现在的智能出版则专注于解决有边界、有最优解的选择性问题。例如，稿件审校、稿件分析评价、出版物内容识别和出版物智能营销等，即生成式智能出版能够赋予智能出版各流程创造性的根本特征，对智能出版进行进一步的丰富、深化与创新。

ChatGPT 通过大规模数据挖掘、神经网络技术、预训练与微调、自监督学习和多任务学习等技术的综合应用，集信息支持、创作支持、服务支持和情感支持于一体，为释放 ChatGPT 在出版业中的潜力奠定了坚实的底层支撑。生成式 AI 的复合功能及多元运用场景在出版领域展现出巨大的应用前景和赋能潜力，为出版业态智能化升级提供了发展方向和技术支撑。传统智能出版所包括的智能选题策划与人机协同撰稿、智能审校、智能印刷和智能发行营销等流程，[③] 都将会在生成式人工智能应用下

[①] 杨志辉：《学术期刊数字化出版到智慧出版的变革》，《编辑之友》2019 年第 1 期。
[②] 张新新、齐江蕾：《智能出版述评：概念、逻辑与形态》，《出版广角》2021 年第 13 期。
[③] 刘华东、马维娜、张新新：《"出版+人工智能"：智能出版流程再造》，《出版广角》2018 年第 1 期。

呈现出新面貌和新特征。

二 生成式人工智能出版的应用现状及分析

2023年，世界互联网大会发布的《发展负责任的生成式人工智能研究报告及共识文件》指出，生成式人工智能将优化生产流程、管理方式和营销策划等环节，推动传统生产方式升级，特别是对互联网与高科技等知识型密集型行业带来较大影响。[①] 出版业作为典型的知识密集型行业，生成式人工智能业已开始影响其各个流程，为其带来了崭新的发展机遇。

（一）生成式出版物选题：基于预训练数据集的海量数据捕捉、引领出版热点

与传统出版物选题策划相比，运用生成式人工智能（GPT）使其具备了更强的针对性和前瞻性。通过深度学习模型对大规模数据的理解和分析，GPT能够高效地识别大数据中潜在的话题趋势、社会关注焦点以及用户的兴趣点，并将这些数据整理、归类和记录。然后，利用其自然语言处理领域的卓越能力，精确分析并洞察数据所包含的语义信息，从而为人类编辑团队提供关键信息，实施更加准确且高效的选题决策。此外，GPT还具备创造性生成的潜能，可为编辑提供新颖的选题切入点或初稿，提升出版物选题策划工作的创新性和效率。通过综合考察读者反馈和社交媒体数据，GPT还能够为编辑团队提供深度的市场洞察，帮助制定更加精准的选题策略，以适应不断变化的受众需求。

2022年7月，施普林格·自然（Springer Nature）集团出版了一本由人工智能基于生命科学专业领域文献而生成的学术著作《CRISPR：计算机生成的文献综述》（CRISPR：A Machine Generated Literature Overview），充分展示了人工智能极强的信息整合能力。[②] 2023年，四川人民出版社出

[①] 《发展负责任的生成式人工智能研究报告及共识文件》，2023年11月9日，世界互联网大会，https：//cn.wicinternet.org/2023-11/09/content_36952741.htm。

[②] 王羽佳：《AI与出版融合视角下图书选题策划与内容生产的优化路径》，《出版科学》2023年第1期。

版的《基于大数据与人工智能辅助决策的出版分析系统》一书入选2022四川省数字化转型标杆案例。该系统充分检验了大数据收集、数据挖掘、数据提取和人工智能识别等新技术优化选题决策端的功能，规避了传统生产方式的弊端，提升了生产效率，增强了市场竞争力，推动出版社选题策划从基于经验向基于大数据分析的转变。[①] 总体而言，生成式人工智能的应用为出版业的选题策划注入了深层智能分析的针对性和前瞻性，为提升内容质量和满足读者期待提供了有力支持。

（二）生成式出版物内容生产：基于多模态生成技术助力出版内容提质增效

内容作为出版业的命脉，关乎出版物的销量与口碑。数字出版时代的来临并没有动摇内容为王理念在出版业的地位，出版物的核心竞争力依然是内容，有内涵、有高度、有深度的内容始终是出版业最根本的生存之道。但是，优质内容的生产往往需要耗费较长的时间，纵使作者的大脑再精密，也难以抵抗长时间超负荷运作的生理极限，仅仅依靠作者的写作力量，已难以应对日益增长的出版物市场需求以及新媒体冲击下越来越短的出版周期。生成式人工智能的出现为出版物内容的高质高效生产提供了无限可能。

与传统的机器人撰稿相比，生成式人工智能支持超长文本对话和长文本构建，所输出内容的长度有了质的飞跃，而以往的写作机器人撰稿仅能胜任数百字的客观事实报道，如财经新闻和科技新闻等。生成式人工智能却可以依靠一次对话便可产生一部剧本或小说。在内容模态方面，生成式人工智能已经支持输出图片、视频和音频等多模态内容的生产；在输出质量方面，其所具备的高精准的图像识别和基于文献提炼摘要等能力，堪比人类水平的法律、数学和语言考试等能力，均彰显出生成式人工智能的高水平学习、理解、推理和表达能力。[②] 这意味着，生成式人

[①] 李彪、王梦丹：《数智技术赋能中国式出版现代化的路径与展望》，《出版广角》2023年第2期。

[②] 张新新、丁靖佳：《生成式智能出版的技术原理与流程革新》，《图书情报知识》2023年第5期。

工智能足以担当作者或编辑的助手，来提升写作或编校效率。多模态内容的生成将极大程度降低以往封面设计与插图绘制耗费的时间和经济成本，堪比人类水平的优秀表达及创作能力又将为作者提供灵感，进一步提升内容质量。

1 The Road 是世界上首本由人工智能（AI）创作的实验小说，该小说由多种传感器和电脑 AI 共同创作，自 2017 年 3 月起，以文字的形式记录了从纽约驾车到新奥尔良旅途中的感知信息，并于 2018 年 11 月出版发行。2017 年 5 月，人工智能诗人小冰创作的诗集《阳光失了玻璃窗》首次出版，该书对前人创作的诗进行了重新编排和整理，尚未具备诗歌的可信度。

2023 年 10 月，清华大学教授沈阳运用 ChatGPT 创作的微科幻小说《机忆之地》获得第五届江苏青年科普科幻作品大赛二等奖，该小说从大纲、正文、配图甚至笔名都由人工智能自动生成。① 这部微小说人工智能创作的成功为人类和机器在文学领域的合作提供了新的可能性，同时也展示了人工智能辅助人类创造力产生的巨大潜力。2023 年 2 月，在 ChatGPT 推出仅仅 3 个月之后，亚马逊 Kindle 商店中就出现了 200 多本由 ChatGPT 编写或合著的电子书。2023 年 5 月，国内第一本由 ChatGPT 完成的图书《人人都能玩赚 ChatGPT》发布。这本书从框架结构到章节内容，再到图书封面甚至营销方案，都由 ChatGPT 自动生成。同月，韩国出版机构 SnowfoxBooks 出版了图书《找到人生目标的 45 种方法》，其写作、翻译、校对和插图等整个出版过程都是由人工智能完成的，并且整本书的写作和翻译仅仅花费了 9 小时。②

（三）生成式人工智能编校：基于高精度语义理解实现编校评估高效化

对于出版行业来说，编辑加工和审查校对是出版物触及读者前至关重要的环节，关系到出版产品形与质这两个重要因素。编校环节需要耗费大量的时间和人力，考验着编校人员的审美品位、细心程度和文字敏

---

① 《最科幻的一集：清华教授用 AI 写小说，斩获科幻奖》，2023 年 12 月 13 日，观察者网，https://www.guancha.cn/economy/2023_12_13_718893_1.shtml。

② 冯媛：《人工智能在出版领域的应用前景及风险应对》，《编辑学刊》2023 年第 6 期。

感度。编校人员需要在大量文字中字字斟酌、句句揣摩，将精心编排校的内容呈现给读者以获得良好的阅读体验。图片和音频、视频等多媒体内容的编校也是如此。如何在确保出版物内容质量的前提下变革编校流程，并提高编校效率也就成了出版业持续关注的难题。

生成式人工智能的自我训练能力能够创造性模拟人类的自主学习行为，进而不断提升自身智能化水平，实现不断的自我迭代。因此，生成式人工智能能够更好地匹配对创新度和审美度需求较高的版式编辑设计环节。智能化排版的一键化操作能够完成初步的版式编排工作，缩减排版周期，提升排版效率，尤其对时效性强的出版物来说，智能化的初步版面编排为其获取市场优势提供了有力的竞争力。① 近年来，XML 结构化自动排版技术是北京北大方正电子有限公司主推的智能应用。该技术不仅可以自动高效地整理稿件、内容编校和自动化排版，还能根据编辑需要提供丰富的版式，大大释放了人工生产力，提高了排版效率。目前，在方正电子推出的学术期刊云服务平台上，已经有 300 多种学术期刊使用这一技术进行内容生产和版式编排。②

传统的校对人工智能工具，如黑马校对软件和方正智能辅助审校系统等基本都是起到辅助作用，其作用局限于标点符号、错别字和语病语法更正等方面，而对于需求较高创作能力的内容润色、提升和改写等较深层次的需求，则往往难以满足。生成式人工智能大模型审校工具，能够以高精度的语义理解联系上下文改正错误，极大可能地减少或消除传统校对软件经常出现的分词错误，还具有较强的整句、整段编校能力，并能保持修订后的内容含义与原文一致，即相比于传统的校对软件，生成式人工智能工具表现出了更为强大的编辑润色能力。③ 在学术期刊审校方面，2022 年 12 月，计算生物学家 Casey Greene 和 Milton Pividori 利用 ChatGPT 在 20 分钟内审阅了 3 篇研究论文，帮助其在一篇论文中发现了

---

① 史惠斌、郭泽德：《迈向智能：AIGC 内容生成模式引发的出版变革》，《数字出版研究》2023 年第 2 期。

② 刘长明：《从数字化到数智化，智能技术赋能出版融合创新》，《出版广角》2022 年第 6 期。

③ 刘俏亮、张洁、刘东亮：《应用 Notion AI 辅助编校中文科技期刊论文》，《编辑学报》2023 年第 5 期。

一个引用方程式的错误，并生成了阅读起来更为通顺、简单的手稿。① 这充分说明，生成式人工智能工具在保证出版的审校流程质量的同时，还能显著地提升审校效率。

（四）生成式智能印刷：基于智能对话创建强交互智能印刷厂

出版业的日渐数字化和智能化导致传统纸质出版物的占比逐渐降低，数字出版物或许是未来主流的出版形态。但是，这并不意味着纸质出版物就一定会完全退出出版物行列，在智能出版形态走向完全成熟的漫长历程中，纸质出版物仍将在出版业发挥重要作用，将长期是某些特定人群的主要阅读载体。因此，纸质出版物的印刷仍将是出版业极其重要的环节。

在印刷环节中，生成式人工智能技术将会带来更加丰富的智能印刷场景以及更加健全的智能印刷流程，从而极大地推进出版业的智能化进程。随着ChatGPT等生成式人工智能工具应用在全球范围内的兴起，印刷设备供应商和印刷公司纷纷投身于智能印刷设备、流程和服务的研发与应用。目前，生成式人工智能在印刷环节主要作用于智能咨询和自动化管理两方面。浙江大胜达智能工厂已经上线了数字化监控机器人和人工智能虚拟厂长两个智能机器人项目，可通过语音交互对订单执行情况、原料与成品库存等生产经营情况进行实时检测预警并进行反馈。此外，还能利用生成式人工智能的智能对话功能充当印刷服务的智能客服，从而减少人力资源的投入，并提高在线客服的效率和水平。② 总体来看，当前生成式人工智能在出版业印刷流程的应用更偏向于流程管理和服务等层面，而对于提升印刷良品率以及生产效率等印刷环节方面触及较少，对于生成式人工智能在印刷流程的探索、开发和应用仍然任重道远。

---

① "Milton Pividori, A Publishing Infrastructure for AI-assisted Academicauthoring", May 30, 2023, Casey Greene, http://hfggad257055f5b274f16s6fx0006pc0v06uk6.fhaz.libproxy.ruc.edu.cn/36747665/.

② 祝小霖：《ChatGPT能否开辟智能印刷新赛道》，《中国新闻出版广电报》2023年2月22日。

（五）生成式智能营销：基于文本理解实现从端到端的反向发现

内容为王的理念固然重要，但是在这个信息爆炸且注意力越发稀缺的时代，出版营销环节的重要性逐日攀升。这关系到出版物能否到达目标用户，从而实现出版物的社会价值和经济价值。

现有的主流图书推荐算法是人工智能优化出版营销的主要方式，主要是根据读者的标签进行用户画像后与图书标签进行简单匹配，从而在页面上显示"你可能会喜欢"或者"你的朋友也在读"等提示信息。在生成式人工智能强大高效的文本理解能力的支持下，部分厂商实现了图书内容与读者阅读偏好的双向匹配。2023年，英国人工智能公司Shimmr利用生成式人工智能，从解读图书内容端开始到完美匹配读者需求端结束，让图书根据自身内容主动反向发现潜在读者，更加精准地匹配读者的阅读需求。生成式人工智能对图书内容的阅读能够挖掘该书的结构、该书表达的情感以及读者可能会感兴趣的领域，通过分析图书内容提取出书籍的精准内容标签，再与读者的标签进行匹配，从而极大地提升图书在市场上用户端的可见性，能够更加精确有效地向读者推广图书。出版商和营销人员通过订阅该服务，利用生成式人工智能生成广告的生产成本不到以往营销成本的10%，极大压缩了推广成本，也拉低了图书定价，从而为更广泛阶层群体提供更加经济的知识服务。[①]

除了基于阅读图书内容更加精准地推送以外，生成式人工智能对于营销的最新应用还没有实际的案例支持，不过可以基于其已有功能设想充满可能性的未来。例如，利用大数据分析功能精准预测潜在读者的阅读喜好和兴趣，从而强化图书的推广效果。在图文生成方面，生成式人工智能强大的演绎创作能力有助于创建多模态的原创性营销文档来辅助营销决策，同时利用多模态内容的生成能力降低图文或视频广告的成本。生成式人工智能的智能交互能力还可以全天候24小时不间歇地提供图书咨询和售后服务，从而提升出版营销的服务效能，增强用户的黏

[①] "Artificial Intelligence: Threat, Opportunity, and Shimmr", July 31, 2023, Publishing Perspectives, https://publishingperspectives.com/2023/07/ai-building-shimmr-on-the-threat-opportunity-continuum/.

性和忠诚度。

（六）高精度智能翻译：基于大语言模型实现机器翻译全面升级

优秀的出版物理应走出国门面向世界，但是文化的隔阂和语言的壁垒是其中最大的阻碍。据此，出版翻译环节便肩负了让文化流动起来的重要使命。

在生成式人工智能兴起之前，机器翻译便已应用于出版业。2019年，网易有道公司和电子工业出版社联合出版的中文版图书《极简区块链》，是世界上第一本由人工智能完成翻译的图书。该书共20多万字，从输入原文到机器输出中文，整个过程实际耗时不到半分钟。[①] 但是，以往的机器翻译往往局限于应用性较强的工具类图书，这是因为其中的专业术语具有统一的认知，存在歧义的可能性极小。但是，面对富含丰富情感或隐喻，辞藻华丽的文学或艺术类图书，机器翻译就会稍显力不从心了。这也是同一文学作品往往存在多个翻译版本，而且不同版本的阅读感受不同的原因。目前，这类书籍采用人工翻译方式往往会更加合适。

生成式人工智能与自然语言处理技术的进步相结合，赋予了机器翻译系统的重大改进。谷歌翻译、深度学习和百度翻译等平台能够越来越准确、流利地翻译多种语言的复杂文本。生成式人工智能的预训练数据库来源于包含海量数据的互联网，而且由于互联网分布的全球性，互联网上语言的丰富程度远远超越现实环境。如果预训练数据库涵盖全球互联网，而且能够识别并深度理解网络中的歧义、异化、歧视和偏见等言语污染，那就意味着生成式人工智能能够基于自主学习，具备全方位掌握各国的文化背景和语言习惯的能力，从而对复杂的文学或艺术作品翻译也就更加得心应手。这项突破性的技术不仅能使已出版的作品更加便利有效地传播给全球观众，而且能通过打破语言障碍，促进跨文化的有机交流和融合。随着生成式人工智能语言翻译模型的不断完善，出版商也可以在全球范围内获得更广泛的受众，并构建一个在全球范围内更加相互关联、和谐与多样化的文学艺术景观。

[①] 李彪、王梦丹：《数智技术赋能中国式出版现代化的路径与展望》，《出版广角》2023年第2期。

三　生成式智能出版面临的风险挑战

（一）数据安全风险

生成式智能出版的技术基础是生成式人工智能。生成式人工智能具备的卓越生成能力，源于其强大的数据模型和基于大规模数据的预训练。但是，这种优势隐藏着一系列数据安全风险，诸如数据非法获取、数据泄露以及数据偏见等，这些风险贯穿生成式人工智能应用的全过程。[①] 如今的大数据时代，生成式人工智能模型的训练需要丰富多样的语料库，语料训练往往基于采用数字爬虫在互联网等公开渠道获取的海量数据，这样就极有可能采集到他人具有明确版权作品的数据。在出版物营销环节，生成式人工智能还能从用户的反馈中收集和并分析数据，由于未经得用户授权同意，用户数据一旦进入语料库，容易造成用户个人隐私信息的泄露风险。2023 年 3 月，ChatGPT 的开源库曾出现漏洞，使部分用户能看到其他用户的对话内容、姓名、电子邮件地址甚至支付账号等隐私信息。据此，OpenAI 不得不在网站提示："请不要在谈话中分享任何敏感信息。"[②] 甚至有的数据涉及商业机密，如果被恶意使用或者出版曝光，将会引发不正当竞争等问题，最终带来严重的损失。

对出版业而言，生成式人工智能还会存在数据失真和虚假信息的问题。为了达到符合预期的结果，生成式人工智能在运作中可能会篡改数据甚至是生成莫须有的数据，从而导致出版物中出现错误的数据和内容，降低输出内容的真实性、准确性和可信度，并最终影响生成出版物的整体质量。

（二）知识版权侵权风险加剧

生成式人工智能模型的内容生成模式分为输入和输出两个环节，通过输入数据进行深度学习，从而输出目标内容。在内容生成的过程中，

[①] 赵梓羽：《生成式人工智能数据安全风险及其应对》，《情报资料工作》2024 年第 2 期。
[②] 支振锋：《生成式人工智能大模型的信息内容治理》，《政法论坛》2023 年第 4 期。

往往会涉及数据的合理运用和内容生成的版权归属等问题。[①] 在输入环节，生成式人工智能在获取大量的数据时，可能会在未征得内容版权所有人的许可下进行复制、编辑或者传播，从而侵犯他人的版权。2023 年 8 月，知名作家简·弗里德曼（Jane Friedman）投诉亚马逊平台在未经其允许的情况下，将她的名字列在几本由人工智能生成的图书上，并上架销售。[②]

由于人工智能生成技术原理的黑箱特点和当前关于人工智能生成出版物管理法规的缺失，数字出版物的版权归属问题仍然处于灰色地带，极易引起版权纠纷。生成式智能出版的内容是在已有的海量数据的基础上进行创作，内容难免会与已有作品相似，从而引发原始数据和生成内容之间的版权问题。2023 年 1 月，盖蒂图片社以 Stable Diffussion 作为 Stability AI 旗下训练模型非法复制和处理数百万受版权保护的图像为由起诉 Stability AI。同月，美国三位艺术家加入状告 Stable Diffussion 从网上收集近 60 亿张图像训练其 AI，侵犯数百万艺术家的版权。[③] 类似侵权案件均引发了各界对生成式人工智能内容版权侵权风险问题的讨论。在学术出版领域，有作者将运用人工智能生产的内容投稿到期刊杂志，由于该类作品的归属权仍模糊，没有明确的法律法规条文可依，论文一旦公开发表，就极其容易引发开发者、使用者和持有者之间的版权纠纷。

（三）价值伦理出现偏离

随着人工智能与出版融合程度的不断深入，人工智能渗透到出版领域的全过程。这虽然在一定程度上降低了员工的工作强度和压力，但是也导致部分员工对人工智能的过分依赖。而长期大量地根据人工智能系统的指令进行机械化的操作，也极易削弱员工对出版信息的筛选、判断和创造的业务能力，引起人的主体思维的弱化。如果再加之缺乏有效的

---

① 李华君、雷月秋：《智能出版的技术特征、伦理风险与编辑把关》，《中国编辑》2024 年第 1 期。

② 兰昉：《生成式 AI 浪潮下，出版商如何撬动行业增值杠杆?》，《国际出版周报》2023 年 12 月 25 日。

③ 宋伟锋：《生成式 AI 传播范式：AI 生成内容版权风险与规制建构——以全球首例 AIGC 侵权案为缘由》，《新闻界》2023 年第 10 期。

监督和管理约束，将导致数据霸权、算法垄断等失范行为，冲击出版行业伦理价值规范底线，导致出版业价值生态的失衡。

人工智能由人类创造和设计，实质是对人类智能的模拟和延伸，那么人工智能看似智能化的运作，却包含设计人员的思维和思想，其运作自然也会保留人类社会存在的偏见和歧视问题。在利益驱动或意识形态影响下，通过技术研发等手段对人工智能算法进行干预或植入，从而导致人工智能系统输出结果的伦理问题。例如，提示生成器说"计算机科学家"时，它更有可能生成男性的图片；而当提示是"护士"时，更有可能生成女性的图片描述。生成式人工智能受到社会偏见的影响，可能生成与社会阶层、性取向、宗教或其他身份特征相关的刻板化内容。[1] 出版业中，由于人工智能技术存在算法偏见和歧视问题，其生成内容也存在同样的风险，长此以往，会存在冲击和带偏主流价值观念的极大风险。现有出版道德规范与伦理准则是否适用，新的出版伦理规则如何构建，基于技术向善视角消解人工智能生成伦理风险等议题都亟待进一步研究和关注。[2]

四 生成式人工智能在出版业的发展趋势

（一）智能出版全流程升级

随着人工智能技术的不断成熟，人工智能在出版领域的应用也将带来全流程的升级和变革。

在选题策划环节，生成式人工智能能够快速采集和分析当下社会话题，精准把握读者兴趣，通过对大量文本数据的分析和深入学习，输出的内容帮助编辑快速生成选题和创意。在内容生成环节，人工智能可以根据给定的主题、关键词自动生成高质量的图像、文本、音频和视频等多种媒体类型的内容，在实现出版内容的快速生成的同时，还能赋予生

---

[1] 李伟鑫、王晓丽：《ChatGPT 类生成式人工智能的伦理问题、原因分析与规制路径》，《昆明理工大学学报》（社会科学版）2024 年第 1 期。

[2] 方卿、丁靖佳：《人工智能生成内容（AIGC）的三个出版学议题》，《出版科学》2023 年第 2 期。

成内容的个性化和独特创意，有效地避免出版内容的同质化。2023年兴起的人工智能绘画软件和平台，能够快速按照要求生成精美的绘画作品，受到出版从业人士的广泛关注。在印刷环节，人工智能可以根据读者的需求，自动构建内容体系和知识图谱，实现内容的个性化生成和出版物的定制化印刷。在出版营销环节，人工智能大模型将一对一分析和关注用户的阅读习惯、兴趣所在和购买习惯、路径等，更加精准地投放广告，提高营销转化率。在用户关系管理环节，人工智能大模型可以进行语义识别、图像识别和情感分析，人工智能客服全天候回应客户需求并对客户进行标签分类，确定客户的需求、级别和回应优先级，分流需要人工客服回应的客户，并提供对客户分析和判断的数据，辅助人工客服高效回应客户需求。[①]

人工智能的运用重构了出版业的全流程，重新厘定了出版要素之间的关系，提升了各流程的运行效率，提高了出版物的质量，降低了出版从业人员的劳动强度，重塑了出版在传媒产业和整个社会生活中的地位。

（二）继续融合细分出版领域

目前，生成式人工智能主要作用于文字出版领域。在可以预见的未来，生成式人工智能将以生产音频和视频等形式影响数字出版的发展。

在音像出版领域中，生成式人工智能可以根据提供的音乐旋律、主题和风格等，辅助进行编曲和创作；在有声书和广播剧创作中，生成式人工智能可以根据文本内容生成符合特定角色和情节的声音，让有声书和广播剧更加丰富有趣。在视频出版领域中，人工智能技术通过分析剧本、节奏和情感生成视频，或者是为剪辑人员提供剪辑建议，带来更多视频生产的可能性。

此外，未来将会有更多的生成式人工智能应用到教育出版知识服务领域，助力其内容生产理念变革、产品开发交互方式创新、应用拓展以

---

① 刘宁、周宇豪：《中国化智慧出版未来图景——基于智能出版的反思与调适》，《中国出版》2023年第22期。

及成本的有效降低。①

(三) 人机协调提供优质出版服务

在未来生成式人工智能与出版业的融合当中，由于不断地优化人工智能算法，遵循公平性原则、合理性原则、科学性原则，以及在生成内容当中减少算法偏见歧视等问题，以更加公平公正的价值观引导读者，并且逐步培养人的主体意识，强化人的主体地位，让人在利用生成式人工智能生成内容时，意识到人工智能的存在是服务于人类。它虽然可以重复、机械化地运行，但是没有人类的情感、道德和创造力。

因此，在出版业中，生成式人工智能和人应该相互协作，这样才能更好地为用户提供更多更优质的知识服务。例如，出版社和生成式人工智能应用服务提供商合作，将有关数据纳入搭建的数据共享平台。出版社不仅可以降低成本，还可以通过共享数据和资料，提高出版社之间的竞争力，让出版社提供优质的服务，共同提高出版行业的整体水平。②

---

① 聂静、宗利永：《内容生成式 AI 赋能教育出版知识服务的现实困境与优化路径》，《出版广角》2023 年第 15 期。
② 谢泽杭、李武：《从赋能到融合：生成式 AI 出版的价值、困境与发展图景》，《编辑学刊》2023 年第 6 期。

中国预印本发展研究报告

刘　畅　陈一奔[*]

摘　要：预印本是一种区别于传统学术期刊的论文发表形式。预印本具有自主性、及时性和动态性的特点。在预印本学术交流模式下，科研人员可以在论文发表前获得反馈，读者可以免费获取最新科研成果，促进了学科共同体的双向交流。通过梳理典型的国内外预印本平台，结合预印本学术出版的全流程，发现中国预印本建设中存在的问题并给出对策，以期推动中国预印本的发展，助力学术出版强国建设。

关键词：预印本；学术出版；学术交流

近年来，受到学术界开放获取运动的推动，通过预印本进行学术交流活动得到了学界和业界的广泛关注。这种以学界自治为基础的非正式的交流模式正在不断冲击传统的以期刊主导的单一学术交流模式。[①] 预印本转变了信息处理方式，促进了学术成果交流和传播，加速了学术成果的发表。特别是在新冠疫情期间，面对突发且紧急的疫情变化，医学学术期刊充分利用预印本平台提速了同行评议和论文发表流程，加快了疫情初期的科研交流与成果共享。预印本已经成为国际上争夺科学话语权的重要阵地，目前中国的开放获取有一定的实践成果，但仍处于起步阶

---

[*] 刘畅，硕士，温州商学院传媒与设计艺术学院讲师；陈一奔，硕士，中南大学出版社《中南大学学报》（社会科学版）编辑部编辑。

[①] 张智雄、黄金霞、王颖：《国际预印本平台的主要发展态势研究》，《数字图书馆论坛》2017年第10期。

段，预印本发展还有巨大的潜力。"十四五"规划中提到，把"构建国家科研论文和科技信息高端交流平台"作为"强化国家战略科技力量"的任务之一。从国家层面强调了中国在推动开放科学发展方面的决心和信心。同时，预印本的平台建设也已被列入中国科学院文献情报中心"十四五"规划主攻任务之一。本文通过对预印本相关文献的梳理，归纳这一议题的研究热点，并对预印本平台的实践进行分析，总结平台特征和建设规律，以期推动中国预印本的发展，助力学术出版强国建设。

一 预印本相关概念与发展历程

（一）预印本的发展历史

预印本是实现快速开放获取和加速研究的一种方式。在最终版尚未发表前，预印本为早期的研究成果提供可以交流和修订的机会。关于预印本的定义目前仍存在争议，不同的利益主体对其有不同的理解。预印本（Preprint）主要是指研究成果未经同行评议、尚未在正式出版物（最常见即期刊）上公开发表，出于交流和证明优先权目的而先行向同行公开和传播的论文。[①]

预印本的发展大致可以分为四个时期。一是探索期。"二战"后，有限的学术期刊无法满足被战争积压的学术成果，于是科研人员自发地邮寄传阅未发表的学术论文手稿，在探索期主要是科研人员内部交流为主。二是初创期，预印本交流平台开始出现。1991年，物理学家保罗·金斯帕格（Paul Ginsparg）开始通过自动电子邮件存储库来收集与传播物理学、数学、计算机科学等领域的预印本文章，并建立了电子预印本资料库（即后来的arXiv），它拉开了电子预印本系统的序幕。[②] 预印本主要的使用领域在自然科学学科。徐佳宁调查了60余个电子预印本文库发现，电子预印本文库具有较为明显的学科分布且整体运行的差距较大。[③] 物理

[①] 徐佳宁：《国际电子预印本发展现状实证研究》，《图书馆建设》2010年第10期。

[②] 和鸿鹏：《预印本可否替代学术期刊？——基于科学社会学的视角》，《自然辩证法研究》2021年第7期。

[③] 徐佳宁：《国际电子预印本发展现状实证研究》，《图书馆建设》2010年第10期。

学是使用电子预印本的先锋和主力军,主要集中在arXiv网站,而化学、生物学使用较少。三是扩张期。在这一时期,一些学术组织、出版商等开始积极建立预印本平台。具有代表性的是2013年美国冷泉港实验室(Cold Spring Harbor Laboratory)建立的生命科学预印本平台bioRxiv。自此,生命科学领域的预印本提交数量迅速增加。这种增加使大多数的出版商都允许和鼓励科研人员以预印本的形式来共享研究成果。与此同时,中国开始积极推进预印本的平台建设,扩大涉及的学科领域,对中国的学术交流生态系统产生了广泛的影响。四是发展至今的平稳期。预印本平台建设不断完善,服务功能和学科领域不断拓宽,一些期刊、大学和机构肯定了预印本的学术价值,在期刊出版、聘用和晋升中有所侧重。2017年,法国国家生命科学与健康联盟(Aviesan)和环境研究运营商联盟(AllEnvi)发表联合声明表示,"预印本是一种有效的科学交流形式",同时指出在学术评价方面应考虑预印本的学术价值。这标志着法国学术领域承认预印本在生物学中的应用。

(二)预印本平台的发展概况

在预印本的发展与具体操作过程中,预印本平台(Preprint Platform)起到了极其重要的作用,是接收科研团体提交预印本论文手稿并为这些论文手稿提供开放交流服务的平台系统。①

国外的预印本平台比国内出现得更早也更为成熟。自20世纪90年代建立首个预印本平台以来,预印本的平台数量逐年增加。21世纪初,全球的预印本平台已经超过100个。这些平台主要分布于各个发达国家和地区,涉及各个学科领域,其中,美国、英国和德国的数量最多。目前有代表性的预印本平台主要是arXiv、bioRxiv,出版商参与运营的预印本平台Research Square和在线预印本社区SSRN(Social Science Research Network)。这些预印本平台集提交、版本修订、浏览、检索、下载、评论、分享等功能于一身。国外预印本平台上的论文学术质量较高,具有一定

---

① 《中国科学院科技论文预发布平台(ChinaXiv)关于规范开展预印本学术交流的几点说明》,2020年3月2日,中国科学院科技论文预发布平台,http://www.chinaxiv.org/user/notice.htm。

的引用优势，社会影响力较为广泛。① 2023 年，WoS 数据库、EI 索引等权威数据库和索引宣布开始收录预印本资源，这意味着预印本平台将对科研成果产生更多的影响。

中国的预印本平台建设较晚，截至 2023 年 11 月，国内建设的有代表性的预印本平台有 3 个：中国科技论文在线、中国预印本服务系统、中国科学院科技论文预发布平台（ChinaXiv），总体上国内预印本平台数量较少，且以发布中文论文为主，很难在国际上产生影响力。②

表 1　　　　　　　　国内外著名预印本平台

名称	创建时间	创建机构	所属学科	所属国家
arXiv	1991 年	洛斯阿拉莫斯国家实验室（LANL）	物理学、数学、计算机科学、定量生物学、定量金融、统计学、电气工程、系统科学、经济学等	美国
bioRxiv	2013 年	冷泉港实验室	生命科学	美国
Research Square	2018 年	施普林格·自然（Springer Nature）	多学科	美国
SSRN	1994 年	社会科学电子出版公司	财经、会计、法律、经济学、管理学	美国
中国科技论文在线	2003 年	教育部科技发展中心	自然科学学科 43 类	中国
中国预印本服务系统	2004 年（2023 年 4 月停止服务）	中国科学技术信息研究所与国家科技图书文献中心联合创办	自然科学，农业科学，医药科学，工程与技术科学，图书馆、情报及文献学	中国
中国科学院科技论文预发布平台（ChinaXiv）	2016 年	中国科学院文献情报中心	30 多个自然学科领域及人文社科领域	中国

① 刘敬仪、杨恒、伊惠芳：《国际预印本平台发展态势研究》，《图书情报工作》2023 年第 5 期。
② 曾建勋：《重视预印本及其系统生态建设》，《数字图书馆论坛》2020 年第 10 期。

arXiv 是世界首个预印本发布平台，也是目前最大的预印本平台，在多个领域的开放获取和信息共享中发挥作用。bioRxiv 主要是生物医学领域的预印本平台，加入社交媒体互动功能，可以让用户在阅读论文时进行评论反馈，直观地看到同行评议的内容，实现了预印本平台的"社交迭代"，平台中70%的论文后续会被收录到学术期刊中。

2018 年，学术出版与科学服务商施普林格·自然集团收购了 Research Square 平台，推出了预印本服务功能，并与期刊合作。作者只要在投稿期刊时勾选了"In Review"服务功能，便可在稿件通过初审后同步到预印本平台，同时 Research Square 平台上也允许其他人对论文进行评论，不仅提高了预印本的透明度，还实现了"预印本+期刊"的一体化。

SSRN 是一个开放的在线预印本社区。可作为一个免费搜索论文的在线图书馆，目前注册用户超过 220 万。SSRN 数据显示，在其平台上增长最快的学科是经济学和医学研究。2021 年 9 月，全球最大的摘要和引文数据库 Scopus 宣布收录预印本平台 SSRN，这一举措将提高 SSRN 平台的访问量和影响力。

中国最早的预印本平台是中国科技论文在线，其最大的特点是改变了以往传统期刊发表的过程，首发论文栏目是对文章先进行评审，再由期刊编辑对已经通过同行评审的文章进行筛选，择优发布在《中国科技论文》上，因此吸引了大批的用户，目前用户近 22 万人，涵盖超过 700 所高等教育院校和科研机构。

ChinaXiv 是中国科学院文献情报中心在 2016 年推出的预印本平台，是中国首个支持中英文科学论文的预印本平台。经过多年的发展建设，ChinaXiv 已经被国际重要开放存取仓储 ROAR 和 OpenDOAR 收录，成为中国开放科学基础建设的代表。2022 年，ChinaXiv 与期刊出版界和各学科科研机构合作共建了 12 个领域的预印本平台，包括中国心理学预印本平台、中国生物工程预印本出版平台、中国数学预印本平台、中国法律科技预印本平台、中国数字出版预印本平台等，涉及数学、生物、计算机、地球科学等众多学科。

（三）预印本学术交流的特征

按照预印本的发展历史及预印本平台的发展概况，参照现有预印本学术交流模式的定位设计，并根据预印本生产、发布、评议、转化四个阶段性流程，可将预印本学术交流特征总结如下。

(1) 自主性

预印本平台上的论文由科研人员自己上传到平台，发布后可以被任意用户进行点评，这种社交化的运营方式体现了其高度的去中心化的自主性特点。在传统的期刊发表过程中，科研人员投稿到某一期刊后，遵循学术规范，只能等待结果后再投稿其他刊物，在这一过程中处于被动的地位。预印本平台给予科研人员一个自由的信息场域，如中国科技论文在线平台采用展示星级的方式对每篇论文进行评级，每位用户对每篇论文有且仅有一次评议机会。读者评价的学术交流与期刊发表协同进行，整个过程中科研人员、期刊编辑、读者等多个行动者共同参与，营造了一个多元、开放、自主的信息环境。

(2) 及时性

相较于传统期刊投稿后漫长的审稿时间，预印本平台最大的特点是稿件可以快速发布。大部分预印本平台在投稿48小时后即可审核发布，省略了编辑、审核、出版的过程，并短时间内获得用户的评论，避免了同一研究课题被其他人优先发表的情况，增加了论文发表的可能性。对于读者而言，在预印本平台可以快速阅读和掌握最新研究动态；同时预印本文章可以引用，更好地满足了用户的信息需求，弥合了由于审稿流程长造成的知识鸿沟。

(3) 动态性

发布在预印本平台的论文可以不断完善、修改，论文未经期刊发表均可不断替换更新，论文始终处于动态变化的状态。作者投稿在预印本平台后，可以获得稿件的 DOI 编号（数字对象唯一标识符，Digital Object Identifier），若作者根据评论意见修改后重新上传，DOI 编号不变。同时，发布在预印本平台的论文可以和期刊论文一样被引用，通过 DOI 编号识别，这极大地帮助科研人员在激烈竞争的学术环境中抢得先机，避免被期刊反复拒稿而失去论文优先权。

二 预印本相关研究现状

在中国知网上搜索主题词"预印本"共有784篇文献（2023年11月22日数据），这些期刊中有39.03%是图书情报与数字图书馆领域，有24.62%是出版领域（见图1）。

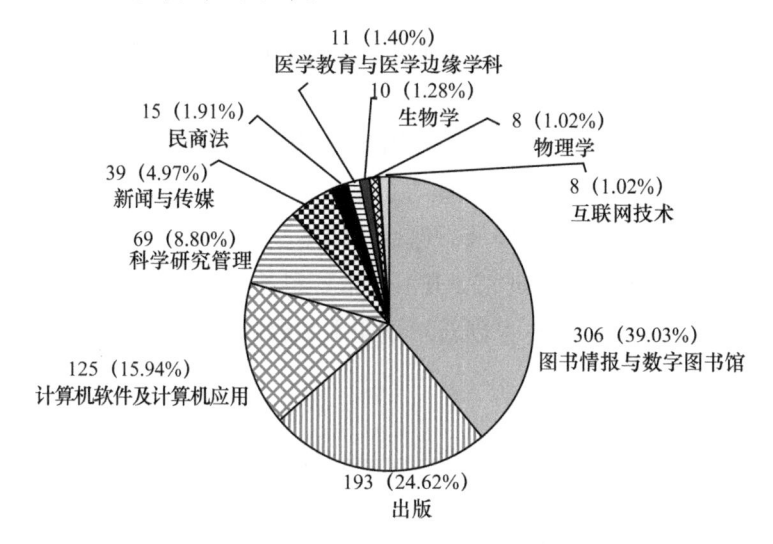

图1 "预印本"主题词学科分布情况

在搜索到的文献中，从整体上看，2002—2007年文献量增长迅速，2008年后逐渐降低。2017年，随着ChinaXiv预印本服务平台开放使用，国内对预印本的相关研究又呈现迅猛增长的趋势（见图2）。新冠疫情暴发初期，传统的期刊发表模式已无法适应当下亟须的科研成果交流需求，预印本平台成为传播科研成果的主要阵地，且平台上交流的论文成果大多与新冠疫情相关。相关数据显示，在新冠疫情暴发后的4个月内，预印本平台中的相关论文数已经占论文发表总数（包括同行评议论文和预印本论文）的35%。[1]

---

[1] Fraser Nicholas et al., "The Evolving Role of Preprints in the Dissemination of COVID-19 Research and Their Impact on the Science Communication Landscape", *PLoS Biology*, Vol. 19, No. 4, 2021.

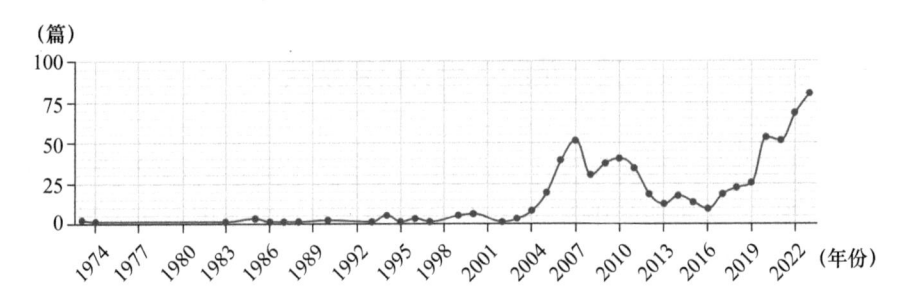

图2 预印本发文数量趋势

通过可视化软件Citespace对中国知网2018—2023年的文献进行梳理发现，国内这几年比较关注预印本的研究，主要集中在开放科学领域、学术出版领域和图书情报领域，包括预印本平台的研究（引用优势、首发权），学术交流模式的研究（开放存取、科技出版），在新冠疫情期间对预印本的讨论，以及技术创新对预印本平台的影响（区块链、实践创新）（见图3）。

关键词	起始年	强度	起始	结束	
开放存取	2018	1.4	2018	2021	
学术期刊	2018	0.86	2018	2019	
期刊出版	2018	0.83	2018	2020	
引用优势	2019	1.13	2019	2019	
影响力	2019	0.87	2019	2020	
新冠肺炎	2020	0.7	2020	2021	
区块链	2021	0.75	2021	2021	
创新实践	2021	0.73	2021	2023	
新冠疫情	2021	0.73	2021	2023	
首发权	2022	0.92	2022	2023	
科技出版	2020	0.68	2022	2023	

图3 2018—2023年中文文献关键词强度突现图

（一）预印本平台相关研究

对于预印本平台的研究，中国目前主要是预印本平台特征分析、服务功能分析和平台相关政策分析等。例如，康荣等通过国内外6种预印本平台的对比，总结出国内预印本平台存在的问题；[①] 李浩然结合用户问

---

① 康荣、秦萃青、唐名威：《开放科学下预印本平台建设分析与展望》，《中国传媒科技》2023年第5期。

卷和运营数据，分析预印本平台信息服务模式在实际运营中所暴露的问题；[1] 预印本平台中汇聚着众多科研人员的论文稿件，在开放获取的环境下是否能保护投稿人的数据安全也是很多学者关注的议题。

（二）学术交流模式研究

近年来，通过预印本进行学术交流的方式被广泛应用。方卿等梳理了预印本这种学术交流形式的演化历程，并总结了不同阶段的特点。[2] 但同时，预印本在学术交流中的认可度也受到一些质疑。刘静羽等对科研人员对预印本平台的认知和使用情况进行了调研，均建议应提高科技人员对预印本平台的认可。[3] 许玉俊认为，可以通过加强对预印本的质量审查来提高学术信任。[4]

（三）学术出版相关研究

学术成果发表的一般顺序是"先评议，后发表"，而一些预印本平台为了与期刊竞争优先发表权，采用"先发表，后评议"的方式。预印本平台公开透明的社区化评议方式，代表了一种新的评审趋势。许多国际期刊甚至更改了相关政策，鼓励作者在预印本平台上投稿。例如 eLife 平台，只审查和发表已在预印本平台发布的论文。但在中国，预印本和学术出版的融合还比较少。因此大部分学者选取国外典型的预印本平台与期刊合作的案例，为中国期刊创新出版提供借鉴和参考。

三 预印本学术出版的流程创新

与"预印本"一词相对的则是"后印本"，即已经在期刊发表的论

---

[1] 李浩然：《预印本平台信息服务模式研究》，硕士学位论文，黑龙江大学，2021 年，第 18 页。

[2] 方卿、郑昂、曾建勋：《预印本学术交流模式演化历程与我国发展对策研究》，《中国图书馆学报》2023 年第 4 期。

[3] 刘静羽、刘敬仪、杨恒：《我国科研人员对预印本平台的认知与使用研究》，《图书情报工作》2023 年第 5 期；王凌峰、姚依楠：《国内高校科研人员对"中国科技论文在线"的认知与使用状况调查》，《图书情报导刊》2019 年第 3 期。

[4] 许玉俊：《基于预印本的科学交流机制探析》，《科学技术哲学研究》2022 年第 4 期。

文。传统的学术出版遵循组稿、送审、编辑、校对、印刷、发行等线性的出版流程。预印本的学术出版基于全周期公开透明的发布流程（见图4），节省了审稿时间，避免了评议中的审稿偏见，促进了学术成果的交流。结合近几年预印本发展的最新动态，从预印本的生产、发布、评议、转化等流程中揭示共创、共享、共治、共通的特点。

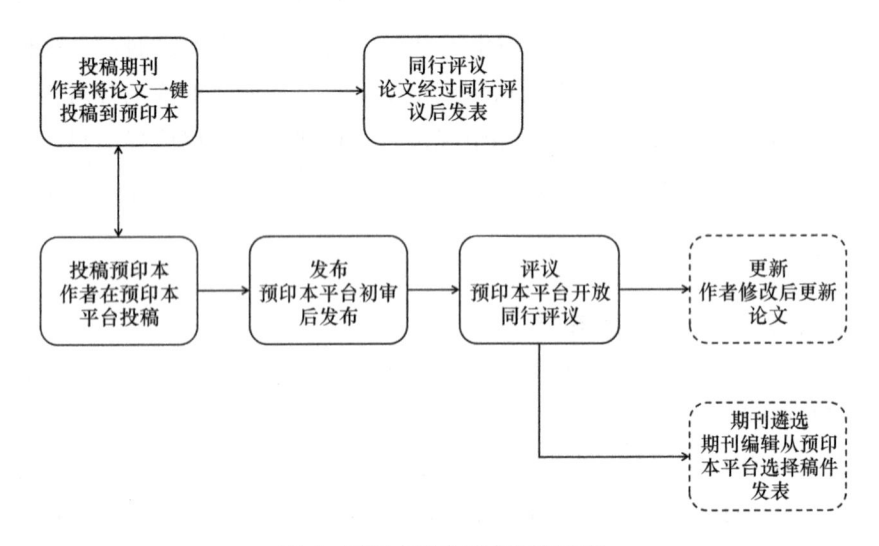

图4　预印本平台学术出版流程

注：虚线表示可选部分。

（一）从知识生产到知识共创

在预印本学术交流体系中，学术论文的发布主体不再仅仅是各个期刊编辑部，多数文章都是由各论文作者自行上传。预印本的发布逻辑与学术会议等形式略有类似，即文章作者并不是从期刊编辑部获取最终版的文章内容，而是各个论文作者或团队成为学术论文的发布主体，也有越来越多的科研人员愿意在预印本平台发布论文。bioRxiv预印本服务平台作者人数增长非常快，2013年只有608人发布，2018年发布人数已经超过10万人。[①] 一项调查显示，中国的预印本作者年龄较为年轻，他们

---

① 宋现山：《预印本服务的发展态势、困境与变革思路》，《哈尔滨师范大学社会科学学报》2022年第1期。

更热衷于参加国际学术交流活动，在预印本平台上发布论文更容易得到同行的认可。①

此外，除了作者自主上传的预印本，部分预印本平台还与学术期刊、学术会议达成相关合作，为预印本学术出版提供了资源。他们会引导作者在投稿期刊时就将文章在预印本平台上先行发布，并会优先进入学术出版流程，在经由期刊的自主审核（即传统的同行评议）流程后发表，并将发表后的论文再次在预印本平台更新。例如，2022年8月，《文献与数据学报》和"中国科学院科技论文预发布平台"（ChinaXiv）在合作的预印本政策声明中便指出，鼓励和支持作者在向期刊投稿前后，将论文手稿（初稿或投稿版）优先在 ChinaXiv 平台发布；ChinaXiv 平台定期向期刊推荐影响力高的稿件；期刊可以优先在 ChinaXiv 选稿。② 这些政策鼓励科研人员在预印本平台优先发布学术成果，期刊与预印本平台之间的双向互动，改变原来单一的学术发布途径。不仅带动预印本平台获得更多稿件，也为期刊带来了更多引用量，是一种双方互利共赢的合作模式。目前，ChinaXiv 已经同22种期刊达成了双向推荐合作。

（二）从知识付费到知识共享

目前，多数学术期刊主要通过资助、发行、版面和广告获得收入。其中，在发行层面，主要是依靠邮局的纸质订阅和互联网数据库的电子付费来实现。不过，当前中国学术期刊发行收入的90%被网络传播机构获取，而承担着学术期刊信息搜集、选题策划、组稿、审稿、编辑加工、整理、发行与推广等一系列工作的编辑单位所得到的收入仅有10%。③ 因此，2022年4月，中国科学院停用知网的消息引发热议。中科院文献信息中心发布的通告中指出，知网的续订费用达到千万元级别，过高的费用使双方谈判出现破裂，导致合作无法继续。随着开放获取（Open Access，OA）运动的兴起，一些期刊采取了OA出版模式，读者可以免费获

---

① 王智琦、陈悦：《谁在主导预印本的发展？》，《科学学研究》2021年第3期。
② 《〈文献与数据学报〉预印本政策声明》，2022年8月17日，中国科学院科技论文预发布平台，http://chinaxiv.org/newsdetail.htm?id=104。
③ 王晓枫：《大数据背景下学术期刊数字化出版的困境和发展初探》，《赤峰学院学报》（汉文哲学社会科学版）2018年第7期。

取已出版的学术内容，其所在机构无须支付额外的订阅费用，绕过了数据库的中间付费环节。2002 年，《布达佩斯开放获取先导计划》确定了 OA 出版的两种途径：第一种是作者自存档的形式，即在网上发布论著、会议论文或图书的免费访问版本；第二种是期刊 OA 出版。① 当前的预印本学术交流模式更接近于第一种 OA 出版的模式。另外，与多数开放获取的期刊需要收取不菲的版面费不同，预印本的用户阅读和作者进行学术出版均为免费。

（三）从匿名评审到开放评议

传统学术期刊业务流程和信息集中在编辑手中，同行评议通常采用匿名评审方式，存在着诸如作者与审稿人地位不对等、同行评议质量无法被监督、评审反馈不及时等问题。而在预印本学术交流中，这种线性的逻辑被打破，转而成为一个开放式、去中心化的生态。预印本平台的一大特点是嵌入了社区机制，平台通过阅读量、下载量、评论量、引用量等指标衡量论文的影响力。虽然预印本平台的论文没有严格按照期刊论文进行评议，但从一些实证研究来看，国外预印本平台中发表的论文对期刊的引用、下载和影响力方面均有明显提高，② 主要参考指标是 Altmetric（替代计量学），它通过抓取预印本平台社区中对于该论文的各种数据，可以更直接地反映论文的热度。在预印本平台上，作者与作者、作者与编辑、作者与读者之间的连接突破了物理空间、时间的限制，开放的同行评议是多元主体参与学术出版的典型实践。因此，有观点认为预印本是期刊的补充。③

（四）从单向发布到多元合作

与学术期刊的印后传播不同的是，预印本的学术交流贯穿学术出版

---

① "Budapest Open Access Initiative", February 14, 2002, BOAI, https://www.budapestopenaccessinitiative.org/read/.

② Fraser Nicholas et al., "The Relationship between BioRxiv Preprints, Citations and Altmetrics", *Auantitative Science Studies*, Vol. 1, No. 2, January, 2020, p. 618–638.

③ 王凌峰、程灵慧：《预印本与期刊：互补合作到优势融合》，《情报杂志》2023 年第 11 期。

始末。预印本的先发布后发表的模式可以使创作者尽快获得读者意见，帮助其修改完善论文，以期在更具有影响力的期刊上发表成果。同时，与预印本平台合作的期刊由于优先遴选权和开放获取，一定程度上吸引更多的科研人员投稿，拓宽了科研人员的投稿渠道，也吸引了更多的读者阅读进行学术交流，从而扩大了学术期刊的学术影响力和社会影响力，实现了学术成果从"期刊—读者"单向性的"线性"发布，转向作者、期刊、读者等多元角色之间的"放射性"扩散，助力学术交流更加及时、便捷与开放，最终促使科研成果的完善与学术共同体的构建。

2023年4月，ChinaXiv宣布与PubScholar合作。PubScholar是由中国科学院等单位联合建设的公益学术平台，在PubScholar上公众可以检索并阅读下载大量的中文科技期刊论文，其中包含了预印本论文。2023年11月，PubScholar正式对社会公众开放。多元合作不仅为科研人员提供了最新的学术成果，也提供了更为便捷的学术交流方式，拓宽了学术视野。

四 预印本学术出版的问题与挑战

（一）平台层面：发展较缓，稿件外流严重

与国际上成熟的预印本平台不同，从中国的情况看，在预印本平台发表的论文数量有待提升。笔者搜集了2018年至2023年中国具有代表性的预印本平台论文数量，与同期期刊论文发表数量进行了对比（见表2）。可以发现，近五年中国的预印本平台的稿件量年均在2000篇左右。2023年，ChinaXiv论文数量增长迅猛，首次破万。其中，2月和10月分别有大量天文学领域和数字出版方向的论文被上传。同时，据中国科学院科技论文预发布平台统计，截至2023年11月22日，已有预印本形式的论文2906705篇，其中ChinaXiv论文36719篇，国际预印本论文2869986篇，ChinaXiv论文仅占总数的1.3%。据调查，国内学者更倾向于将论文发表在国际预印本平台。根据arXiv的统计，2020—2022年，中国科学院年均提交量达5188篇论文，清华大学为2640篇，北京大学为2246篇，arXiv已经远超中国全部预印本平台的年平均发布数量。在国外预印本平台"垄断性"发展的情况下，其难免会凭借完善的平台功能、成熟的评价体系或庞大的文章规模影响着科研人员的投稿决策，由此导致中国科

研经费、科学数据等一系列学术资源的外流。

表2　2018—2023年中国代表性预印本平台发布论文数与同期期刊论文数

年份	中国科技论文在线（篇）	中国科学院科技论文预发布平台（ChinaXiv）（篇）	知网（科技）（万篇）	知网（社科）（万篇）
2018	1882	3614	122.75	111.24
2019	1949	1290	122.71	100.36
2020	1827	1078	117.91	99.15
2021	1581	1210	117.63	88.82
2022	1660	2155	114.63	77.77
2023	1662	18618	90.13	59.8

注：表中数据截至2023年11月22日。

（二）内容层面：审核不严格，平台认可不足

虽然预印本相较于期刊可以优先发布论文并获取读者反馈，但在研究中笔者发现期刊中引用预印本的内容很少，甚至一些以预印本为主题的文章也未能将预印本平台的内容作为参考文献，主要原因来自以下两点。

1. 论文把关机制不严

按照目前情况来看，预印本平台上的内容由于缺少学术评审的流程，需要读者自行判断再决定是否引用。对于辨别能力弱的用户而言，不仅增强了信息传播的不确定性，还对阅读、参考、引用造成了一定程度的阻碍，降低了读者的热情。例如，在2020年1月，印度理工学院德里分校的研究人员在bioRxiv上发表了一篇论文（"Uncanny Similarity of Unique Inserts in the 2019-nCoV Spike Protein to HIV-1 gp120 and Gag"），暗指新型冠状病毒由人为改造，因其刺突糖蛋白S蛋白上含有四个插入片段，这些片段与HIV-1的某些片段完全同源或具有相似性。该内容被一些媒体引用，作为权威的论证。尽管该文后续在平台上被撤稿，但仍旧引发了新冠病毒人造说的轩然大波。

另外，预印本平台上良莠不齐的论文也是难以获得科研人员关注的原因。2023年8月，华盛顿大学教授、ACL2023大会（全称Annual Meeting of the Association for Computational Linguistics，即国际计算语言学年会，是自然语言处理领域的顶级国际会议）副主席Emily M. Bender直言，"arXiv是个毒瘤，它以貌似实物出版的形式促进垃圾'科学'的传播，并一直在宣扬'盲目跟风''任何超过6个月的内容都过时了'的计算机科学文化"。[1] 不仅如此，ChatGPT、AI生成等技术在科研中的应用，可以自动化生成内容，版权归属变得模糊不清。作者在预印本平台进行科研成果发布时，加大了平台的审核难度，容易造成学术不端和数据伦理失范行为，加剧了预印本内容的不可信度。

2. 评价体系不完善

预印本投稿本质上属于一种互联网的公开发表，如再在期刊上发表则有悖于"英格尔芬格规则"的普遍解释，即同一研究成果不应发表两次。许多学术期刊在学术成果投稿时也明确要求，须是之前未在其他学术会议、期刊、论文集、网站等公开发表过的方能投稿。因此，也有相当多的科研人员担心最终成果无法发表在期刊或学术成果被他人抄袭剽窃、一稿多投等学术不端问题。除此之外，中国科研人员不使用预印本平台的另一重要原因是，担心预印本平台的成果不能用于学术评价，包括学术成果的认定、预印本论文影响力的评价等。由于缺乏相应的国家政策支持，大部分高校和科研机构也不认可预印本文章，研究者们难以获得切实利益。

（三）合作层面：缺乏合作，未能与出版商进行密切联系

目前，国外的预印本平台已经与大型的出版机构合作，如爱思唯尔、Springer Nature等，表示会接收预印本文章进行学术出版。一些出版机构通过投资、收购等形式管理预印本平台，如爱思唯尔收购SSRN、Springer Nature投资Research Square等。出版机构的加入无疑提升了预印本平台在学术出版中的地位，促进了学术交流。中国的预印本平台缺乏相关机构

---

[1] 《顶级学术会议惹争议：预印本真的是毒瘤吗？》，2023年9月6日，虎嗅网，https://www.huxiu.com/article/2021217.html。

赞助，单纯依靠政府扶持，对自身平台建设和学术出版方面都有一定的局限。

五 预印本学术出版的发展策略

（一）政策层面：加强政策支持，促进开放科学交流生态

学术出版作为科研成果发表和传播的平台，以及国际学术讨论交流的前沿阵地，是一个国家思想水平、科技创新、文化传承等软硬实力的直接体现。在当前科技强国、中国自主知识体系建设的背景下，理应积极探索更为完善的学术出版和学术交流体系，以满足国家战略和学术发展的需求。预印本作为一种新型的学术出版和学术交流模式，对文化繁荣和科学研究大有裨益。国家应出台相关政策，明确预印本的版权归属、权责划分；在预印本平台与期刊、协会和出版单位等的合作上有所支持；组织召开相关座谈会，构建对预印本论文进行评价的多维度评估指标体系，提升机构组织和高校对预印本的认同，明确对预印本论文的引用规范，提高中国预印本的学术影响力。

同时，预印本可结合当下的数字技术手段，满足不同用户的学术需求。目前，一些预印本平台逐步采用大数据、人工智能等先进技术，支持增强出版、数据出版等新型出版模式，提供智能推荐、学术画像、知识图谱、科研趋势分析等知识服务功能，打通预印本、会议论文集、学术期刊、学术著作等学术出版链条，构建更为开放的学术生态。

（二）平台层面：完善审核流程，提升预印本的学术质量

学术质量可以说是学术论文的根本，在预印本平台学术安全等问题引发争议的现实情况下，必须采取相应措施进行防范。首先，可借助人工智能技术或第三方开放评议模式，由平台主导对文章进行初步预审，并形成相关标签。其次，使用算法技术智能匹配相关领域同行评议人进行评价。最后，依据有无获得有效评议和同行评议得分情况将预印本内容分类展示，作明显区分，便于后续参考、评议、采用。预印本平台还可参考借鉴学术期刊的相关做法，如吸纳编委、青年编委、栏目编辑、客座编辑等角色，邀请专家学者加入以对预印本内容进行把关，并通过

与相关领域的学术会议、学术期刊的交流合作以对预印本内容进行完善，进一步提升预印本的学术质量。

（三）行业层面：转变观念，组建专业化出版队伍

预印本的发展促进了科学共同体之间的交流，推动知识向社会大众流动和传播，有利于科学的社会功能充分发挥。已有众多科研工作者开始使用、认可预印本平台学术交流模式。因此，各学术工作者，尤其是在其中担任重要角色的学术期刊编辑，应当明确"预印本不是期刊的替代品"这一观念，对预印本持开放包容的态度，可以将预印本平台看作"论文市场"，吸纳未正式发表的高水平学术论文，拓展期刊论文的网络关注度，并从"纸刊编辑"向"全媒体编辑"和"创新型编辑"转变，助推期刊办刊模式改革创新。

六　总结

预印本及预印本平台推动了开放科学的快速发展，预印本制度促进了学术评价改革。中国的预印本的理论研究及实践建设正在快速兴起，关注预印本在发展过程中存在的难点与痛点，制定相关政策和学术评价体系，吸纳优秀人才加入出版队伍，推进中国预印本平台建设的创新发展。

中国少儿出版融合发展研究报告

曹月娟　孙雯雯*

摘　要：2023年，少儿图书出版物在图书销售市场所占码洋比重最大，较2022年有所上升，是中国图书市场的重要组成部分。2023年10月，全国宣传思想文化工作会议中首次提出"习近平文化思想"，进一步强调了文化工作的重要性。同时，也为少儿出版融合发展指明了发展方向。在此背景之下，本文将从研究背景、发展现状、困境问题与突破路径四个方面对2023年少儿出版融合发展进行研究，以期为中国少儿出版行业融合发展提供新思路。

关键词：少儿图书出版；媒体融合；出版融合

少儿图书指的是面向少年儿童群体所发行的图书出版物，其中"少儿"一般指心智尚在发育成长阶段的少年儿童群体，而"少儿图书"的概念界定，本研究根据中国少年儿童新闻出版总社原社长海飞对其进行的定义，"少儿图书是供0—18岁少年儿童读者阅读或亲子共读的图书"，[①] 将其界定为面向0—18岁少年儿童群体的图书出版物。

近年来，新兴媒介技术的发展，为传媒行业媒体融合转型发展提供技术支撑，通过融入新技术、开创新平台、采纳新形式、发展新内容等

---

* 曹月娟，时代出版传媒股份有限公司博士后，浙江传媒学院新闻与传播学院副教授，研究方向：媒体融合，传媒经济；孙雯雯，浙江传媒学院新闻与传播学院硕士研究生，研究方向：数字媒体与智能传播。

① 海飞：《童书海论》，明天出版社2001年版，第4页。

转变自身运作逻辑，各媒介组织以更加贴合新媒介时代的路径融入传媒发展新格局。出版业作为传媒行业中的"元老"之一，也通过融合转型不断开拓新方向、新领域、新市场。少儿图书近些年在中国市场所有图书门类中持续维持最大码洋比重，加之这一类别图书关乎正处于成长阶段的少儿群体，是中国文化事业中的重要部分，因此，对少儿出版融合发展的研究存在一定价值，具有一定的重要性。

一 顶层设计及行业实践为少儿出版融合发展提供新方向

（一）国家政策保障少儿出版融合发展不断深化

媒体行业的融合发展离不开政策的指引，在顶层设计的不断引导下，包括出版行业在内的各个媒体行业纷纷开始积极地进行媒体融合转型，也不断探索出更贴合新技术发展时代的发展模式。

2014年8月，中央全面深化改革领导小组第四次会议审议通过了《关于推动传统媒体和新兴媒体融合发展的指导意见》，将媒体融合作为传统媒体适应新媒体发展格局的重要举措，由此开启了媒体行业融合发展的大风向。2015年3月，新闻出版广电总局、财政部印发《关于推动传统出版和新兴出版融合发展的指导意见》，聚焦出版业融合发展，从传统出版与新兴出版融合发展的总体要求、重点任务、政策措施、组织实施四方面进行了具体规划。

2021年3月，《中华人民共和国国民经济和社会发展第十四个五年规划和2035年远景目标纲要》印发，中国进入"十四五"时期。同年12月，国家新闻出版署印发《出版业"十四五"时期发展规划》，明确了出版业"十四五"时期发展的指导思想、基本原则、目标要求、重点任务、保障措施，绘制了出版行业融合发展蓝图和确定未来工作方向。其中，"打造新时代出版精品"部分着重突出要"推出一批少儿读物精品"的目标，并指出要推出一批贴近青少年阅读习惯、创新方法手段，同时立德树人、启智增慧的各类精品读物，再次对少儿图书发展指明方向。

2022年4月，中共中央宣传部印发《关于推动出版深度融合发展的实施意见》，这是中宣部首次就出版融合发展领域专门发布的政策文件，是对新时代深入推进出版深度融合发展作出的全面安排，为出版单位探索融合发展新模式、新业态、新领域提供了行动指引。[①]该文件明确提及少儿出版部门，指出要打造引导青少年健康成长的精品项目的发展目标。2022年10月，中国共产党第二十次全国代表大会在北京召开。党的二十大报告提出，"推进文化自信自强，铸就社会主义文化新辉煌"，在顶层规划中为少儿出版类文化事业发展提供支持。2023年1月，中宣部（国家新闻出版署、国家版权局）在北京召开2023年全国出版（版权）工作会议，会议以习近平新时代中国特色社会主义思想为指导，深入学习贯彻党的二十大精神。会议强调，"深化全民阅读活动"，"推进文化自信自强"，"推进出版深度融合，加快出版'走出去'步伐，构建出版业发展新格局"，对整个出版业的内容质量与融合发展都提出具体要求，也为少儿出版进行了规划指引。

在国家政策与有关部门的推动下，中国出版融合不断推进，为少儿出版深度融合实践提供支持。2021年5月，国家新闻出版署在《中华人民共和国国民经济和社会发展第十四个五年规划和2035年远景目标纲要》的部署下，启动实施出版融合工程。2021—2023年，国家新闻出版署连续实施数字出版精品遴选推荐计划和出版融合发展示范单位遴选推荐计划。国家新闻出版署系列工程是出版行业融合发展的标杆，同时，也带动少儿出版行业继续走向深度融合转型进程。

2023年10月，全国宣传思想文化工作会议在北京召开，这次会议首次提出习近平文化思想。习近平文化思想是对新时代党领导文化建设实践经验的理论总结，在强调党领导意识形态工作重要性的同时，着重突出了文化工作的重要性与巨大使命，其中提到"坚定文化自信，秉持开放包容，坚持守正创新"这一基本遵循原则，要求文化工作立足于自身文化，并在新时代创造创新，这也为以文化传播为重要内容的少儿出版行业未来融合发展提出新要求。

近年来，在顶层设计的支持下，出版融合发展道路越来越明晰化，出版物门类也逐渐细化（见图1），少儿出版物形成了更加清晰鲜明的融合发展思路。

[①]《推动出版深度融合发展》，《光明日报》2022年4月25日。

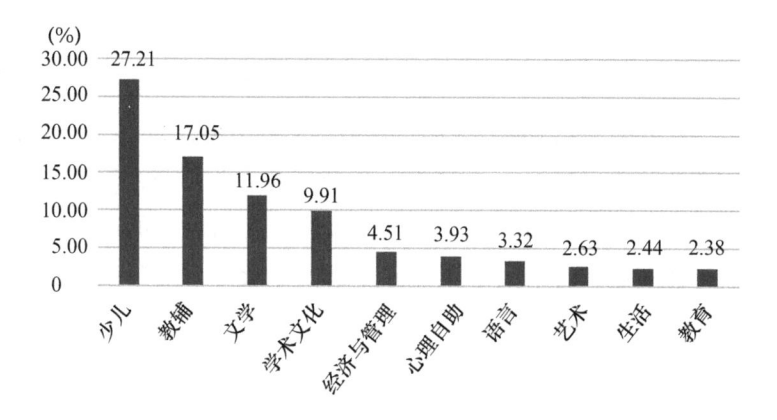

图1　2023年不同细分类出版物码洋比重Top10

资料来源：北京开卷信息技术有限公司。

（二）行业发展逐渐从增量期步入平稳期

近十几年来，少儿图书出版行业飞速发展，其在整体零售市场的码洋规模从2016年起超越社科类图书，此后一直保持为图书零售市场中规模最大的细分市场，并且中国少儿图书市场也成为世界最大少儿图书市场。① 中国儿童文学研究会副秘书长陈香的《黄金十年：中国少儿书业风云录》记录了中国少儿出版黄金时代到来的过程，少儿出版经历了从事业单位转向企业单位的改革时期（2001—2008年）、产业化与资本化的集团发展时期（2008—2015年），以及互联网时代的媒体融合发展时期（2015年至今），逐渐在新社会环境背景下迎来发展热潮。②

近几年来，随着少儿出版行业市场化程度整体提升，行业内少儿出版物增量逐渐放缓，少儿出版行业竞争趋势更加激烈，加之新媒介环境带来传播格局变化，使少儿出版行业受到一定冲击，整体行业市场发展呈现止步不前、难以突破的状态。"北京开卷"数据显示，自2016年

---

① 蒋艳平：《2022年我国少儿图书市场分析及发展趋势》，《科技与出版》2023年第5期。
② 《少儿书业黄金10年爆发之谜》，2021年3月25日，中国财经网，https://finance.china.com.cn/qy/whzl/20210325/5529940.shtml。

以来，少儿图书码洋比重增长率逐渐下滑，2022年增长率甚至跌至 -10.41%。① 2023年1—10月的数据显示，虽然少儿图书仍是中国图书市场码洋比重最大的类别，但其也是码洋比重降幅最大的门类，降幅达到5.36%。② 可见少儿出版行业的迅猛增长势头不再，如今已逐渐进入一个发展滞缓的阶段（见图2）。所以，近几年各少儿出版社纷纷进行积极转变以适应新的技术及市场环境，更加关注少儿出版物的内容质量、呈现形式、传播渠道、营销策略等细分方面，不断探索挖掘让自己在竞争逐渐激烈的赛道上脱颖而出的优势与机遇。

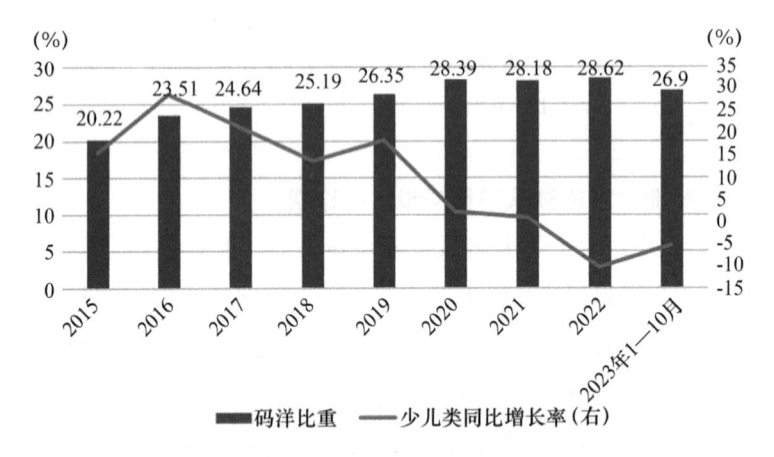

图2　2015—2023年10月少儿图书零售市场码洋比重和同比增长率变化

资料来源：北京开卷信息技术有限公司。

二　中国少儿出版融合发展实态

2023年是党的二十大召开后的开局之年，也是习近平文化思想提出的第一年，文化事业发展受到高度重视，少儿出版行业也顺势而为，在

---

① 《年度发布 | 2022年图书零售市场年度报告》，2023年1月6日，"北京开卷"微信公众号，https://mp.weixin.qq.com/s/r2_hTkf8Go7CUKMTG70fFA。

② 《开卷发布 | 少儿图书零售市场解析》，2023年11月17日，"北京开卷"微信公众号，https://mp.weixin.qq.com/s/E8BQ3zlXjWcGDoF2jwJB_A。

多个领域开拓创新，取得了发展成效。

（一）内容开发：主题细分后定位更加明确

在顶层政策引导、市场竞争驱动，以及"双减"政策影响下，素质教育受到更多关注，一些少儿出版社纷纷立足于图书行业最本质的内容维度，推出贴合时代主题、符合少儿阅读心理的多元内容及主题，从而为自己创造内容优势，以突破当下面临的发展瓶颈期。

近年来，中国图书市场一直处于波动发展状态，一般少儿类图书都面临码洋规模增长困难的处境，而在此背景下，安徽少年儿童出版社（以下简称"安少社"）凭借主题内容精品取得了突出的成绩。安少社的成功关键在于聚焦内容生产，以讲好中国故事为内核，策划出版了《桦皮船》《我的"中国芯"：会说话的芯片》《美丽中国》《万花筒》《白雪灯火》等主题出版物。其中，《桦皮船》在2022年12月的第十六届精神文明建设"五个一工程"获奖，其讲述了一位桦皮船手艺人和孙子两人不断心灵交流的故事，是一部以温情和诗意描绘出的儿童文学作品。截至2023年9月，《桦皮船》累计发货超20万册。优质的内容与适宜的主题为安少社带来市场突破口，也让其整体零售在2023年1—8月的少儿图书市场的实洋占有率排名中同比上升5个位次，排专业少儿出版社第5位。①

同样聚焦内容生产的还有江西教育出版社少儿分社，从把握少儿学习心理这一定位出发，打造了一批兼具知识性与趣味性的图书作品。例如，被描述为"上市10天就断货，一个月内加印3次，单月销量突破36万册"②的《爆笑作文》，其以漫画形式搭建主人公的"作文江湖"冒险故事，呈现出主人公如何运用作文写作方法破解一道道关卡，来促进少儿对理论知识的形象化理解。同时，该出版社出版的《语文笑传》《超级语文课》也是这样的风格（通过图画与文字等多种表现形式，运用鲜亮

---

① 《"出精品、抢市场"，安少社前三季度业绩逆势增长》，2023年10月26日，出版商务网，http：//www.cptoday.cn/news/detail/16513。

② 《年销售实洋从300万到4000万，这个出版团队只用了4年》，2023年7月13日，出版商务网，http：//www.cptoday.cn/news/detail/15870。

色彩，以及书中表情丰富、特征鲜明的漫画人物加以辅助，结合较强的故事性、趣味性的文字内容，打造出一系列适合少儿阅读心理的内容产品），在市场销售方面取得不错成绩，同时也赢得了良好的口碑。

在少儿图书市场发展趋势逐渐放缓的背景下，少儿出版社重新探索内容定位，在不断细分的内容主题中寻找适合自身的主题定位，并不断深耕挖掘打造优质图书。如此，一方面能够满足当下各类少儿图书市场用户的多元化需求；另一方面也帮助出版社在同质市场中突围而出，取得不错的市场效益。

（二）传播渠道：技术融入后形式丰富化

传统书册装订、白纸黑字的少儿图书形态，在如今新兴媒介技术叠加涌现、内容传播多模态化呈现的传播格局之中逐渐显得单薄，于是，许多少儿出版社积极融入新媒介技术元素，以图书内容为基础，衍化出更为丰富的呈现形态。借助多样传播载体，少儿图书也延伸了传播渠道，能够通过更多路径传递给更大范围的受众。

其一，AR/VR技术继续成为少儿图书领域应用较为广泛与成熟的媒介技术。以沉浸感、真实感为特色的AR/VR技术让少儿图书内容以更加生动轻松的方式呈现于少儿眼前，是一种适合少儿认知特点的形式，因而仍被许多少儿出版社积极尝试。例如，由童趣出版有限公司和中图云创智能科技（北京）有限公司联合开发的《天工开物：给孩子的中国古代科技百科全书》，以描绘中国古代传统手工与制造技艺为主题，并采用5G、VR、超高清等数字技术打造全景虚拟现实场景，读者可以通过"5G新阅读"小程序与实体书连接，佩戴VR眼镜观看小程序中的沉浸式场景，以此可体验到古代的生产、生活场景。《天工开物：给孩子的中国古代科技百科全书》原书本就以内容优质而入选国家图书馆第十六届文津图书奖，并获得较广泛的社会认可，其开发出的生动有趣的VR体验形式，更是为图书传播增添优势，让其以新颖的形式触达更多受众。

其二，在少儿图书创新性呈现与传播方面，元宇宙图书成为一种新尝试，其同样基于纸质图书内容，但需要读者借助可穿戴式设备进入一个场景化打造的虚拟视觉空间中，以更真实、全方位的视觉效果为读者带来更具空间感与沉浸感的阅读体验。由安徽美术出版社2022年4月出版的《了不起的中国》系列少儿图书，是一套以中国太空站、火星车、新能源、高铁、5G 基建等领域的科技介绍为主要内容的少儿科普绘本。在图书出版后的 2023 年年初，安徽万有文化科技有限公司与数传集团合作，将该图书的《中国空间站》系列升级为"元宇宙图书"。技术团队将绘本内容进行三维重建、数字孪生来还原书中场景，小读者可穿戴设备通过视觉、听觉、触觉身临其境般地体验和控制火箭发射并进入太空轨道等。① 2023 年 10 月，上海大学元宇宙出版联合研发中心收购了《了不起的中国》元宇宙图书的商用权。这意味着《了不起的中国》系列不仅通过元宇宙图书形式打造了更加丰富的传播形式，同时也借此实现了向技术应用、图书市场等领域的延伸。

新兴技术的加入为少儿出版带来了更大的生机与更多的可能性，尤其对于少儿科普类出版物，AR/VR 或是元宇宙技术呈现能够调动读者的更多感官来进行图书阅读与理解，促进读者对复杂事物更贴近真实的认知，是具备价值的优质内容纸质图书与现代技术成功融合的典型示范。

（三）市场转型：平台拓宽后营销多元化

出版市场在近几年发生了较大变化，一方面，互联网技术的发展带来功能越发综合化的移动客户端，不同的移动客户端在提供自身原本定位的服务功能外，还逐渐融入了更多类型的服务功能，其中较突出的功能之一就是购物功能，如抖音、快手、小红书的商城板块提供的购物服务；另一方面，疫情期间，人们逐渐习惯于线上购物，新的购物习惯在疫情放开后也逐渐融入社会生活中，成为市场转变的一种内在因素。因此，在多种因素的叠加作用下，包括出版市场在内的当下整体市场逐渐呈现出平台化的发展趋势。

在出版市场融合转型发展的行业背景下，各少儿出版社不再只专注于传统以实体店为主的营销模式，而是积极投身于众多新媒体平台，以当下更流行的媒介技术来创新营销方式。例如，江西教育出版社少儿分

---

① 《少儿科普图书 让科学知识没有"高门槛"》，2023 年 8 月 25 日，"DCG 数传集团"微信公众号，https://mp.weixin.qq.com/s/Q6DM-uiHpF-IjxFZRx7k-w。

社出版的《爆笑作文》，其取得市场经济效益除了受益于优质的内容外，还得益于其成功的营销布局。《爆笑作文》出版后，其营销团队通过线上线下双管发力营销，在新媒体平台对用户进行精准宣传，与图书作者何捷深入合作，借助作者自身的流量，在何捷的抖音号、视频号以及他参加的"超级语文课"综艺节目等各大媒体平台频繁提及图书。① 同时，《爆笑作文》在抖音中与少儿荐书博主@孙悦、育儿博主@周小生先生、出版从业博主@元梦妈妈等垂直类达人的短视频合作推广，获得了巨大的宣传流量，加之抖音自身具有商城入口以供用户直接购物，《爆笑作文》便在新媒介化的营销中达到了"上市一周，便登上抖音平台图书畅销榜"② 的效果。

　　线上图书销售平台，尤其是以抖音、快手为代表的短视频平台在近年来成为高流量聚集地，短视频平台中的图书销售额同比增长率持续大幅上升；同时，少儿图书市场在此类平台中的码洋比重也持续攀升。由此可见，短视频平台成为少儿图书销售的重要途径（见图3）。根据《出版人》杂志2023年上半年的数据，《出版人》所监测的220个少儿出版机构在微信公众号、抖音、小红书、视频号、快手、B站六大平台共计开设运营账号861个，发布了42824条图文、音视频内容，总互动数达5112.95万次（见图4）。少儿出版机构通过在社交新媒体平台中的布局，初步完成全媒体传播体系建设，③ 拓宽营销平台的同时，也进一步适应了新兴市场。在新媒体平台中，具有广泛受众和有效内容传播力的平台是微信公众号和抖音，也是目前最受少儿出版机构青睐的平台，这两个新媒体平台也在逐渐成为少儿图书市场如今着力部署的重要营销路径。

---

① 《1个月加印3次，销量破36万册，这套书靠什么光速"出圈"？》，2023年4月17日，出版商务网，http：//www.cptoday.cn/news/detail/15303。

② 《1个月加印3次，销量破36万册，这套书靠什么光速"出圈"？》，2023年4月17日，出版商务网，http：//www.cptoday.cn/news/detail/15303。

③ 《220家少儿出版机构，哪些媒体得到读者青睐 | 2023上半年少儿出版机构用户触达能力报告》，2023年10月30日，"出版人杂志"微信公众号，https：//mp.weixin.qq.com/s/U5 vCFYl-Lyl CsLUb2kR0brw。

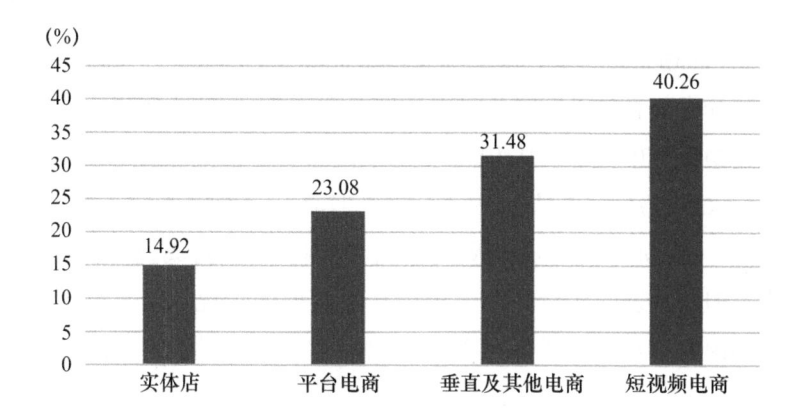

图3　2023年1—10月少儿图书不同渠道码洋情况

资料来源：北京开卷信息技术有限公司。

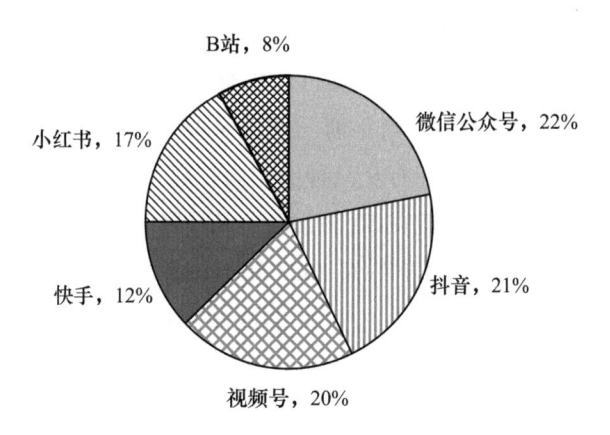

图4　2023上半年220家少儿出版机构运营账号分布情况

资料来源："出版人杂志"微信公众号。

三　中国少儿出版融合发展所面临的困境

少儿图书市场如今进入一个由增量转为存量的发展阶段，许多少儿出版社通过积极地融合发展转变了传统的发展模式，通过融入新兴主题内容、媒介技术与营销方式等方法拓宽发展机遇。但是，在众多少儿出版社中，能实现成功转型的还是少数，更多少儿出版社仍旧处于缺少转型发展思维的摸索探究阶段，面临着一系列的发展问题与困境。

（一）原创力度不够，本土优质作品有限

北京开卷信息技术有限公司常务副总裁杨雷在2023年华东少儿出版联合体营销峰会中表示，从1998年至今，图书零售市场的渠道驱动力不断变化，大致经历了"品种驱动—畅销书驱动—价格驱动—内容驱动"的过程。[①] 对于如今的少儿出版行业而言，内容本质将成为行业竞争的核心要素，但纵观近几年少儿图书出版行业发展的情况，少儿出版面临着本土原创内容不足、同质化严重的问题，这大大局限了少儿出版行业的发展空间。

图书零售市场是一个"二八效应"显著的细分市场，销量排序前1%的图书品类为图书零售市场贡献了近60%的码洋；同时，也意味着图书市场的长尾效应后续影响更长，而图书行业的关注重点便在于这积累到零售市场60%码洋的品种集合，即行业内称为"金品种"的头部品种图书。"北京开卷"2022年对当年前三季度金品种图书的统计数据情况显示，在少儿、教辅市场中拥有金品种的出版社超过270家，而绝大多数的出版社所拥有的金品种种数在50种以下，拥有500种以上金品种的仅有4家单位。[②] 根据"北京开卷"对2023年前三季度的少儿图书销量统计数据，这三个季度的市场销量占前30名的图书即属于金品种图书。在这些图书中，其中二十一世纪出版社集团有限公司的大中华寻宝记系列占据9部（见表1）。这一系列是该出版社自2012年开始推出的漫画丛书，围绕着中国各个省份的风土人情、文化历史等，以漫画形式呈现的寻宝探险故事，由于其知识性与趣味性浓厚，而受到众多小读者的喜爱。大中华寻宝记系列在现今市场仍旧维持着高销售量和市场占有量的金品种图书业绩，一方面能够说明这套出版物在内容创作方面的成功；另一方面，其长年来占据金品种行列并保持着庞大的市场存量，也说明当下中国少儿图书市场对这类本土化原创性优质内容存在巨大需求。当下少儿

---

① 《2023童书市场如何？今天的华东六少营销会释放了哪些信号？》，2023年3月21日，"出版商务周报"微信公众号，https://mp.weixin.qq.com/s/m82DGR4FrrdeEt8bDeykGA。

② 《"金品种"占图书市场60%实洋，哪些细分板块最赚钱?》，2022年10月11日，"出版商务周报"微信公众号，https://mp.weixin.qq.com/s/ApnpJYakAIRUFTqnQM3KzQ。

图书市场图书种类已较为丰富，积量较大，在重视少儿综合素质培养的社会时代背景下，原创优质内容不足是限制少儿出版行业发展的一大困境。

表1　　**2023年前三季度少儿类新书零售市场销量Top30**

市场销量排名	书名	出版社名
1	漫画儿童心理学	北方妇女儿童出版社
2	漫画中小学生自我管理（全套4册）	广东人民出版社
3	漫画民法典入门	长江出版社
4	孩子，你要学会保护自己（全4册）	科学普及出版社
5	漫画中外历史对照	新世纪出版社
6	中国获奖名家绘本系列（全10册）	广东旅游出版社
7	小学生超喜爱的漫画科学	科学普及出版社
8	《读者》校园版10周年精华卷（全4册）	读者出版社
9	一只很没耐心很没耐心的毛毛虫（全3册）	中信出版社
10	淘皮鼠成长系列绘本（全40册）	江西美术出版社
11	笑猫日记（29）：笑猫在故宫	明天出版社
12	航海王（卷一百）：霸王色	浙江人民美术出版社
13	航海王（卷一百零一）：巨星登场	浙江人民美术出版社
14	航海王（卷九十九）：草帽路飞	浙江人民美术出版社
15	北京寻宝记（新版）	二十一世纪出版社集团
16	米吴科学漫画·奇妙万象篇（1）：看不见的科学小象	二十一世纪出版社集团
17	米吴科学漫画·奇妙万象篇（3）：冲破结构迷宫	二十一世纪出版社集团
18	米吴科学漫画·奇妙万象篇（2）：珍奇生物的反击	二十一世纪出版社集团
19	米吴科学漫画·奇妙万象篇（4）：气象万变的无人岛	二十一世纪出版社集团
20	上海寻宝记（新版）	二十一世纪出版社集团
21	内蒙古寻宝记（新版）	二十一世纪出版社集团

续表

市场销量排名	书名	出版社名
22	海南寻宝记（新版）	二十一世纪出版社集团
23	黑龙江寻宝记（新版）	二十一世纪出版社集团
24	天空之城	北京联合出版公司
25	陕西寻宝记（新版）	二十一世纪出版社集团
26	爆笑歇后语（全10册）	吉林出版集团股份有限公司
27	新疆寻宝记（新版）	二十一世纪出版社集团
28	云南寻宝记（新版）	二十一世纪出版社集团
29	给孩子的自然博物课：一学就会的视觉笔记	北京联合出版有限责任公司
30	重庆寻宝记（新版）	二十一世纪出版社集团

资料来源：北京开卷信息技术有限公司。

（二）市场转型意识薄弱，创新创造力不足

传统出版机构在出版工作中更加关注内部的组织运作，因而其出版运作体系多围绕高效、专业的生产"出版社眼中的优质图书"。这样的生产体系能够在一定程度上推动出版社进行高效的内容生产，但也容易忽视营销发行层面的拓展，而这一情况与当下图书市场存量庞大、受众线上线下多途径消费选择的市场环境较难适应。

传统出版行业的机制对于市场需求的对接存在多方面的限制，例如，"北京开卷"数据显示，2023年上半年Top5%的产品码洋贡献率达76.56%，最头部的畅销图书大体呈现"漫画+"风格，如《漫画儿童心理学》《漫画中小学生自我管理（全套4册）》《漫画民法典入门》等，其强用性与易阅读性的特点与传统出版的重美育性的少儿图书有所不同，如今传统出版社也鲜少创作这类少儿图书。可以说，这些产品，大多数正版"正规军"都"看不上，不愿意出"，传统机制使传统出版社只能羡慕别人家爆款多，增长快，但类似的选题在出版社内部又死活通不过，或者好不容易通过了却迟迟见不到书。[1]

---

[1] 《少儿图书市场地位首次下降，我们如何有尊严地活下去?》，2023年10月27日，"出版商务周报"微信公众号，https://mp.weixin.qq.com/s/zl9IGEtuUGhg64eb6PbgjQ。

民营书商往往能够紧随市场风向，灵活转变自身出版策略，以更加具有创新力的出版生产策略开发更受市场欢迎的少儿图书；而传统出版社由于其机制体制及自身运作方式保守、市场敏感度低等原因依旧遵循原本的生产体系，容易陷入故步自封的困境中。因而，如何在传统体系中激发出版社创新动力，是如今众多出版社仍在思考的问题。

（三）线上线下渠道失衡，不利于长久综合发展

当下互联网已深度融入中国媒介传播格局，加之此前疫情的影响，用户对于线上消费更具有倾向性，因而，许多出版社纷纷开辟新媒体营销渠道，以此扩大用户阵营。在《出版人》发布的《2023上半年少儿出版机构用户触达能力报告》中，《出版人》监测的220个少儿出版机构不仅在微信公众号、抖音、小红书、微信视频号、快手和B站中广泛布局，并且在微信公众号、抖音、小红书、视频号活跃账号占比均超80%。[1] 由此可见，各少儿出版机构在基本完成全媒体布局的基础上，同时也在积极推动各新媒体平台中的账号运营。

与此同时，少儿图书实体店的线下销售渠道显得较为薄弱，北京开卷的《2023年前三季度图书零售市场分析》显示，2023年实体店渠道图书销售市场在这一年仍旧下跌，前三季度同比下降了22.56%。从《2023上半年图书零售市场分析》数据统计中可见，实体店在整体零售市场中是销售新书品种数最多的渠道，由于其具备突破新媒体渠道算法逻辑的特点，那些在新媒体中沦为长尾的图书品种，在实体店中反而能够找到适销的出口（见图5）。[2] 加之对少儿图书而言，线下的多类别图书的在场阅读体验也十分重要，因此实体营销渠道存在其独特价值。如今线上线下销售渠道比重相差较大，线下销售渠道开发不完全，甚至处于日趋微弱的处境，实则为少儿图书行业长久发展埋下了隐患。

---

[1] 《220家少儿出版机构，哪些媒体得到读者青睐丨2023上半年少儿出版机构用户触达能力报告》，2023年10月30日，"出版人杂志"微信公众号，https：//mp.weixin.qq.com/s/U5vCFYlLy1CsLUb2kR0brw。

[2] 《半年发布丨2023上半年图书零售市场分析》，2023年7月6日，"北京开卷"微信公众号，https：//mp.weixin.qq.com/s/hBHcJ5Zq1RyFOsF7LgA_Qw。

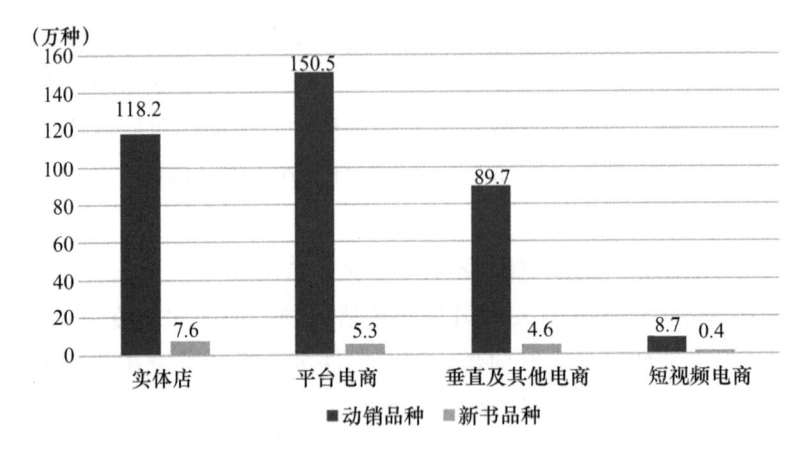

图5　2023年上半年整体图书市场不同渠道品种规模

渠道	动销品种（万种）	新书品种（万种）
实体店	118.2	7.6
平台电商	150.5	5.3
垂直及其他电商	89.7	4.6
短视频电商	8.7	0.4

资料来源：北京开卷信息技术有限公司。

（四）无序竞争风潮盛行，"劣币逐良币"效应突出

新媒体平台为少儿图书带来流量支持下的可观销量的同时，也让许多少儿出版社陷入另一困境，即由于少儿图书市场发展势缓，图书销售竞争变得激烈，短视频与直播平台往往以低价进行图书销售。对于出版方而言，其图书出版本就需要承担版税、稿费、管理费用等成本，加之图书价格在低价销售、达人主播高中介费的压力下被不断降低，出版社的利润空间也随之缩小。少儿图书在新媒体平台的低价销售虽为图书销量带来可观的数据，但其低额利润甚至亏损销售，让许多少儿出版社面临难以维持日常运作的困境。

此外，新媒体平台上大批低价出售的盗版图书也严重威胁着正版少儿图书的生存空间，正如2023全国少儿图书交易会中，部分出版人士提到，正规出版社仅版税就在10个点以上，再加上印制成本，与市面上那些"9.9包邮"的产品没办法竞争。[①] 盗版图书由于印制随意、缺乏审核，常常存在错别字、印制不清、缺页少段等错误，其广泛销售不仅挤占正版图书的市场空间，更为严重的是，会对少儿认知产生负面影响。

---

① 《少儿图书市场地位首次下降，我们如何有尊严地活下去?》，2023年10月27日，"出版商务周报"微信公众号，https://mp.weixin.qq.com/s/zl9IGEtuUGhg64eb6PbgjQ。

少儿出版行业所面临的渠道竞争与低价竞争困境，是如今制约少儿出版转型发展的重要阻碍，外部销售困境所带来的利润制约会反向危及内部生产体系建设，如此恶性循环，对少儿出版行业发展较为不利。

四　中国少儿出版融合发展路径

当下中国少儿出版行业在融合发展期间存在着一些发展困境，但对于少儿出版行业而言，其作为专业性强、权威性高的少儿出版主体存在许多天然的融合发展优势，借助这些优势，其在内容打造、平台建设、观念更新、用户维护等方面积极转变，势必能够激发内部优势，开辟融合发展新路径。

（一）内容为王：立足中华文明，打造文化精品

2023年10月的全国宣传思想文化工作会议上首次提出习近平文化思想，表明我们党的历史自信、文化自信达到了新高度，在党的宣传思想文化事业发展史上具有里程碑意义。① 在此背景下，少儿出版行业应顺势而为，坚定文化自信，立足于中华优秀传统文化，打造出优质的本土作品，以内容生产力赢得少儿图书市场不可撼动的品牌地位。正如多年来持续占据少儿类新书销售市场销量榜的《大中华寻宝记》，其正是立足于中华本土文化，以主人公的旅行故事展现中国34个省份的文明文化风光，让小读者在趣味阅读的过程中拓展认知，感受中国地域文化之灿烂与丰富。

立足中华文明进行文化内容深耕，一方面是对政治层面顶层设计的回应，通过少儿出版工作"举旗帜、聚民心、育新人、兴文化、展形象"，以优秀的文化培育少年儿童，让中华文明中国文化浸润少儿的成长过程；同时，也能够借此讲述中国故事，在国际少儿出版领域展现中国形象。另一方面，当下少儿图书市场对优质的本土原创作品需求量较大，这类作品的创作与出版能够在一定程度上满足市场需求，也能成为少儿

---

① 《习近平文化思想首次提出》，2023年10月9日，"新华社"微信公众号，https：//mp.weixin.qq.com/s/YmyO17CsT2CJCa3Zs6epLQ。

出版社形塑自身内容品牌、获得市场份额的一种途径。

（二）观念转变：更新传统思维，融入当下环境

面对不断变化的传播格局与市场行情，少儿出版社要转变传统的发展思路，融入更加贴合当下时代背景和受众特点的出版、传播、营销体系大环境，才能够获得助推力，实现融合转型发展。《2023 上半年少儿出版机构用户触达能力报告》显示，2023 上半年，少儿出版机构用户触达能力 30 强中，20 个名次都由策划公司占据，且前 10 名中仅有中信出版社一家出版社。①策划公司对于市场的反应之迅速与其对用户的把握程度之强，源于其总是根据市场风向随势而动，不断调整自身运作理念，在新变化兴起之时迎头而上，勇于挑战与尝试。而策划公司对市场的高度敏感度和快速应变力正是少儿出版行业所需要的能力，在当下市场主体多元化发展的背景下，灵活创新的观念能带领少儿出版行业开拓出新的发展方向。

广东新华发行集团股份有限公司为了应对传统电商平台遇到的发展困境，更好适应新媒体平台图书销售渠道，采取参股的方式，快速搭建起专业经营团队，提供更具竞争力的薪酬机制，将发展重点放在定制出版、直播销售等板块，并自建新媒体矩阵，以全新的市场化运作体系进行出版运作，在市场业绩方面取得了显著成效，2022 年其销售额达到 5087 万元，利润为 120 万元。②广东新华在发展瓶颈期融合市场需求进行内部翻新的全新转型路径，是少儿出版行业融合发展的一种新探索与新思路。

（三）平台突破：自建营销渠道，拓宽销售市场

少儿出版行业在传播与营销渠道中遇到的问题，很大程度上是因为渠道建设的问题。当下新媒体平台风头正热、主播达人流量庞大，此时，

---

① 《220 家少儿出版机构，哪些媒体得到读者青睐｜2023 上半年少儿出版机构用户触达能力报告》，2023 年 10 月 30 日，"出版人杂志"微信公众号，https://mp.weixin.qq.com/s/U5vCFYlLy1CsLUb2kR0brw。

② 《广东新华新媒体营销的融合与创新》，2023 年 4 月 3 日，"北京开卷"微信公众号，https://mp.weixin.qq.com/s/swgs-19NfC44xKz1p2KfJA。

传统出版行业因传播体系建设不完善，把握不住平台红利，无法获得渠道流量，不易与用户实现有效连接，对自身行业生态建设十分不利。要在全媒体传播体系建设大潮之下，积极进行平台建设，把握渠道主权，拓宽销售市场，使出版融合行业传播运营体系建设符合时代发展要求。此外，成功的渠道运营形成 IP 价值，可为出版社创造新的价值属性。

自主平台建设能兼顾线上与线下协调发展，进而打造更加融通丰富的运作体系。例如，新华文轩云店所打造的店内店外融合、线上线下结合的新型文化消费服务体系，其线上云店与线下门店采用同品同价原则，云店通过差异化品种，实行爆款营销策略，并以内容运营与社群交流等方式进行用户维系，门店则脱离了产品、营销、用户、数据等限制，获得了更大的经营空间。此外，新华文轩将云店经营结果计入门店经营，经营权限也下放至门店，激发门店的自主经营意识。由此形成了云店与门店相互赋能、相互补充的良好渠道运营模式。[①] 新华文轩线上线下两端相互融合的运作模式，一方面缓解了营销层面两端分化的问题，寻找到一种更融洽的经营方式；另一方面更好地利用了线下门店的独特价值，形塑了自身的文化品牌。

（四）立足社群：连接市场用户，紧密传播关系

新媒体时代下的传播格局中，出版社与用户之间的距离被迅速拉近，两者之间直线式的互联网连接方式代替了过往中间环节复杂的触达途径，因而对于如今的少儿出版社而言，维系好用户关系、做好用户服务与沟通是经营传播营销活动中的重要部分。新华文轩在用户维系方面让经营团队直面用户，从而获取用户真实需求，更直观地组织与优化商品，在此基础上，将用户分层为福利群、分龄群与 KOC 用户，一方面吸引用户加入社群；另一方面又借助用户推广传播，以此形成良性循环，既不断扩大了社群规模，又能够通过用户力量为自己创造收益。

另外，少儿出版社也可通过线下书店的实体空间更进一步发展社群服务，通过线下读书会、书展活动、文化节等社群活动，为用户提供文

---

① 《文轩线上线下融合发展的新探索与新思考》，2023 年 4 月 19 日，"北京开卷"微信公众号，https：//mp.weixin.qq.com/s/koWPPiKRCpe-7js-BKkAiQ。

化服务，由此打破传统书店"只卖书"的发展局限，以多元化服务创造实体书店新的社会价值。加之对少儿图书行业而言，其目标用户群体的特征较为明显，可以将其归类为少年儿童的家长、老师与少儿自身，因而以"为少儿提供优质图书"为共识来搭建社群，以更精准化的连接方式进行线上线下两端的沟通与交流，打造相应的服务模式，从而获得稳定的用户支持，实现与用户的高效连接。

党的十八大以来，党和国家政府将宣传思想文化工作摆在治国理政的重要位置，2023年全国宣传思想文化工作会议中首次提出的习近平文化思想更是为新时代文化工作指明了方向。少儿出版行业作为文化事业中的重要组成部分，其发展要遵循习近平总书记提出的"坚定文化自信，秉持开放包容，坚持守正创新"基本原则。如今少儿出版行业在新的时代背景下，顺应时代潮流，在融合发展中不断把握行业发展机遇。2023年，少儿出版行业在融合转型发展过程中收获了突出成绩，也面临着一些困境，但其仍旧存在自身发展潜力，未来通过不断融合创新，形成自身独特优势，以更融洽的方式融入新时代发展浪潮，发挥其文化传播的主体价值，创造行业发展新生态。

产 业 篇

出版行业短视频与直播业态发展报告

王思文　胡雨祺　严童静[*]

摘　要： 随着移动互联网的普及和技术的快速发展，出版行业正面临着前所未有的变革。短视频与直播在出版行业的应用日益广泛，众多出版社纷纷借助短视频平台，发布图书推介、作者访谈、文化讲座等内容，以吸引读者关注并提升品牌影响力。同时，直播卖书、线上签售等活动也逐渐成为出版行业的新常态。这些新兴业态不仅丰富了出版物的宣传手段，也拓宽了出版行业的销售渠道。短视频与直播作为新兴的媒介形式，正逐渐成为出版行业推广与营销的重要渠道。本文旨在梳理出版行业短视频与直播业态的发展现状，虽然目前仍面临诸多挑战，但其巨大的潜力和广阔的前景不容忽视。

关键词： 出版；直播；短视频

一　产业实践现状

中国互联网络信息中心（CNNIC）发布的第54次《中国互联网络发展状况统计报告》显示，截至2024年6月，中国网民规模超过10.99亿人，较2023年12月增长742万人，互联网普及率达78.0%。[①]

众多出版机构也发现了快速扩展的短视频赛道与数量庞大的用户群体，

---

[*] 王思文，浙江传媒学院新闻与传播学院讲师、硕士生导师；胡雨祺，浙江传媒学院新闻与传播学院硕士研究生；严童静，浙江传媒学院新闻与传播学院硕士研究生。

[①] 陈洁：《全媒体传播体系下出版深度融合发展研究》，《图书馆工作与研究》2024年第3期。

看到了商机与新的发展机遇，纷纷调整营销发行渠道，下场入驻短视频与直播赛道。从整体上看，出版行业利用短视频与直播等新的传播方式不断调整着营销模式及其与用户的互动方式，积极适应市场的变化，不断创新、改进内容和服务模式，调整产业布局，逐渐完成数字化转型和升级。

（一）图书零售市场短视频与直播异军突起

网络的快速发展、用户消费习惯的改变等都促使实体书店认识到，必须从单一的线下运营模式转战为线上市场或线上线下同时运营。在短视频的冲击下，出版机构面临着销量不断降低、运营模式滞后的问题。而短视频与直播平台拥有大量用户，能够帮助各行各业的营销者提升知名度、扩大影响力、增加盈利。

在2023年图书零售市场中，市场码洋同比增长率实现了从负转正，重新步入增长轨道。然而，零售市场的实际销售额却同比下降。短视频渠道超越垂直及其他电商，成为第二大图书销售渠道。同时，13个二级细分类别的码洋规模均实现正向增长，其中少儿类的码洋比重降幅最大。短视频电商对畅销书的影响日益增强，但其销售生命周期相对较短。[1] 尽管直播带货在2023年并非新现象，但其强劲势头在这一年越发明显，成为渠道的主要力量。然而，这种现象在某种程度上不利于发现优秀图书，使图书推荐的品种和占比均出现下滑趋势。[2]

从2023年各类图书的码洋构成来看，少儿类是码洋比重最大的类别，码洋比重为27.21%，但同时也是码洋比重降幅最大的门类。其次是教辅和文学类，码洋比重均在10%以上。

作为以内容为核心的创意产业，出版行业要实现出版繁荣不仅需要各类品种的图书，还需要在内容上不断增强原创能力。2022年，中国原创新书品种规模占比逐渐升高，其中，文学类新书原创占比最高。

---

[1] 《开卷2023年图书零售市场年度报告发布!》，2024年1月8日，新华出版社网站，http://www.news.cn/publish/2024-01/08/c_1212325309.htm。

[2] 《2023图书影响力数据报告：直播带货可能抑制更多好书被发现》，2024年3月1日，中国网，http://cul.china.com.cn/2024-03/01/content_42712199.htm。

（二）出版短视频 UP 主成为新兴热门职业

出版行业 UP 主指在出版领域具有一定专业知识和经验的人。他们在视频平台上分享自己的见解和知识，帮助人们更好地了解出版行业的情况和趋势。这些 UP 主的视频通常会围绕某个具体的出版物或某特定主题展开，分享自己的出版经历、图书选择或编辑经验、市场营销策略等知识与经验，从而吸引用户的关注。一些知名的出版短视频 UP 主包括"芳斯塔芙""小隐读书"等。这些 UP 主在平台上拥有大量的粉丝和观众，并且能够通过短视频的播放和推广获得一定的收益。

以 B 站 UP 主"一只萧包子"为例，其在视频里很少谈与图书相关的文学常识，也不以自己的读书感悟和启发为主，主攻拆书短视频。其对每一本书的内容都讲解得极为精细，前期为了让读者能看懂且有兴趣持续看下去，还用了思维导图，像说书人一样在镜头前将书中内容娓娓道来，一年涨粉 50 万。再后来，UP 主出镜的时间越来越少，视频开始出现与书中内容相关的影视片段。这样的讲书方式，对于那些只听过书名没读过内容的人来说，降低了他们的观看门槛，提升了他们的阅读兴趣。出版短视频 UP 主进一步推动了短视频和直播平台与出版业的连接，为出版机构提供了一种新的推广和营销方式，同时也为用户提供了更加直观、生动地了解出版物的方式。

（三）出版直播主播带货形式多元

出版直播主播是指在直播平台上进行图书营销的主播。这些主播通过直播的形式向观众推荐图书，展示图书内容，与观众进行互动，吸引观众的关注和兴趣，提高图书的销售量和知名度。大多数出版直播主播具备较好的口头表达能力和互动能力，对图书市场和读者需求有一定的了解，能够针对不同的图书类型和读者需求进行推荐与讲解。

目前，较为知名的出版直播主播包括"元梦妈妈""李永乐老师""张雪峰老师"等。但是，专职直播图书的主播并不多，这些主播或设置图书专场，在特定时间内集中推荐好书，或者是在直播中穿插带书。他们在直播平台上拥有大量的粉丝和观众，并且能够通过直播播放和推广获得一定的收益。

出版直播主播的出现，为出版机构提供了一种新的推广和营销方式，同时也为用户提供了更加直观和生动的购书体验。在直播的过程中，主播可以对图书内容进行深入浅出的分析，直接回答用户的问题，了解用户的需求和反馈，以书为媒介，更好地与用户互动和沟通，从而更好地推广图书和建立品牌形象。

部分传统出版机构也在不断探索自播形式，在与头部主播建立合作的同时，不断推陈出新，设立自己的直播间，建立去中间商的产销方式。例如，商务印书馆在早期开始直播试水时就积极与产品生产机构、作者展开合作；电子工业出版社在"双11"直播中设计了与人民邮电出版社的连麦互动环节，两个账号以互动的形式介绍新出版的作品，获得了较高的关注度，实现了双赢。

二 学界对出版短视频与直播的相关研究逐渐增多

作为出版业数字化转型的新趋势，出版短视频和直播不仅能够满足读者便捷、快速、碎片化的阅读需求，同时也能够增强出版物的宣传效果和提高销售量。一些出版机构通过短视频和直播的形式，将图书的精华、作者的创作过程、书中的亮点等呈现给读者，激发了读者的阅读兴趣和购买欲望。但短视频和直播的碎片化特点使用户在观看时缺乏对内容的深入思考，影响了用户对出版物的全面理解和自主思考。因此，出版机构在短视频和直播行业中，如何能够既推销作品，又吸引读者兴趣，将文字中具有想象空间的精华还给读者，是出版直播要寻找的平衡点。同时，出版机构在制作和发布短视频和直播时，既要吸引用户，注重传播形式的新颖；又要注重选择与出版高品质内容的出版物，创造更多的价值，避免过度追求流量和收益。

此外，也有学者认为出版短视频和直播需要出版机构积极探索新的营销策略和运营模式。出版机构需要结合自身的特点和目标用户的需求，制定合理的选品策略、打造适合的主播人设、建构恰当的直播场景，提高直播的质量、扩大直播的影响力。同时，要注重与用户的互动和反馈，了解用户的需求，及时调整直播的策略、主播的话语与直播的内容。

三　出版短视频与直播对传统出版业态构成挑战

（一）流量逻辑成为出版机构抢占市场份额的主导逻辑

出版短视频与直播平台的兴起，使传统的营销手段如报纸、杂志等纸媒的营销效果大打折扣。随着纸媒、广播、电视等传统媒体受众量的下降，商家在这些平台上广告的投放量越来越少，直播、短视频已成为当前商家迅速变现的主要阵地，但除了产品自身质量过硬，短视频、直播还依赖于作者、主播、平台流量，特别是"流量为王"很可能使一些优质的作品被遮蔽，一些畅销作品因为适应了流量时代的"玩法"而被公众熟悉。这使得出版机构在选择出版物、推荐出版物时更偏向于考虑资本的影响，而非作品自身的价值。

（二）作品生命周期缩短

以短视频与直播为代表的平台的重要特点是形式多样、更新速度快、需要不停地创新内容以吸引更多用户的关注。这与经典的传统出版物的特点有很大的不同。

为满足读者的需要，短视频宣传的效率与变现周期使出版机构更加注重书籍形式的创新和内容的更新。同时，这也使得出版机构在制作和发布短视频与直播时，更加注重将书中精华内容提取，使用算法精准投递给需要的读者，但是优质内容的精华大多是需要细品和咀嚼的，快餐式的解读导致更多的读者在学习知识时形成依赖，没有人愿意花更多的时间和精力去反复诵读名篇佳作。

（三）出版市场竞争加剧

出版短视频与直播平台的竞争异常激烈，大量用户和书商进入短视频与直播平台。[1] 对于头部直播平台，出版业的地位并不高。它们常常为了所谓的卖点，绞尽脑汁；同时为了给平台的坑位费买单，而不断降低

---

[1] 王妮、蒋永忠：《出版深度融合背景下科技期刊人才队伍的建设研究》，《传播与版权》2023年第19期。

成本，提高产品定价。于是，最后买单的人变成了读者。

但是，对于读者来说，很多出版产品并非他们的必需品。随着书籍品类的增多以及各平台机制的竞争，他们一定会选择他们认为性价比最高的产品下单；当然，也可能因为产品价值超出了他们的预期，而选择放弃。这里的价值包括了出版产品对他们思想的影响与他们心理上对这一产品价格的预期。

（四）用户需求的把握能力待提升

长尾理论认为，网络的发展提高了成本和效率，当商品储存、流通、展示的场地和渠道足够宽广，商品生产成本急剧下降以至于个人都可以进行生产，并且商品的销售成本急剧降低时，几乎任何以前看似需求极低的产品，只要有卖，都会有人买。这些需求和销量不高的产品所占据的共同市场份额，可以和主流产品的市场份额相当，甚至更大。出版短视频与直播的兴起，使传统出版机构对用户的数字内容需求把握能力不足的问题越发凸显。出版机构需要更加注重对用户需求的调研和分析，及时抓住热点，传播产品，提升团队应对能力。

综上所述，出版短视频与直播的兴起对传统出版行业构成了一定的挑战，但也为出版业带来了新的机遇。出版机构需要积极应对挑战，探索新的营销策略和运营模式，注重内容的品质和价值，提升对用户需求的把握能力，以适应数字化时代的需求。

四 出版短视频与直播行业目前存在的问题

直播迅猛发展的趋势逼迫图书出版业必须拥抱新的营销方式。但图书直播带货是否是最佳的选择，目前，出版行业对此带有较大的抵触情绪。一方面，图书直播带货的竞争优势在于"全网最低折扣"，而"没有最低只有更低"的恶性竞争很可能使图书市场出现"劣币驱除良币"的情况；另一方面，当前的出版业直播带货普遍存在"流量低、转化差"的问题，为了获得较高的收益，直播间倾向于带一些所谓的"畅销书"，而需要读者静心品读的经典却不受直播间青睐。当图书出版的把关人从传统出版机构的编辑过渡到更重视购买量的直播间主播，如何基于作品内容的价值理性，充分发挥直播带货的技术理性，这一问题则变得至关重要。

（一）账号开通率低，机构对直播短视频仍存观望心理

出版机构入局短视频平台较晚，相较于服装、美食行业，出版短视频在抖音平台上的运营时间也比较短。一些出版机构缺乏对短视频技术的了解，或者对这种新的内容传播形式不熟悉，对开通短视频账号存在一定的困惑。很多图书出版机构认为，直播平台曝光度小、影响力量弱，但其往往忽视了平台的可利用性。[①] 根据抖查查2024年4月的数据，以人民文学出版社为例，其在抖音平台的粉丝数为109.7万，带货口碑为4.9，近90天带货58场，相较于2022年12月近90天直播9场的数据，直播场次大大增加，图书销售效果大大提高。

同时，在开通短视频账号后，该账号需要较专业的人负责专门运营和维护，这些都需要投入精力与成本。由于短视频的内容传播形式和用户特征与传统的出版物的传播方式和用户特征有很大的不同，传统出版机构又缺乏对应的资源和人才岗位，因此出版机构需要投入更多的精力和时间来摸索运营短视频账号的技巧。

在收益方面，出版机构对于开通短视频直播账号的收益抱有许多疑虑，有些机构担心收益无法覆盖制作成本，再加上短视频平台的分成模式对出版机构收益的影响，使出版机构对开通短视频直播账号的积极性不高。在《出版人》杂志监测的509个出版、发行机构账号中，开启带货直播的共计136个，占比26.72%。[②] 其中，月累计销售额超100万元的有浙江文艺出版社、中信出版官方旗舰店等21个账号，在10万至100万元区间的有后浪读书、上海人民美术出版社有限公司等33个账号，在1万至10万元区间的有北京大学出版社、未读图书等40个账号，在1000至1万元区间的有接力出版社图书旗舰店等25个账号，低于1000元的账号有17个。

研究发现，目前已经开通账号的出版社，在粉丝数量、作品数量、

[①] 唐亚南：《新舆论格局下如何提高网络舆论的引导力》，《今传媒》2023年第10期。
[②] 谷建亚，赵呈：《地方出版社融合出版发展路径探析》，《中国出版》，2023年第19期。

点赞数量和作品的质量上都没有太过亮眼的表现；相反，一些出版社与东方甄选等专业直播平台合作，推动部分作品成功破圈。因此，与政务、媒体和自媒体平台相比，出版社自营账号在短视频、直播赛道中属于相对弱势的群体。

（二）运营管理不规范

通过观察已经开通账号的出版机构短视频与直播间发现，出版机构账号缺乏专职的短视频运营人员，不论是幕后还是台前，账号更新的频率与用户互动的效率都比较差，发布作品的时间频率也存在很大的随意性，有的账号连着发几个作品以后，几个月甚至半年都没有更新。

社交媒体平台的一个重要特征就是互动，通过与用户的互动才能增强用户的黏性。而一些出版短视频账号回复不及时、互动少、受众反馈不被重视，仅仅是单向输出，用户思维不足，导致用户体验感不佳，这些问题影响了用户对出版机构的信任度和忠诚度。虽然图书用户更看重的是书籍内容质量，但在流量时代，"酒香也怕巷子深"，一本优质图书也需要被用户注意到、了解到，才能有更广泛的传播。部分直播互动形式过于单一，沟通风格生硬，过度的推销方式会导致观众反感。营销的目的主要是为了吸引观众消费，因而不少主播会直接切入主题，生硬地用推销的方式来售卖图书，这很难引起消费者的共鸣。

还有一些出版机构因为缺乏对短视频平台规则的了解，在运营策略、传播方式上常常出现付出与回报不成正比的情况，从而打击了自信心，最终出现恶性循环。例如，一些出版机构过于依赖广告和营销手段，或者希望通过一些打擦边球内容的视频出圈，哗众取宠，最终反而影响了出版机构的收益和品牌形象。

（三）自播质量良莠不齐

出版行业在直播营销方面存在自播品种单一、自播内容同质化严重、技术人员和资金投入不足和新媒体营销思维欠缺等问题，导致多数出版机构的图书自播收效甚微。

从出版账号的内容来看，虽然大部分内容与出版宣传、图书推介和知识普及有关，但总体上内容的随意性较强，没有形成特色主题和系列话题。多数账号对同一本书的介绍或解读过于相似,存在重复或抄袭的现象,这些内容的同质化会让受众感到厌烦。部分图书短视频作者缺乏对图书的深入了解和专业知识,仅仅停留在表面,无法提供有价值的信息,有些视频还存在着夸大和误导的情况。

一些出版短视频在内容呈现上存在画面模糊、音效不清、剪辑不当等问题,内容质量不高,这会影响到受众的观看体验和对出版机构的印象。再加上短视频播放时长的限制,在较短时间内对图书的内容进行精准概括,对制作者也是一个考验。有一些出版机构只是简单地介绍了图书的基本信息或者浅尝辄止的解读,没有深入挖掘图书的价值和亮点,呈现出碎片化和浅层化的特征,内容深度不够。这些问题影响了用户对自播内容的满意度,甚至会影响到用户的购买意愿。

从选品策略上看,一些出版机构在选择要推广的图书时,侧重于推荐一些冷门图书或过于博人眼球的图书,没有考虑到用户的需求和喜好。这些问题可能会影响自播内容对用户的吸引度,从而影响最终的转化效果。

从主播以及自播场景来看,部分出版机构在进行自播营销时,可能存在主播能力不足的问题。主播本身对图书的了解存在欠缺,再加上表达能力不强、互动能力逊色等因素,最终影响了用户对出版机构的信任度和忠诚度。再加上专业程度参差不齐,直播场景过于简单或单调,没有营造出合适的氛围和情境,等等,都会影响到用户的观看体验和出版机构的口碑。

五　相关政策研究

(一) 明确发展路径,加强顶层设计

2021年的《出版业"十四五"时期发展规划》明确了出版业"十四五"时期发展的指导思想、基本原则、目标要求、重点任务、保障措施等,并从9个方面提出了39项重点任务,列出46项重大工程,对推动规划落地实施提出工作要求。

2022年发布的《"十四五"文化产业发展规划》提出推进文化产业创新发展、促进供需两端结构优化升级、优化文化产业空间布局、推动

文化产业融合发展、激发文化市场主体发展活力、培育文化产业国际合作竞争新优势、深化文化与金融合作7个方面，立足新发展阶段、贯彻新发展理念，服务构建以国内大循环为主体、国内国际双循环相互促进的新发展格局。为深入学习贯彻习近平总书记关于媒体融合发展的重要论述，按照《中华人民共和国国民经济和社会发展第十四个五年规划和2035年远景目标纲要》有关部署，根据《出版业"十四五"时期发展规划》有关安排，中共中央宣传部于2022年4月印发了《关于推动出版深度融合发展的实施意见》。对新时代深入推进出版深度融合发展作出了全面安排，为出版单位探索融合发展新模式、新业态、新领域提供了行动指引。[1] 该文件围绕加快推动出版深度融合发展，构建数字时代新型出版传播体系，坚持系统推进与示范引领相结合的总体思路，[2] 对未来一个时期出版融合发展的目标、方向、路径、措施等作出全面部署，提出明确要求。

该文件提出要围绕坚持正确发展方向、科学设定发展目标、统筹规划发展布局，加强出版融合发展战略谋划。要立足扩大优质内容供给、创新内容呈现传播方式、打造重点领域内容精品，强化出版融合发展内容建设。要着眼加强前沿技术探索应用、促进成熟技术应用推广、健全科技创新应用体系，充分发挥技术对出版融合发展的支撑作用。[3] 要聚焦优化提升重大工程实施效果、着力打造重点品牌项目、做强做优头部示范企业、加强重要成果展示交流，打造出版融合发展重点工程项目。要围绕夯实人才培养基础、强化高层次人才培养激励、发挥企业人才建设主体作用，建强出版融合发展人才队伍。[4] 要不断完善政策扶持机制、深化体制机制改革、营造良好发展环境、逐级抓好贯彻落实，健全出版融合发展保障体系。该文件的发布，与国家新闻出版署正在实施的出版融

---

[1] 孙保营、吴娇阳：《短视频图书直播营销：内在逻辑、现实问题与优化对策》，《华北水利水电大学学报》（社会科学版）2023年第5期。

[2] 骆倩雯：《我国网民规模已达10.79亿人　即时通信、网络视频、短视频用户规模稳居各类应用前三》，《北京日报》2023年8月29日。

[3] 向泥施：《直播营销趋势下出版行业自播模式优化策略研究》，《出版与印刷》2023年第3期。

[4] 陈炜：《从媒介融合视角谈大众出版发展范式衍变及行业发展策略》，《出版参考》2023年第4期。

合发展工程相互支撑，从政策指引和重点布局方面共同发力，进一步形成推动出版融合向纵深发展的政策合力。

为推动出版业顺应新一轮科技革命和产业革命浪潮，深化出版业数字化、智能化、绿色化发展，推进传统出版和数字出版深度融合，打造出版业新质生产力，国家新闻出版署2024年继续组织实施出版融合发展工程。[①] 以习近平新时代中国特色社会主义思想为指导，深入学习贯彻习近平文化思想，落实全国宣传思想文化工作会议精神，深刻领悟"两个确立"的决定性意义，增强"四个意识"、坚定"四个自信"、做到"两个维护"，锚定文化强国、出版强国建设目标，顺应数字经济发展趋势，深入实施国家文化数字化战略和重大文化产业项目带动战略，大力推动出版深度融合发展，塑造出版业高质量发展新动能新优势，促进出版业更好担负起新的文化使命。

2024年度出版融合发展工程着重深入实施数字出版优质平台遴选推荐计划和出版融合发展优秀人才遴选培养计划，遴选一批方向导向正确、优质内容集聚、技术应用领先、社会效益凸显的数字出版平台项目，一批政治素质过硬、创新能力突出、业绩表现出色、成长潜力明显的出版融合发展复合型人才。对已入选出版融合发展工程的精品项目、优质平台、示范单位、优秀人才，通过举办有关专题研讨班等，持续加大指导支持、培育建设、宣传推介力度，引领带动出版融合发展工作走深走实。

从整体看，国家相关部门已经意识到出版行业必须跟上目前短视频、直播行业的发展，在提供相关指导与支持的前提下，政策明确提出未来出版行业要想度过转型的阵痛期，必须拥抱新的传播方式，除了保证出版物的质量，还需要适应市场需求，创新传播方式，获得新的增长点。

（二）加强管理规范，形成良好网络生态

出版行业是一个承载着丰富文化信息和知识的重要行业，一批出版机构抓住短视频、直播发展风口，逐步探索出适合自己的发展方式，行业的繁荣发展意味着相关部署需要跟进。为压实网站平台信息内容管理

---

① 杨虎涛：《"看经济"有何不同：以短视频和直播平台为例》，《财经问题研究》2022年第11期。

主体责任，健全常态化管理制度机制，推动形成良好网络舆论生态，2023年7月，中央网信办秘书局发布《关于加强"自媒体"管理的通知》，强化资质认证展示。对专业售卖图书进行内容生产的"自媒体"，网站平台应当进行严格核验，并在账号主页展示其服务资质、职业资格、专业背景等认证材料名称，加注所属领域标签。对未认证资质或资质认证已过期的"自媒体"，网站平台应当暂停提供相应领域信息发布服务。网站平台应当要求"自媒体"对其发布转载的信息真实性负责。"自媒体"发布信息不得无中生有，不得断章取义、歪曲事实，不得以拼凑剪辑、合成伪造等方式，影响信息真实性。"自媒体"申请开通营利权限的，需3个月内无违规记录。网站平台对违规"自媒体"采取禁言措施的，应当同步暂停其营利权限，时长为禁言期限的2—3倍。对打造低俗人设、违背公序良俗网红形象，多账号联动蹭炒社会热点事件进行恶意营销等的"自媒体"，网站平台应当取消或不得赋予其营利权限。网站平台应当定期向网信部门报备限制违规"自媒体"营利权限的有关情况。对制作发布谣言、蹭炒社会热点事件或矩阵式发布传播违法和不良信息造成恶劣影响的"自媒体"，一律予以关闭，纳入平台黑名单账号数据库并上报网信部门。对转发谣言的"自媒体"，应当采取取消互动功能、清理粉丝、取消营利权限、禁言、关闭等处置措施。[①] 对未通过资质认证从事金融、教育、医疗卫生、司法等领域信息发布的"自媒体"，应当采取取消互动功能、禁言、关闭等处置措施。网站平台应当及时发现并严格处置"自媒体"违规行为。

---

① 李军：《出版深度融合发展的根本遵循》，《编辑之友》2022年第6期。

中国 NFT 出版发展报告

李　修　刘玉林[*]

摘　要： NFT 作为一种基于区块链技术的非同质化代币，为出版业开拓了新的业态形式和发展空间。借助于区块链技术和去中心化的存储方式，NFT 为出版业数字内容的生产和流通提供动力支持。本文通过对中国近年出版发行的数字藏品进行梳理，现有新闻衍生类、图书衍生类、文博 IP 类和非遗文化类四类 NFT 产品出版发行，NFT 在赋能版权确权、产品流通和激发生产方面具有显著优势，但目前尚存在制作能力有限、市场监管困难和共识培育困难等问题，并提出了相应的对策建议。

关键词： NFT；数字藏品；融合出版

随着区块链技术的不断发展，数字藏品（NFT）在 2021 年迎来了爆发式增长，开启了一个新的数字资产时代。出版业作为内容产业的重要组成部分，开始了 NFT 探索和实践，试图在数字化浪潮中寻找新的增长点。NFT 的唯一性、不可替代性和可被追踪性，为数字内容的生产、流通和管理提供了新的思路。作者和出版商可以通过 NFT 将作品的唯一所有权数字化，确保其作品的真实性和原创性；同时也能够通过区块链的透明性，实现对作品流通的实时监控。NFT 的去中心化特性，使数字作品的买卖不再依赖传统的中介机构，降低了交易成本，加速了

---

[*] 李修，博士，浙江传媒学院出版学院讲师；刘玉林，浙江传媒学院新闻与传播学院硕士研究生。

数字版权的流通速度，提高了效率。然而，NFT市场的快速发展也带来了一系列挑战。本文通过梳理中国NFT的发展趋势、主要类型、产品形态和发行情况，呈现中国NFT出版现状，以期为中国NFT出版发展提供参考。

一 NFT出版发展整体概况

2019年10月，习近平总书记在主持中共中央政治局第十八次集体学习时强调，"要把区块链作为核心技术自主创新的重要突破口，明确主攻方向，加大投入力度，着力攻克一批关键核心技术，加快推动区块链技术和产业创新发展"，[①]明确指出区块链发展的重要性及方向。2021年，基于区块链技术去中心化、高度透明的特征，一种新型的数字资产——非同质化代币（NFT）引起公众关注，呈现爆炸式增长，迅速进入数字内容生产领域。

（一）NFT发展背景及核心技术要素

NFT概念源于区块链游戏"加密猫"。区块链本质上是一种分布式数据库技术，它将数据以区块的形式链接在一起，形成一个外界无法篡改的链条。每个区块包含了一定数量的交易记录或信息，并且与前一个区块相互连接，形成了一个连续的、时间戳记录的数据结构。区块链的特征包括去中心化、透明性、安全性和不可篡改。网络中的多个节点共同维护和验证数据的完整性。

在区块链的加密算法和智能合约等技术的加持下，NFT为各种数字资产提供不可复制的数字身份，赋予它们持久且唯一的数字ID。数字身份能够确保转换成NFT的数字作品能够被追踪到源头，并且可以有效抵御非法修改或破坏行为。区块链的智能合约等技术能帮助NFT创作者持续享受创作收益。NFT的发展分为四个阶段：种子期（1993—2016年），

[①] 《习近平在中央政治局第十八次集体学习时强调 把区块链作为核心技术自主创新重要突破口 加快推动区块链技术和产业创新发展》，2019年10月25日，新华社，http://www.xinhuanet.com//politics/leaders/2019-10/25/c_1125153665.htm。

Hal Finney 于 1993 年提出 NFT 的相关概念；萌芽期（2017 年），Larva Labs 基于以太坊公链搭建第一个 NFT 应用项目 CryptoPunks；爬坡期（2018—2020 年），NFT 生态大规模增长，应用领域也逐渐扩大；破圈期（2021 年至今），各行各业开始探索区块链数字藏品的发展路径，全球 NFT 产品交易数量和交易金额呈现爆炸式增长。

中国的数字收藏品 NFT 削弱了其金融特性。所谓数字收藏品，指的是以数字化形式发行、交易、收集和使用的数码创作内容的"数字凭证"。为了弱化其金融属性，在 2021 年 10 月，在腾讯旗下的"幻核"应用程序以及支付宝的"蚂蚁链粉丝粒"小程序界面中，所有"NFT"词汇被更替为"数字藏品"，以此来突出其作为收藏品的价值和特性。在交易货币方面，中国数字藏品的交易货币使用人民币或数字人民币，而不是加密货币；在技术和数据处理方面，中国数字藏品采用联盟链的技术路线。该类型技术能够进一步降低数字藏品金融属性，提升对创作者版权的保护能力，维护数字藏品创作者应有权益，为数字藏品的确权及流转提供创新解决方案；在市场流通方面，中国各个数字收藏品平台还未开放二次交易的功能，仅允许个人收藏、使用和无偿转让。这样的措施限制了藏品的市场流通，同时减少了金融投机的风险。

（二）NFT 出版价值及可行性

1. 推动数字内容资产化

通过 NFT，数字内容被转换成了独一无二且不可替代的资产，扩展了数字资产的范畴。数字资产的定义不再仅限于数字货币，而是涵盖任何转化成 NFT 的数字内容。这为数字内容产业丰富了产品类型，也为数字内容创造了新的交易方式，开拓了数字交易市场。传统的数字内容分发模式往往依赖于广告收入或用户付费，而 NFT 可以为创作者提供直接的交易渠道。通过将数字内容与 NFT 结合，创作者可以将作品以拍卖或固定价格的方式进行交易，实现灵活和多样的商业模式。

2. 保证数字资产唯一性、真实性和永久性

基于区块链的数字资产 NFT 可以确保数字内容的唯一性和真实性，为数字资产提供了一种安全、可信和持久的存储和管理方式。NFT 内嵌智能合约以帮助创作者证明 NFT 的真实性及所有权，分布式存储确保资

产的永久存续，避免因中心化平台关闭而导致的资产流失。数字藏品将数字内容与独特的代币进行绑定，通过区块链记录来验证其所有权和流转历史。这种技术既保护了创作者的权益，又创造新的交易方式和市场，促进创新合作。

3. 提高数字资产的交易流动性

传统的收藏品交易通常需要经过烦琐的手续和长时间的等待，而NFT的交易省去传统收藏品交易真伪鉴定的环节。数字藏品的交易流程可以在几分钟内完成。此种交易模式提高了资产的交易效率，减少了交易成本，吸引更多买家参与数字资产的交易活动，进一步提高数字资产市场的流动性。

4. 刺激"创作者经济"的持续发展

NFT 在区块链技术去中心化的基础之上兼具身份唯一的属性，使创作者在版权交易中拥有独特优势，在经济价值上是一种提升版权效率的工具。① 通过区块链技术追溯作品的流转历史，创作者可以证明其对作品的拥有权，有效地解决了数字内容盗版和侵权的问题，保护了创作者的权益。此举增强了内容创作者在商业上的地位，减少了中心平台的分成比例。利用与 NFT 相连的智能合约，创作者可以在其作品的未来交易中获得持续的版税。

二　NFT 出版类型

2022 年 7 月，国家新闻出版署科技与标准综合重点实验室的区块链版权应用中心发布《数字藏品应用参考》文件。该文件将数字藏品界定为"一种新形态的数字出版物"。中国出版机构基于不同的应用场景，开发制作多类型数字藏品。NFT 数字藏品多为对自有文化 IP 数字转化和二次创作。出版机构积极探索数字藏品，推进出版内容的数字化转型，并促进数字出版的产业化发展，这为出版行业的转型和升级提供了新的契机。

---

① 黄玉烨、潘滨：《论 NFT 数字藏品的法律属性——兼评 NFT 数字藏品版权纠纷第一案》，《编辑之友》2022 年第 9 期。

(一) 新闻衍生类数字藏品

NFT 技术在新闻衍生内容的创作、版权管理和价值衍生方面的应用，为传统新闻行业带来了新的发展机遇。借助其不可篡改的属性，NFT 为新闻衍生内容提供了明确且可追踪的版权确证。新华社将 2021 年重要新闻摄影精彩瞬间制作成数字藏品，利用 NFT 技术对其标志性新闻内容进行了数字化转化和版权确认。新闻机构通过将新闻报道、封面或摄影作品转化为 NFT，确保了作品的原创性和所有权验证。这种机制减少了盗版和侵权行为的可能性，为作者和媒体机构提供了强有力的版权保护。

新闻机构通过制作新闻作品衍生品 NFT 探索新收益模式。《时代》杂志以超过 24.9 万美元的价格，通过 NFT 的形式出售了其 1956 年的标志性封面《太空探索》（Space Exploration）。新华社、上海证券报社和解放日报社等国内新闻机构先后推出的数字藏品，都在开售后迅速售罄。作品的交易和流通，为新闻创作者们带来了新的收益模式，鼓励他们创作更多高质量的新闻作品。目前，中国新闻机构发行的数字藏品主要有新闻版面类、新闻报道类和新闻主题相关的文创产品，其各约占总体的 13%、30% 和 57%。更多新闻机构及协同的新媒体部门制作发行数字藏品，内容如表 1 所示。

新闻媒体拥有大量价值高、影响大、质量佳的新闻内容，具备数字藏品开发的良好基础。通过深度挖掘媒体内容资源并将其转化为数字藏品，增加内容产品类型，为传统新闻内容注入了新的数字价值，从而开辟了新的收入来源和盈利模式，推动媒体机构的数字化转型和发展。另外，数字藏品可以反过来激发媒体的创作活力，围绕时代主题、社会议题和重要热点开发原创 IP 创作的数字藏品，可以为受众提供更加丰富多样的文化消费体验，在促进媒体与受众互动的同时增加受众的参与感，助于增强媒体品牌的影响力和受众的忠诚度。

表 1　中国新闻衍生类数字藏品概况一览

序号	发行时间	发行机构	藏品名称	平台	份数	链接	交易状态
1	2021年12月24日	新华社	2021年重要新闻摄影报道	新华社客户端	11万份	https://pd.xinhua-news.com/mc/#	已结束
2	2022年2月7日	《上海证券报》	5个有重大资本市场纪念意义的新闻版面	上海证券报App	5000份	https://mp.weixin.qq.com/s/mgIJX5EpwzRX-5Yt47qHIg	已结束
3	2022年2月15日	《解放日报》与上海树图区块链研究院	新年报纸版面	上观新闻App	2022份	https://mp.weixin.qq.com/s/qBOslGtcOyw0-EWuyvxg42A	已结束
4	2022年3月24日	《时尚》杂志联合百度超级链	"女性无价"主题NFT	百度超级链	21000份	https://mp.weixin.qq.com/s/wiWGLQ2zWVP-GsrzgLKzZsA	已结束
5	2022年3月7日	北京长江新世纪文化传媒有限公司	"贰拾年·光阴的故事"	Mars星云	8888份	https://mp.weixin.qq.com/s/sPexxWnSlE1YWyc_iIMwkw	已结束
6	2022年6月9日	人民网旗下人民网科技有限公司	《人民日报》头版数字藏品	人民数藏	5000份	https://mp.weixin.qq.com/s/XvDafnmoMWR-xOMeWnCFWA	已结束
7	2022年9月21日	人民政协报文化传媒有限责任公司	《人民政协报》创刊号（头版）	数藏中国	3000份	https://mp.weixin.qq.com/s/JZ86s3bW9_tixQF-B7qtUgg	已结束
8	2022年10月14日	四川省甘孜州稻城县在数泉数字文创平台	"稻城藏香猪"数字藏品	数泉	1000份	https://mp.weixin.qq.com/s/IDU_Vpg7pDs_LS-OI4q8nzw	已结束
9	2022年10月26日	央视网×长城文创	长城雄关，众志成"城"之山海关	央数藏	4050份	https://mp.weixin.qq.com/s/CEUz-K8nJSe501ecz1sFOg	已结束

续表

序号	发行时间	发行机构	藏品名称	平台	份数	链接	交易状态
10	2023年1月19日	羊晚数藏	《2023兔年新春勋章·限定盲盒》	羊晚数藏	12000份	https://baijiahao.baidu.com/s?id=1755411441623211598&wfr=spider&for=pc	已结束
11	2023年2月13日	中国文创传媒新文创藏品平台	十二生肖系列·虎	中国文创传媒新文创藏品平台	800份	https://baijiahao.baidu.com/s?id=1757678705618787996&wfr=spider&for=pc	已结束
12	2023年3月7日	川观新闻	全国两会限量数字藏品"蜀与你"	川观新闻	8000份	https://mp.weixin.qq.com/s/iwHMMqHPOhJPojew68fVQQ	已结束
13	2023年3月16日	新华网	马门溪龙	新华数藏	10000份	https://mp.weixin.qq.com/s/wSf4dSXEJWssr_RhnA6T4Q	已结束
14	2023年10月28日	新华社	"前门国潮消费季"主题数字藏品	时藏	2023份	http://science.china.com.cn/2023-11/17/content_42598105.htm	已结束
15	2023年11月17日	云南网"云境数字"文创平台	艺术品徽章"云之窗"	云境	2023份	https://baijiahao.baidu.com/s?id=1782782223370194018&wfr=spider&for=pc	已结束

注：统计时间截至2023年12月20日。

（二）图书衍生类数字藏品

图书出版与 NFT 在内容创作、版权管理和价值衍生方面有很多契合之处。图书出版机构是 NFT 创作与开发的重要力量。国外的出版社尝试打造数字藏品完善图书出版产业链循环。例如，NiftyLit 图书出版公司通过 NFT 技术发表文学作品，将文学作品作为与 NFT 链接的可解锁内容出版。这种机制减少了盗版和侵权行为的可能性，并将部分收入分配给作家群体。这种 NFT 产品不仅丰富了图书出版内容创作，增强读者黏性，防止发生盗版等侵权行为，还能为数字出版创作者增加收益，引起了行业内外巨大的兴趣和关注。

中国的图书衍生类数字藏品主要分为数字周边和数字藏书。图书 NFT 数字周边是以区块链技术为基础，将图书中的文字、图片、角色等元素转化为独特的数字资产，并通过 NFT 的形式进行发行和交易的产品。数字周边的典型如人民文学出版社文创品牌"人文之宝"联合灵境文化、锦鲤拿趣发行《三国志》五虎上将的动态原画视频数字藏品。数字藏书发布者更多。数字藏书指图书上链发行区块链限量数字藏书票。这些出版物拥有唯一、不可篡改的原作者亲笔签名的数字"身份证"——"区块链资产数字凭证"。2022 年 7 月，新华文轩四川数字出版传媒联合"阿里拍卖"推出了国内首个数字图书收藏品——《瞻对》。该数字图书在开售后 2 分钟，销量超过 2000 份，为图书出版领域创造了新的利益增长点。继此成功之后，2023 年 2 月，四川数字出版传媒与北京长江新世纪合作，以"数字书卡＋实体书籍"的形式推出了《年轮典存》系列的数字图书收藏品，实现数字收藏品与实体图书的联合发行。

图书衍生类数字藏品实现了版权保护、图书发行与价值转化创新，为出版的融合转型发展提供可借鉴新模式。在图书出版领域，利用区块链技术，数字收藏品可以迅速且清晰地展示数字作品的身份特征、创作者信息及流通历史，从而提升数字作品权利确认和溯源的便捷性，并有效维护创作者与出版机构的权益。同时，在图书价值转换方面，数字收藏品由于其高流通和增值的可能性，不仅保留了图书的传统阅读价值，还赋予了数字图书的收藏价值，使其成为新时代独特的个人藏品。

中国 NFT 出版发展报告 / 89

表2　中国图书衍生类数字藏品发行情况

序号	时间	发行机构	数字藏品	平台	份数	链接	截至12.20交易
1	2022年2月25日	中国中医科学院中医药信息研究所	中医药古籍IPNFT《本草纲目》	"轻松小镇"大健康数字社交空间独家发行	10000份	https://mp.weixin.qq.com/s/VtVYfaqOrkXM-DaJkqODBg	已结束
2	2022年3月3日	支付宝鲸探	中国最早的交响乐唱片音频NFT	鲸探	10000份	https://mp.weixin.qq.com/s/32hC8v3PHXMfg-YjrWP8ZSQ	已结束
3	2022年3月12日	海峡出版发行集团	"天下妈祖"	福建电子音像出版社	6000份	https://mp.weixin.qq.com/s/LK9v5cGuVTAPo-wGeJV8NZw	已结束
4	2022年4月23日	华文轩旗下四川数字出版传媒	"数字藏书"《瞻对》《毛泽东捕带你看来画》《刘早期文稿》等	阿里拍卖	24962份	https://mp.weixin.qq.com/s/3R4DT9g8eq5v2JCNGKbFg	已结束
5	2022年4月23日	湖北长江传媒数字出版有限公司和喜马拉雅湖北营销运营中心联合发行	有声数字藏书《国学经典故事》	书香荆楚微信公众号	2022份	https://mp.weixin.qq.com/s/xFIgE-WDoZRAi-UXaCnMY8A	已结束
6	2022年5月3日	中国青年出版总社	《双饮图》	Meta	4999份	https://mp.weixin.qq.com/s/8-h3tb-habi-kA-fc3V-MyA	已结束
7	2022年5月9日	人民文学出版社文创品牌"人文之宝"联合灵境文化、锦鲤拿趣	正子公也《三国志》数字藏品	淘票票	50000份	https://mp.weixin.qq.com/s/Di1u8ohl7nqu9p19HA_EQ	已结束

续表

序号	时间	发行机构	数字藏品	平台	份数	链接	截至12.20交易
8	2022年5月12日	浙江人民出版社	数纸融合产品：《刘墉带你看未画·山水卷》和《从秦朝说起，到清朝结束：大秦风云》	阿里拍卖	5600份	https://mp.weixin.qq.com/s/TPYkxYeYqQOS_vgHq8YNNg	页面无法访问
9	2022年5月15日	中图云创和童趣出版联合出品，与中国电信联合发行	《天工开物》系列3DNFT《乃粒·耕耕》《乃粒·秋秋》	翼支付App	6000份	https://mp.weixin.qq.com/s/y3PEvF6-GXvbJ-GZaeIgYbQ	已结束
10	2022年6月1日	5G价值阅读平台咪读汇与新华出版社	"国家相册·我的小人书"首款限量版数字版权藏品	新华出版社	5000份	https://mp.weixin.qq.com/s/Y7Qhg3uFxy4lcw9iZZjgWQ	已结束
11	2022年6月11日	成都时代出版社	"小报童神州"数字藏品	Bigverse	550份	https://mp.weixin.qq.com/s/B0Wv1c7QAAQC-zoBFbFgS-Q	已结束
12	2022年6月22日	中信出版	融合出版项目《山海经捉妖记》	—	999份	https://mp.weixin.qq.com/s/Tl_qcWi3exDwV-YOAJDC6Eg	已结束
13	2022年7月1日	"北文数字"携手"数藏中国"	《光辉历程峥嵘岁月》百年经典革命金曲黑胶唱片典藏系列数字藏品	数藏中国	10500份	https://mp.weixin.qq.com/s/zAYReC0MzYz-CLQWypvOvw	已结束

续表

序号	时间	发行机构	数字藏品	平台	份数	链接	截至 12.20 交易
14	2022 年 7 月 20 日	浙江摄影出版社	《非常色》摄影系列数字藏品	光栈收藏家	1250 份	https://mp.weixin.qq.com/s/u871Yh3hzBMHt-GGGiwAYA	已结束
15	2022 年 9 月 16 日	浙江出版集团数字传媒有限公司	"千年运河水蕴中华"数字藏品	数泉	1000 份	https://mp.weixin.qq.com/s/Vt40mIvcCeqFAIU-YIP8JGw	已结束
16	2022 年 11 月 25 日	灵境文化携手银竹文化团队	电影《大话西游》3D 数字藏品	淘票票灵镜数藏	6000 份	https://mp.weixin.qq.com/s/773j4kuZSBml8te-HDtmCbg	已结束
17	2022 年 12 月 9 日	上海音乐出版社	《敦煌壁画·乐舞飞天》	元视觉	1500 份	https://yuan.500px.com.cn/index	已结束
18	2022 年 12 月 24 日	中国新闻社浙江分社	卡通形象《新妹》之：新妹带你看世界	唯一艺术	2000 份	http://xinmei.jishitech.net	可购买
19	2022 年 12 月 29 日	译林出版社	《傅雷家书》	鲸探	10000 份	https://mp.weixin.qq.com/s/g6IGYNyMvgSRmk39_uvAgA	已结束
20	2023 年 3 月 27 日	国家图书馆	永乐大典	鲸探	10000 份	https://mp.weixin.qq.com/s/mX_I4SwSC02F3Z96AJWCyw	已结束
21	2023 年 4 月 24 日	河北出版传媒集团银盘文化	"魏魏太行"权益数字藏品	白马星球	3000 份	https://mp.weixin.qq.com/s/-tQJ11Ki5UkN0UERu2w-w	已结束
22	2023 年 12 月 7 日	福建电子音像出版社	大雪·镇远天后宫	元犀宇宙	150 份	https://mp.weixin.qq.com/s/qO8yci75H373hn-FYaS-D4w	可购买

(三）文博 IP 类数字藏品

博物馆拥有众多版权明确的文化遗产 IP，因此其在数字藏品制作发行方面有先发优势。全球超过 6000 家博物馆和画廊，包括大英博物馆、冬宫博物馆和乌菲兹美术馆等，都已开始涉足 NFT 的出版发行。文博 IP 类数字藏品不仅有助于保护和保存文化遗产，还为藏品提供了全新的展示和传播途径。2021 年中国的文博机构也开始探索数字收藏品的出版和发行。同年 6 月，支付宝与敦煌美术研究所合作，在"蚂蚁链粉丝粒"支付宝小程序上推出了限量版的"敦煌飞天"和"九色鹿"两款数字皮肤。2022 年 1 月 20 日，安徽博物院发行了三款数字藏品：龙虎纹鼓座、张成造云纹漆盒、鄂君启金节，它们一经上线便迅速售罄。同年 2 月 10 日，徐州博物馆推出"S"形玉龙佩和"宛朐侯埶"龟钮金印两款数字藏品，3 秒销售量达 2 万份。同年 3 月 1 日，秦始皇帝陵博物院也发布了其首款文创数字藏品"秦陵彩绘铜车马·一号车"。2022 年 8 月，上海博物馆基于区块链技术自行研发"海上博物"数字藏品平台，并与多家博物馆达成签约合作，在全国文博类数字藏品平台垂直领域排名前列。

NFT 技术的应用不仅促进了文化遗产的数字转化和全球化流通，其作为一种新的产品形态，为中国的博物馆文化事业的建设提供新的收入来源。文博 IP 类数字藏品多是基于博物馆藏品来进行设计，约占 70%；其中也包含相关藏品的文创衍生品，约占 30%。中国文博 IP 类数字藏品出版发行情况如表 3 所示。

作为一种新型的文创形态，数字藏品借助数字技术将传统文化用年轻化的方式表现出来，打破了时间和空间的界限，让"文物"从博物馆来到群众身边，为文博行业的深度数字化转型探索了新的道路。从受众的角度看，文博类数字藏品的出现契合年轻一代的消费习惯与审美偏好，吸引新生代群体对于博物馆的关注，为传统文物在数字化时代赋予全新的生命力。

中国NFT出版发展报告 / 93

表3 中国文博IP类数字藏品出版发行情况

序号	时间	发行机构	数字藏品	平台	份数	链接	截至12.20交易情况
1	2021年6月23日	敦煌美术研究所联合支付宝	敦煌飞天、九色鹿两款支付款码皮肤	支付宝小程序	8000份	https://mp.weixin.qq.com/s/ObCsgUwPAQJ2NiEX_aczEA	已结束
2	2021年10月29日	湖北省博物馆	"越王勾践剑"	支付宝粉丝粒小程序	10000份	https://mp.weixin.qq.com/s/7ZbBS5IpzkXlaKV-NC1_9BA	已结束
3	2021年11月18日	四川成都金沙遗址博物馆	"太阳神鸟""大金面具"等数字文创	支付宝粉丝粒小程序	60000份	https://mp.weixin.qq.com/s/RpSM8qGNPq7Pj-OfzwDyRsw	已结束
4	2022年1月20日	安徽博物馆	龙虎纹鼓座、张成造云纹漆盒、鄂君启金节3款数字藏品	鲸探	3000份	https://mp.weixin.qq.com/s/AHjKh3YYrAjia5A9o7VaaA	已结束
5	2022年2月10日	徐州博物馆	"S"形玉龙佩、"宛朐侯埶"、龟钮金印两款数字藏品	鲸探	20000份	https://mp.weixin.qq.com/s/-dQpdfCAva9No35JbqHd4w	已结束

94 / 产业篇

续表

序号	时间	发行机构	数字藏品	平台	份数	链接	截至12.20交易情况
6	2022年3月1日	秦始皇帝陵博物院	"秦陵彩绘铜车马·一号车"	鲸探	10000份	https://mp.weixin.qq.com/s/HaQGZxjjYh0Iau-Too2ZlzQ	已结束
7	2022年3月24—26日	大明宫国家遗址公园	"○宇宙·千宫系列"数字藏品	阿里拍卖	3*1000份	https://mp.weixin.qq.com/s/SSzwwl3q_O3h6hCFTojCpg	已结束
8	2022年4月8日	敦煌文创	千年一瞬·敦煌	数字墩APP	2022份	https://mp.weixin.qq.com/s/dnJKsjW4HQl7bC6R2tXCLw	已结束
9	2022年5月3日	殷都文化艺术研究院联合造浪团队	十款甲骨文数字作品	虚豚	24200份	https://mp.weixin.qq.com/s/LB1Ds3k0uyPNq-XYAV8pAOw	已结束
10	2022年5月30日	鲸探	《八大山人兽鹿图》数字藏品	鲸探	10000份	https://mp.weixin.qq.com/s/HcyShjqT3ssnCN0HIQtmHg	已结束
11	2022年6月12日	中藏数字	敦煌博物馆官方授权系列数字藏品3D"飞天"系列	中藏数字	10000份	https://mp.weixin.qq.com/s/xUJ_GNNxTv-q9678WVgDsg	已结束

续表

序号	时间	发行机构	数字藏品	平台	份数	链接	截至12.20交易情况
12	2022年8月1日	南昌八一起义纪念馆	《欢庆胜利》	鲸藏	8100份	https://mp.weixin.qq.com/s/vjy6u6o9fcXhxc74JfIP5g	已结束
13	2023年2月8日	衡水武强年画博物馆 x 河北银盘文化传播有限公司	"武强年画·十二生肖"的数字藏品	冀版数藏	1200份	https://mp.weixin.qq.com/s/OMFoxO2jyqUPc7LgC28vKA	已结束
14	2023年4月6日	秦淮文旅	第37届中国·秦淮灯会数字灯组	网易星球	9990份	https://pgc.theuniquer.com/series?secondCategoryNumber=SC00000113&isFromShare=1	已结束
15	2023年4月7日	海上博物	清 朱耷 荷花翠鸟图轴	海上博物	1000份	https://mp.weixin.qq.com/s/EWs5xHLXiKC1u_qSkgBPMw	已结束
16	2023年5月5日	海上博物	西周晋侯稣钟	海上博物	3000份	https://mp.weixin.qq.com/s/l5mcfgsezNC_oP-wPuBCHQ	已结束
17	2023年11月23日	鲸探	《泰山神回銮图》	鲸探	1.2万份	https://m.antfans.com/download.html	可购买

（四）非遗文化类数字藏品

非物质文化遗产作为民族文化的宝贵财富，其保护与传承一直备受关注，NFT 为非遗数字化保护提供了新的技术支点。NFT 数字藏品转化、利用非遗文化资源，将非遗文化类藏品进行二次创作，转为可供消费的数字艺术产品。NFT 技术将传统文化艺术进行数字化的保存和确认，为非遗文化资源的数字化转化提供了安全可靠的技术保障。通过为每一件非遗文化产品创建一个独特的、不可替代的数字标识，实现对非遗作品的确权认证，提高了非遗产品的价值转化能力和系统保护能力。开发数字藏品能推动非遗文化数字版权保护和运用，激发优质版权作品创作活力。2022 年 3 月，天津杨柳青画社通过时藏平台推出杨柳青木版年画博物馆的馆藏经典作品《仕女游春》人物图数字藏品。这是天津杨柳青画社科技赋能艺术的一次有效尝试，既拓宽非遗文化的传播渠道，还提高文博数字藏品市场的可达性。元宇宙藏品馆与龙在天皮影戏剧团合作的皮影戏系列公益数字藏品，通过 NFT 技术将非遗文化转化为可消费的数字艺术产品，活动收入将捐赠剧团以助力皮影戏文化的保护和发展，增强了非遗产品的价值转化能力。此外，创作者可以在数字藏品的流通中获得版税收入。这鼓励了更多的非遗传承人和艺术家参与到非遗文化的创新和再创作中。2022 年 4 月，巴蜀文化数藏平台发布了《九寨天鹅湖》数字藏品，并陆续发布"世界自然文化遗产系列""武侯祠诸葛亮系列""非遗蜀绣""非遗唐卡"等以非物质文化遗产技艺或巴蜀文化为主题的系列数字藏品，NFT 技术持续助力传统文化保护与发展。近年来发布的非遗文化类数字藏品如表 4 所示。

技艺类非遗也正在积极构建"技艺类非遗 + NFT 数字藏品"的数字化产业链。技艺类非遗数字藏品将技艺与当代审美相结合，打破现实空间的限制，将市场延伸到虚拟空间，吸引年轻人参与线上场景体验。数字藏品的确权属性有助于发展创作者经济，为非遗技艺传承人开辟一条新的创收渠道。传统文化作品数字化并利用区块链技术确权，将会显著提高非物质文化遗产的保护、传承和传播效率。

中国NFT出版发展报告 / 97

表4　中国非遗文化类数字藏品出版发行情况

序号	时间	发行机构	数字藏品	平台	份数	链接	截至12.20交易
1	2022年3月26日	天津杨柳青画社	《仕女游春》	时藏	9999份	https://mp.weixin.qq.com/s/Jn8rStnC_VKn09X7Ur_wUg	已结束
2	2022年4月22日	巴蜀文旅	《九寨天鹅湖》	灵兽宇宙	399份	https://baijiahao.baidu.com/s?id=1730801411802221254&wfr=spider&for=pc	已结束
3	2022年6月3日	光明网	国家级非遗端午五福粽子香包数字藏品	数藏中国	10000份	https://mp.weixin.qq.com/s/ZK_bXe1sCK5h8ITQMWjgw	已结束
4	2022年6月15日	元宇宙藏品馆携手龙在天皮影戏剧团	皮影戏系列公益数字藏品	元宇宙藏品馆	魔盒7900份；单品2600份	https://mp.weixin.qq.com/s/Hf17F2eNN7aNu-CFUyDKEuA	已结束
5	2022年10月1日	天津杨柳青画社	《海河绘》之海河源起	口袋数藏	1888份	https://mp.weixin.qq.com/s/Kw4YaRcMu8V2wP76Q3UebA	已结束
6	2022年11月15日	谢馥春&丰子恺联名	《馥春的宇宙》	唯一艺术平台	3000份	https://mp.weixin.qq.com/s/evEBC8zTooasvJ-TLookbfw	已结束
7	2023年6月9日	泉城非遗	济南非遗数字藏品	小程序	4*500份	https://mp.weixin.qq.com/s/XHa4Zap7L7Hd-hDUDxu4BQ	小程序在维护
8	2023年7月9日	湾区元宇宙国际版与非物质文化传承人颜康平	非遗通草画NFT《香江紫荆》《利通四海》	湾区元宇宙	2000份	https://mp.weixin.qq.com/s/hKUbOxcY_DIY-ocTGngeN8g	已结束
9	2023年12月13日	长三角信息智能创新研究院携手科大讯飞股份有限公司、芜湖铁画协会	铁画数字藏品《天门烟浪》	星呈	3000份	https://www.bjnews.com.cn/detail/1702452937329 4.html	已结束

三　中国 NFT 出版存在的问题

（一）制作能力有限，系统化输出不足

许多出版机构对于自身的内容资源与数字藏品结合存在认知不足的问题，这导致出版机构在尝试开发数字藏品时，只是简单地将现有的内容进行数字加密处理，没有充分发挥数字藏品的独特价值。另外，随着数字藏品市场的不断发展，越来越多的企业进入这一领域参与竞争。出版机构如何在数字藏品产业保持先发优势，如何更好地同技术公司形成竞合关系成为下一阶段问题。

（二）市场监管困难，法律法规待完善

NFT 数字藏品与软件著作权、专利等其他知识产权一样，是组织或个人持有的无形资产。国内的数字藏品项目通常是通过构建在联盟链之上的平台来进行发布。这些平台依托区块链技术来确保数字藏品的版权和独一无二的身份得到认证。随着这一新兴市场的发展，对于数字藏品平台的监管体系也需要不断完善和规范，以保障交易的透明度、安全性以及消费者权益。数字藏品交易平台的规范需要传媒机构、文旅集团和市场监管部门协同配合，共同加强对平台的监管，以防范版权盗窃、洗售交易、金融犯罪风险、网络安全风险等问题。[1]

（三）共识培育困难，文化调节功能受限

从知识全球化的角度看，数字藏品被探讨得最多的是链上算法共识。因此，数字藏品要发挥文化传递和调节功能，需要受众理解藏品关联的知识语境、社会环境和文化背景。目前，数字藏品在技术层面面临着跨链互操作性的挑战，同时在内容层面缺乏足够的共识建设。要使数字藏品有效地展现国家形象、消除跨越文化的差异并推广核心价值，还需要一个持续的市场培育和文化教育过程。

---

[1] 谭雪芳：《传递与调节：博物馆藏品 NFT 在全球传播中的价值考察》，《福建论坛》（人文社会科学版）2023 年第 2 期。

四 中国NFT出版对策建议

（一）注重内容质量建设，打造精良藏品

数字藏品的核心在于内容。出版机构和媒体部门可以通过整合现有和新出现的资源，专注于内容的质量提升和精细化生产，可以激活既有资源的潜在价值并增强新增资源的效能。致力于打造高质量的内容，出版行业能够为读者提供更丰富、更优质的阅读材料，从而满足他们的精神文化需求。数字藏品持续推出精品才能吸引数字消费者。

（二）完善政策体系，实施有效监管

数字藏品建立在数字版权基础之上，确保版权的有效保护是推动出版类数字藏品规范化发展的关键前提。央行发布关于防范虚拟货币交易风险的通知，以及中国互联网金融协会等机构提出的关于防范NFT相关金融风险的倡议，为数字藏品的健康发展提供了必要的风险管理和防护措施。

让数字藏品锚定文化价值属性。数字藏品确权是确保该产业可持续发展和可控性的关键，流通和发行数字藏品是推动产业繁荣的必要条件。为此，相关管理部门需加速相关政策的出台，建立针对数字藏品交易平台的准入机制，并对数字藏品的发行实施有效监管措施。

（三）构建价值评估体系，体现内容价值

数字藏品的价值在于数字内容资产化。管理部门在《数字藏品合规评价准则》等规范性文件之外，还应协同行业协会建立完善的数字藏品价值评估体系，合理评估数字藏品的内容价值、传播价值、收藏价值、文化价值与经济价值。促进数字藏品这种新兴出版形态融入数字经济建设的大命题中，推进数字内容生态良好运行。

五 总结

数字藏品是虚拟世界体验式文化消费的一个重要产品，也是进入

"元宇宙"世界的入口。入局NFT是元宇宙、人工智能等新兴技术产业推动下，以出版机构为代表的数字内容组织必然进行的实践探索。数字藏品是出版产业新的出版形式和产品形态，在未来还有可能形成新的产业方向。通过数字藏品，出版机构能赋予内容更强的传播力和渗透力，在获得新的数字权益的同时，满足人们对文化的需求，推动对文化价值的创新转化和广泛传播。

中国图书市集发展报告

沈　珉　徐　妍　庄心雨

摘　要：图书市集是近年来逐渐兴起的图书线下交易方式，它糅合了市集的传统形式与现代的娱乐方式。作为新的图书销售模式，图书市集在图书销售实践中注入新的内容，打造图书销售的综合性场景，满足现代大众阅读与娱乐的需要，实现购书休闲、娱乐社交的功能，颇受年轻人青睐。

图书市集是面向读者进行的图书集中交流与贸易，它不侧重于图书销售场所的增容，也不依赖图书品种的齐全，而是侧重于销售行为的特殊性，即源于"市"与"集"上的经济行为。自汉代有"槐市"记载至今，有关图书的汇集交易历史已逾两千年，从面向读者的图书汇集交流到面向同行的贸易订购，再到融合了多重对象定位的图书市集。这一中国图书销售现象处于不断地嬗变之中，其功能与作用也在变化之中。

关键词：图书市集；槐市；图书贸易；文化消费

一　图书市集历史发展梳理

所谓"市"，是指集中买卖货物的固定场所；所谓"集"，是"集

---

* 本研究为国家社科基金一般项目"中国非物质文化遗产多维度场景传播模式与策略研究"（项目批准号：21BXW118）的阶段性成果之一。
** 沈珉，浙江传媒学院出版学院教授、硕士生导师；徐妍，浙江传媒学院新闻与传播学院硕士研究生；庄心雨，浙江传媒学院新闻与传播学院硕士研究生。

合""汇集"之义。在中国的民俗生活中，有"赶集"之说，"赶集"在南方被称作"赶场""赶山""趁墟"。旧时候由于交通不便，信息不发达，各家各户所需的生活用品难以自给自足。于是，人们就约定在某个特定的日子，聚集到同一个地方，把自己剩余的物品卖出去。图书市集是与民俗生活相关的图书贸易活动，其产生有两个源头：一是基于汇集型图书销售，二是基于集会活动的贩卖行为，有着时间的特定性与集会的暂时性特征。

（一）汉代至1949年的图书交流与贸易

1. 图书市集的滥觞与发展

中国最早的图书交易市集见于汉代。西汉末年，王莽为收揽知识分子，广开教育，扩建太学。随着太学生的增多，又在长安城东南郊建各种文化设施，以此遂成太学生聚居之处。为适应太学生求学之需，便在太学附近槐林设立定期的图书交易市集。据东汉末《三辅黄图》云："王莽作宰衡时（4年），建弟子舍万区……为博士舍三十区。东为常满仓，仓之北为槐市，列槐数百行为隧，无墙屋，诸生朔望会此市，各持其郡所出货物及经书传记、笙磬乐器，相与买卖，雍容揖让，侃侃訚訚，或论议槐下。"[①] 槐市不似城内贸易场所那样规整，有墙有门，铺列分明。其实它是一个槐树成荫的露天交易场所，有固定的交易时间，每逢朔望，即农历初一、十五开市，交易商品有各州郡特产、经传书籍、笙磬乐器等，因此，槐市"或者说是一种带有临时性和特殊性的书籍贸易流通场所"。[②]

唐代以前，由于图书出版规定历时有宽严之分，又因为印刷技术尚不进步，以佣书为主的文本复制流通量不大，槐市不复。唐代政府对图书流通有严格控制，成立"行""市"组织进行内部的管理。唐代文献记录元稹、白居易诗集在越州等地被人"缮写模勒，卖于市井，或持之以交酒茗者，处处皆是"；又如敦煌遗书中有记，有以"挂牌抄售图书，以换取银钱或粮米"之人。书籍的交流通过物物交换来实现，或者作为商

[①] 《艺文类聚》引《三辅黄图》。

[②] 孙文杰：《中国图书发行史》，武汉大学出版社2015年版，第46页。

品的售卖来达成。

宋代以后，雕版印刷技术广泛采用，图书出版量增加。图书印刷与发行渠道相对成熟，书籍出版有国子监监本、坊刻本以及家刻本等。政府书籍主要通过渠道销售，民间图书主要通过固定书肆出售、流动销售以及市集销售几种方式，特别是民间节俗时期，图书的临时性销售与当下的图书市集有相似之处。宋汴京相国寺是当时全国最大的图书集散地，每逢庙会，热闹非凡，"凡商旅交易皆萃其中，四方趋京师以货物求售、转售它物者，必由于此"①。相国寺有定期的市集，每月多达八次：朔（初一）、望（十五）、三（初三、十三、二十三）、八（初八、十八、二十八）。每逢这八个日子，"技巧百工列肆，网有不集"。此外，汴京的夜市和早市上也有书籍销售。"每自三更市合，买卖衣物、书画、珍玩、寻玉"，"每五更点灯，博易买卖衣物、图画、花环、领袜之类，至晓即散，谓之'鬼市子'"②。南宋越州城是浙东繁华城市，每年也要定期举行大型商品交易集会，《嘉泰会稽志》卷七对正月十五的"灯市"之盛况作了具体描述："傍十数郡及海外商贾皆集所货商品极多，书画、钟鼎好奇亦间出焉。"

南宋城市繁华，书肆相对集中，形成书店林立的图书贸易区。据张秀民《中国印刷史》统计，杭州书坊有20多家，其中有的是从汴京迁来。当时临安城中有御河，河有棚桥，有长街，分南棚、中棚、棚北大街。这一带书坊密集，夹于商业店铺之间。后世延书坊之制，图书的生产与销售而二为一，而书肆以图书发行为主。同时，围绕市廛周围则有定期的书摊，是书籍零售业，如杭州的书摊"省试则间徙于贡院前。花朝后数日，则徙于天竺，大士诞辰也。上巳后月余，则徙于岳坟，游人渐众也"③。书籍销售与民间的集会结合，形成书"集"的样式。

元虽然存续时间不长，但元大都作为国际性都会，书籍生产与销售也有一定进步。不仅出现了专业的书肆，而且"有一定规模、有相对固

---

① （宋）王栐：《燕翼诒谋录》卷二，中华书局1981年版，第20页。
② （宋）孟元老撰，邓之诚注：《东京梦华录注》，中华书局1982年版，第70页。
③ （明）胡应麟：《少室山房笔丛》，中华书局1958年版，第56页。

定场所的书籍市场形成。在城内的省前东街，出现'文籍市'"①。

明代有书市，这是集中向书商批发图书的场所，类近现代的图书市场，但也不是每日交易。例如，嘉靖年间《建阳县志》卷三记载，福建建阳县崇化镇，"比屋皆鬻书籍，天下客商贩者如织，每月以一、六日集"。

清以后除固定书铺之外，还有书摊之设，在繁华之地摆设利于图书流通，清初北京的兹仁寺庙会为每月朔、望及二十五日，会时百货杂陈，游人如织，书摊罗列。康熙之后于厂甸（琉璃厂）有书摊，每逢春节各书肆与书商均来此地设点。清潘荣陛《帝京岁时纪胜》云，"鼎彝书画布成行"，"玉轴牙签，千门联络；图书充栋，宝玩填街"。此繁华之景一直延续至同治、光绪年间，隆福寺庙会书市也重新出现，各种古旧书籍、碑帖画卷与日用百货纷然杂陈。隆福寺街也出现了一个小小的书店群，如表中王氏三槐堂、乔氏同立堂、刘氏聚珍堂（原名绘阅）、宝书堂等。除有坐商之外，流动书摊亦有设点于庙会间进行图书交流。

晚清以降，现代印刷技术引入，现代出版机构多集中于上海，图书交易也主要集中于福州路、汉口路西段和文本路一带以及城隍庙一带。据朱联保《近现代上海出版业印象记》等资料，上海旧书肆有16家之多，形成书店群落。

2. 早期图书市集的发展特征

从以上材料可见，在漫长的图书交易史中已经形成了现代图书贸易的雏形，出现了行业内部图书批发交流的图书市场，也有面对普通读者设立的书店群落与书摊。书店群落是指固定书商集中的场域，由于之前的城市规模较小，书店相对较少，书店群落出售各种书籍，形成贸易的集中区，比如北京的琉璃厂、上海的福州路。书摊即现代图书市集的雏形，有以下特点：地理位置上围绕市与市廛的场所设立；时间上依据重大民俗活动展开；设立主体是书商、书坊；等等。书店与书店群落的产生，说明了书籍文化的发展；应时节贸易而起的书摊，即现代图书市集的雏形。

---

① 马建农：《北京出版史》，中国书店2021年版，第72页。

(二) 1949—2010 年图书市集的贸易形式

由前文可知,历史上有规模化的图书展示与销售,常以"书市"称之。实际上,它有两个意思,一是指图书批发场所,二是指图书汇集销售。但是以民间聚会为基础的图书销售,基本上是以流动性的、个体化的图书零售为代表的。1949 年以后,国家对图书出版业的管理建立了系统制度。在销售形式上,有固定销售商,即各级新华书店、出版社门市部,也有专业书店与二手书店等,同时还有大型图书市场,从事图书批发兼零售。为了加强图书发行的信息沟通与版权贸易,又以临时聚会的方式进行图书交易,由此形成了全国图书贸易的三大盛会:全国图书交易博览会、北京图书订货会、北京国际图书博览会。近年来面对读者的图书交流贸易集会开始,沿用了"书市"的概念,但有一定的偏向,接近于民间集会中的图书零售业态。

1. 图书市集是行业图书集中交流贸易形式的一种补充

在 1949 年之后,图书发行的条块分布非常清晰,为了增加行业间以及行业上下游之间的信息沟通,推出面向出版发行机构的展会,最为著名的是全国图书贸易的三大盛会。

全国图书交易博览会,简称书博会,其前身为全国书市。第一届全国书市于 1980 年 10 月在北京举行,由新华书店总店和北京市新华书店主办,是中华人民共和国成立 30 年以来第一次举办的全国规模的书市。时隔 10 年之久,第二届书市于 1989 年 10 月在北京举行。之后,全国书市轮流在各省份的省会举行。全国图书交易博览会面向普通大众,每年除了在一个省级大城市集中举办,一般还在其他地级市设立分会场。

北京图书订货会是规模最大的订货会,一般在 1 月初举办,是出版社每年展销图书最重要的活动之一。其历史可以追溯到 1987 年,当时名为"北京书市"。第一届订货会在北京劳动人民文化宫东配殿的书市上举办,有 44 家出版社参与。历史上,北京图书订货会有多个"首次"创新,如在第四届订货会上首次设立了主题展区,第五届订货会上设立了"社长总编日",第十二届订货会上设立了"编辑沙龙"和"营销沙龙"等。在文化活动举办上也颇有建树,第九届北京图书订货会首次设立了"全民阅读活动日"并举办了首届中华印刷大奖颁奖典礼;第二十届北京图书订货会期间举办了首届全民阅读大会等。近十年来，北京图书订货会更加注重融合发展，将数字出版与传统出版并重，于第二十五届订货会中首次设置了数字出版专区并举办了首次电子书产业峰会，聚集了数字出版产业链上的各个环节。

北京国际图书博览会的宗旨是"把世界优秀图书引进中国，让中国图书走向世界，以促进国际科技文化交流，增强各国人民的相互了解和友谊，扩大中外发展图书进出口贸易"。1986年，第一届国际图书博览会在北京召开。之后，北京国际图书博览会每两年举办一次，从2002年开始由两年一届的办展周期缩短为一年一届，截至2023年已成功举办29届。北京国际图书博览会主题丰富，国际化程度高。

三大展会，设立之初有积极作用，但订货会与博览会目前略显颓势。

首先是功能的退化。由于订货的平台改变，出版社营销的电子网络信息化可以使最新出版的图书随时让书店的业务人员在网上订货，线下的实体看书订货的需求不强烈。

其次是订货会定位越来越背离市场。渠道商有自己获取信息的渠道，同行间交流也缺乏新意，因此"与渠道更为个性化的交流才是出版社营销的重点，各种形式的'会前会'争相出台，有时甚至出现正式会展还没有开始，各种订货活动已完成的现象"[1]。

再次是区位优势不再明显。北京书会借助政治中心地位具有号召力与辐射力来提升发行的销售能力，但网络的发展使信息发布的垂直性以及跨地区性加强，图书发行的区域瓶颈已被打破，行业的交流实现"轻装上阵"。

最后是展会面向行业设置，使个体对图书购买的需求没有得到满足。展会起先是封闭性的交流，在展会结束时才向公众开放。而之后的图书活动，采取了与读者直接交流的方式。为了减少运输成本，书展结束的时候会处理样书。这时读者可以直接购买图书，但展会的设计偏向仍然是向机构倾斜。

实际上，从20世纪70年代末到80年代，面对社会释放的空前的读书热潮，一方面为基层读者服务，也为盘活库存图书、为古旧书发掘市场；另一方面为各省的新华书店以及出版机构针对地方的需求，开展图

---

[1] 刘松萍、梁文编著：《会展市场营销》，中国商务出版社2004年版，第8页。

书下乡的活动。

2. 面向读者的图书交流贸易

以图书发行为旨归的图书交流，虽然也为普通读者提供了参与的机会，却无法实现与读者的沟通，特别是在20世纪最后20年，民众对知识的渴望与图书信息的相对匮乏之间的矛盾难以解决，各地的书市应运而生，成为各省市的文化活动内容之一。

（1）上海书展

1979年，上海新华书店等在上海工人文化宫举办"庆祝中华人民共和国成立三十周年图书展览会"，这可以说是全国首次大型图书展览会。同年，上海科技书店尝试举办了一次图书夜市。在4天的时间里，共接待读者1.2万人次，销售图书5万余册，共计4万多元。在此基础上，上海书市于1981年顺利举办。1986年，上海展览中心举办了第二次大规模的书市。此次展区面积达五千平方米，现在看来，这个规模并不大，在当时却被称为"金秋文化盛会"。之后的1990年、1996年、1998年、2001年，上海都举办过类似的大型书展。除不定期举办的上海书市外，1986年又产生了一年一度的文汇书展；1987年成立沪版图书订货会。2004年开始，上海图书交易会更名为上海书展，书展明确把客户定为普通的读者。通过书展形式，出版界与读者拉近距离，开始面向普通市民开展书展上丰富多彩的名家讲座及签售等活动，成为读者追逐的热点。

第一届书展在上海展览中心举行，共有497家出版发行机构参展，零售图书金额达到1300万元，举办了170余项活动，约20万读者参展。学者易中天等名家讲座与签名售书，成为读者追逐热点。2006年，上海书展确定了"我爱读书，我爱生活"的主题，并一直延续至今。2008年，上海书展首次创设了主宾省机制，安徽成为上海书展第一个主宾省。2009年，上海书展首次在主场馆之外设立分会场，之后点位不断增加，让书香遍布上海的各个区域。2011年，上海书展升格为国家级书展，并首次举办了"书香中国"阅读论坛、首创了"上海国际文学周"、首设了"上海国际童书嘉年华"。

（2）北京书展

1979年北京新华书店举办了第二次书市。应读者的强烈要求，书市这种形式开始固定下来，成为一道特殊的文化风景。过去书市选在大型公园举办，规模盛大、票价低廉、持续时间长，售卖的不只是新书、畅销书，还有库存书、二手书甚至盗版书，凌乱的码放考验着爱书人的眼睛，但也为读者带来淘书的乐趣。

定名为"北京书展"的图书贸易最早开始于1990年10月，首届书市参展单位60余家，共设展位300余个，在9天的展期中，每天接待读者上万人次。一时掀起了北京人"好读书、读好书"的热潮。2023年8月，"我与地坛"北京书市在北京地坛公园举办，书市为期11天，贯穿北京文化论坛。展场总面积为1.5万平方米，设置8大专区350个展棚，208家参展商集中展示展销40余万种精品图书，再创历史新高。推出阅读互动活动、阅读推广活动、签售活动、线上直播活动等近百场，营造爱读书、读好书、善读书的浓郁氛围。

北京国际图书节开展于2002年，是由中共北京市委宣传部、北京市新闻出版广电（版权）局、北京市文联联合主办的国际图书节，是国内唯一批准举办的国际图书节。

（3）其他省份书展

其他省份的书市在1990年前后开启。1987年元旦，杭州、嘉兴新建营业楼落成，分别举办大型书市，展出全国400多家出版社的2万多种图书。同年，宁波市文化局与宁波市新华书店在"五一"节联合举办书市，历时15天，共接待读者15万人次，售出图书37万余册。同年10月，杭州举办首届"西湖书市"，有150多家出版书刊发行单位的2万余种图书参展销售，销售金额达100余万元，看样订货金额达160余万元。2000年，杭州首届西湖博览会由省新华书店和各出版社参与，组成了大型书刊展销馆。各县新华书店的图书展销会一般每年举办一两次。

1990年前后，各地的图书展销会纷纷亮相，形式较为多样。有的与庆典活动一起开展，比如1988年，"太湖之春"艺术节，以艺术表演为主，艺术节上还有大型书市、时装表演和服装、各种优质轻工日用品以及江南名点、小吃和土特产展销等。1987年9月，中华全国体育总会、中国登山协会、泰安市人民政府联合举办第一届泰山国际登山节，借"泰山国际登山节"等节日，举办大型书市活动。有的图书单独成市，比如天津在1991年举办首届"天津之春"大型图书展销会，荟萃全国400

余家出版社的优秀图书3万多种和170余家音像出版社（公司）的各类音像制品3900余种。1990年春夏之交，陕西省在西安南门外当时的省体育馆举办了一次大型书市。此外，专业书市也应运而生，比如外文图书展销会、馆藏图书展销会、儿童图书展销会等。

这一时期面向大众的书市，创办的主体相对多元，市场销售内容多样，一方面匹配了大众对知识的渴求，另一方面也为图书馆馆配等开辟了渠道，更为重要的是，图书走出了自己的圈子，与更广泛的民间生活进行了关联。

3. 此时期图书市集的作用与特征

1949年以后到21世纪10年代，面向读者与面向行业的图书销售交易模式日益完善。1949年以后的图书汇集展览销售，是与工业文明发展相符合的专业化的生产和销售模式，说明图书业的发展迅速。行业间相对分明，追求规模化的陈展效果，书店群落进一步扩大。在1949年以后，随着计划经济以及行业管理的展开，出版行业的条块分割以及垂直化发行体系日益成熟，行业间的信息交流摆在首位。这时有面向行业与读者的双重图书展览的设计。在改革开放之后，大众的知识渴求欲望释放，各省出版社纷纷创设，出版总量与品种增加，而固定的销售场所无法提供众多出版物的信息，销售的存量也无法在传统的空间内消化，除了设置大型书城外，临时性的图书展销会也使普通读者能够接触到更多的出版物。

此时的图书市集式销售出现了以下特征。第一，面向普通读者的图书交流销售方式越来越受到行业的重视。随着图书市场的扩大，大量的库存书需要有渠道消化。同时由于买方市场逐渐形成，从读者角度来设计的图书销售模式的重要程度提升。这一时期的市集化图书销售叫法多样，但是图书市场的开辟成为行业自觉。

第二，图书市集化销售进行了层级化拓展，由中心城市向各级市县渗透。同时，书市的举办主体溢出行业界限，形成了跨界的互动，城市分布图书展可以在各个城市的展览中心、会议中心、博物馆或其他适合举办大型活动的场所举行。

第三，图书市集化销售的举办各有特色。在进行初期探索后，各地形成了自己的品牌与特色，与当地的民俗活动相联系；并且由早期的不固定举办发展为固定举办。书市内容有规模化特色，形成了纵深向的延伸与各省市的文化亮点。

（三）21世纪10年代后期到20年代图书市集的兴起

进入21世纪之后，计算机与网络技术发展迅猛，线上图书销售平台冲击了线下实体书店的销售。但是从整体来看，出版业仍呈上升趋势。《中华人民共和国2021年国民经济和社会发展统计公报》显示，2017—2021年，出版业的出版与销售总量扩大（见图1）。在销售领域，近几年，图书市场受到经济与国内形势的影响，2020年中国图书零售规模为970.8亿元，首次负增长，同比下降5.08%，其中线上零售达到767.2亿元，图书零售的线上化率接近80%，线上售书占据了销售的大半江山。"北京开卷"数据显示，2021年中国图书零售市场码洋规模为986.8亿元，同比增长1.65%，相较于2019年减少3.51%。实体书店码洋规模占比21.48%，网店渠道码洋规模占比78.52%，码洋规模为774.8亿元，同比增长1%。① 2023年上半年，图书零售市场同比下降2.41%，实体店渠道零售图书市场同比下降23.55%，短视频渠道同比正向增长。从以上数据可见，后疫情时代图书改造市场有缓慢爬升，但是实体销售码洋下降，平台电商同比下降了6.29%，仍占主体，而短视频销售额在正向增长。销售业绩的上升与实体书店的萎缩事实说明，线上图书销售平台与更先进的短视频图书销售正在挤压传统图书销售的空间，出版行业与终端读者之间交流并未随网络的发展得到加强，图书生产者与读者的深度交流成为当下需要。

1. 图书市集当下兴起的原因分析

图书市集是商业市集的主题化表现，是与当下的后文化特点相符合的。当下的图书市集的流行更是基于以下的原因。

（1）基于市场销售的外部要求

市集是对城市商业空间的局部改造与丰富。中国商业市集的换代发展可以推及21世纪初的创意市集。"创意市集"一词最早出现在2004年

---

① 《2022年图书市场发展现状及未来前景分析 图书零售市场码洋规模为986.8亿元》，2022年1月18日，未来智库，https://www.vzkoo.com/read/20220117cd19214cc4b4410888db6676.html。

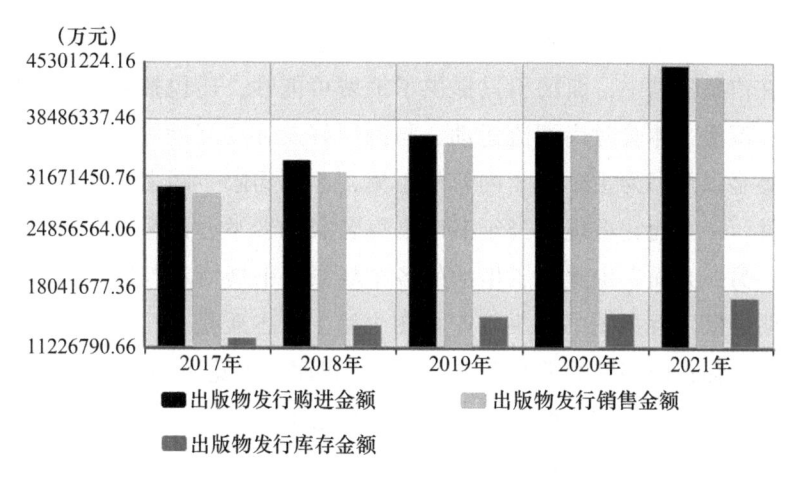

图1 2017—2021出版物发行销售金额

资料来源：国家统计局网站（https：//data.stats.gov.cn/easyquery.htm？cn=C01）。

王怡颖的《创意市集》这本书中。王怡颖用"创意市集"来描述英国伦敦大小市集上其中原创产品艺术家、设计师自产自销的经营活动。"创意市集"在中国内地的首次亮相是在2006年，南方报业传媒集团旗下的《城市画报》在广州丽影广场主办了"创意市集"。之后中国各大主要城市，如广州、上海、北京、深圳、南京、天津、厦门、杭州、重庆等都举办过形式各异的"创意市集"文化活动，并在北京、上海等地形成相对稳定的市集活动和固定的寄售形式。市集的具体运作模式类似于展销会，由主办方提供场地、桌子、帐篷之类展示，设施创意制作人通过自主报名或邀请的形式参加活动。"创意市集"的推出将传统的市集文化带上了后现代的色彩，影响了当下市集视觉设计以及主体加入的角色认定等。

在进入21世纪10年代末期，后现代的文化特质分明，行业间的流动更具液态化，商业销售突破原有的界限，以客户为主体重新打造生活场景以唤醒消费欲望。这样，"市集"空间设计成为生活主题再现的生动场域，"市集"也成为商业市场策划的一个重要举措。由"购物中心开展的咖啡市集、宠物市集、美食市集、图书市集等创意市集，既激发了公众游逛商场的兴趣，同时也让热衷圈层消费的年轻客群找到了具有精神认同感的聚集点，从而保证了市集热度并反向推动市集活跃度，是撬动年轻消费力的一个重要商业载体"。①

在市集营销中，商场不只提供了消费可能性，还包括对新鲜事物的探索、沉浸式体验时尚潮流运动、与圈层好友社交互动等多元内容。图书市集是以图书为主要售卖内容的市集，不再局限于图书销售这一狭隘的事件。一方面它重现了当年书市聚集名家作者举办讲座签名等活动的景观，另一方面它也镶嵌了生活的各个场景。书展活动与图书市集最直接鲜明的区别就是图书市集以兜售图书为主，本质是进行赚钱销售，且娱乐性较强；而书展的举办模式大多为"讲座+展览+图书销售"，与图书市集相比，书展更注重整体过程，文化氛围浓郁。

（2）基于文化传播的内在要求

首先，在"全民阅读"的背景下，图书市集能够带来沉浸式阅读体验，从而打造"文化盛宴"。"全民阅读"活动，是中宣部、中央文明办和新闻出版总署贯彻落实党的十六大关于建设学习型社会要求的一项重要举措。2020年10月，中宣部印发《关于促进全民阅读工作的意见》，国民综合阅读率更加显著提升。为了实现全民阅读的蓝图，"城市书房"等设施应运而生，但是设施的具备不等于实现了阅读本身，关键还是促成文化耦合的发生。当下的图书市集打通了阅读、交流、消费、休闲的渠道，不再只是卖书，而是一场以书为名的嘉年华，连接了快速发展时代下年轻人与文化之间的共鸣。"沉浸式"淘书的慢生活，与当下快节奏生活形成鲜明对比。图书市集在全民阅读的推动下，能够找到人与书的契合点，真正营造出市集与阅读共同体之间的浓厚阅读氛围，让读者可以亲身体会到书籍的浸润。在全民阅读的推动下，图书市集打下了扎实的读者基础，沉浸式的文化传播给图书市集与市民共同创造带来更多新的可能。

其次，随着文化消费升级，图书市集与年轻人共塑文化"潮流"的需求。相对于传统书市读者的老龄化倾向，新兴市集的读者们更加年轻。他们来到图书市集，享受的更多是逛的过程。图书市集打造"外延阅

---

① 《购物中心为何越来越青睐「市集」?》，2023年11月24日，搜狐网，https://www.sohu.com/a/738833758_121123913。

读+"内涵与功能,孵化新业态,打造城市文化生活体验新空间,为读者带来更新颖的精神享受。图书与文创周边的碰撞与升级,实现图书与美食、戏剧等文创周边跨界联动。比如,北京PAGEONE图书市集共精选商品200种,主打独家销售的英文原版图书、特色化的艺术设计类图书,并辅有年轻人喜欢的文学类、生活方式类图书。市集中增设的文创展摊、咖啡外摆,甚至还有面包点心等,充分满足年轻人在市集中逛街和吃东西的诉求,也增添了一丝商圈里的"烟火气"。

同时,市集是一个自带节奏的"快消费"文化场景,读者需要在一定时间内浏览大量的文化品牌和产品。图书市集的升级促进年轻市民读者在书香和潮流文化浓厚的氛围中体验乐趣、感受精品文化。新型信息传播与消费的升级,进一步使年轻人融入传统文化传播的新途径,与经典文化共塑跨越时空的"潮流"。

最后,从文化供给角度看,图书市集能够提供文化供需交流。文化供给,是指文化产业的发展应该从文化生产者的角度出发,注重提高文化产品的质量和多样性,以满足人们不断增长的文化需求。它强调了文化产业的创新和多样性,以及文化产品的生产和供给对文化消费者的影响。与书展不同,图书市集主体不只是出版行业,而更多的是媒体、图书策划公司,甚至是民间机构自发组织的商业行为,到场的不只是发行人员,更多为编辑、图书策划者、作者等。与书展的目的不同,市集重在沟通与交流。线上售书幕后人很难把自己的作品介绍给每位读者,与购买者之间形成区隔;而在线下的图书市集中,参与销售的编辑们与读者分享从事出版的情怀、理想和趣事的同时,也能直接了解人们的阅读趣味和个性化需求;当面对长久驻足又犹豫不决的读者时,编辑介绍作品,往往能获得很好的效果。读者的阅读也不再是私人、孤独的活动,而变得可以分享、交流,彼此也能因为对一本书的喜爱成为"书友"。

一本书完整的生命不仅是被创作、编辑、销售,只有被阅读它才获得了真正存在的价值。线下场景的回归,使更多的图书市集涌现,作者、编辑参与到市集当中,融入年轻人为自己选择的新型图书社区,实现自身图书的价值。从图书编辑转变为市集摊主,从网络售书转变为线下面对面交流,作家和编辑不再充满神秘感,图书幕后"操盘手"回归"前台",实现与读者的双向奔赴。

2. 图书市集现状与特征

图书市集的实施主体众多，业态面貌多样，无法进行具体统计。目前，全国各地涌现出大大小小不同主题的图书市集活动，较有名的有"北京做书市集""北京郎园Vintage图书市集""杭州良渚艺术书展""上海abC艺术书展"等，其主要特征如下。

（1）内容嬗变：从"大而全"到"小而精"

与以往的图书展销不同，图书市集不再以提供全面巨大的图书信息为内容，而是注重专业领域的挖掘，注重品牌与品质。过去书市以出版社为单位，现在图书市集则以品牌为单位。图书市集走更加小巧精致的路线，看似图书提供量少，但在品质和质量上更为精准，也符合当下年轻人的购买心理。

读者进入书店与进入图书市集的消费心理不同。随着人们阅读需求的不断变化和文化素质的提高，消费者对图书的需求也越来越多样化，他们更关注自身的小众爱好。同时，随着互联网和电商的兴起，读者的购书方式也发生变化，读者可以通过移动端随时随地购买书籍，算法技术的到来使线上销路能够更加精准定位读者的需求。因此，读者凭借自己的判断能力，也能够在平台上选择相应图书。而到市集的读者群情况要复杂一些，有的并没有非常明确的消费指向，而是借助市集营造氛围来娱乐消费。仅限于平台的介绍毕竟不能提供更为立体与全方位的专业出版信息，因此针对市集的选址与文化定位推荐适应的图书非常必要。可供性不只是信息提供，也需要机会提供，读者与实体书的面对面，触发了耦合的产生。除经典且畅销的书必带之外，还要根据不同市集的特色和举办地点挑选合适的图书及携带数量。

图书市集从大型化和种类全转变到小型化和精细化，这是对安德森图书"长尾理论"的深耕。图书出现专题化、品牌化的趋势使分类更加细致科学，从操作实践来看，除了大众畅销读物，装帧出众的图书以及艺术类图书是市集的宠儿，以往需求和销量不大的图书所占据的共同市场份额可以与主流的图书产品的份额相抗衡。

（2）文娱结合：一场以书为名的嘉年华

从图书市集的选址来说，举办地与城市地标的交织，让图书市集多了城市文化专属的味道。比如杭州市在孔庙进行书市，延续文脉的美好期冀，也有为杭州文化地图作标注的愿景；在良渚艺术中心进行的书市，则是对时尚与小资的注脚。2023年，上海两场图书市集，旧书市集为苏州河畔的樱花谷，美好书店节在思南公馆与复兴公园，选址透露的潜在用语代表图书的定位。"北京图书市集""做书市集"等，地点选在网红园区，透露其是"市集文化"和"city walk"潮流结合的产物；而在琉璃厂一带的市集图书，仍然是历史与传统的代名词。

  从市集内容来看，图书市集在图书销售的基础上进行周边拓展。除了售卖图书，图书市集会在活动期间邀请书店负责人、作家、学者、艺术家等举办线下沙龙和创意工作坊，搞文化沙龙，进行脱口秀、诗歌快闪等新型文化活动。另外，图书市集往往还带有休闲场所，提供各类美食、饮品等，让读者在阅读之余也能放松身心，大大加强读者的体验感。从"不熟艺术书展"的协办方可以看到，除主办方外，协办方有进行环境创意的"FLaHaLo风水创意公司"与"LA VIE 物质生活"，还有咖啡合作方、酒水合作方与纸张合作方、文创合作方，甚至有字体设计合作方等。例如备受瞩目的湖南"书山有麓"青年阅读市集，现场除了书籍，一同"出摊"的还有咖啡、手作、鸡尾酒、小吃、烘焙、花艺等生活好物，图书市集与多家城市艺文品牌商家合作展出，形成多元拼接的城市文化氛围。此外还有脱口秀、诗歌快闪等文化活动和主题多样的展览，创新图书市集的表现形式。

  因此，图书市集不再只是简单的买卖场所，而是一个以书为名的综合文化空间。图书市集不再局限于以往相对固定且有一定黏性的参与者群体，越来越多的年轻人参与其中，读者可以与出版社、作者、书店等主体面对面交流，了解书籍背后的创作灵感和隐藏故事；也可以与其他读者分享阅读感受和思考。同时可以通过娱乐化、创意化的表达，展现出自己对图书的理解；喜欢模仿的读者可以直接装扮成书中的人物来抒发对于文本的想象，寻找具有灵魂共鸣的"有缘人"；欣赏文化周边，还能购买、品尝。这些新元素表现出文化和娱乐相结合的特点，使图书市集承载更多新鲜"血液"。

（3）主体转变：文化操刀手走向前台

  传统的图书展，由行业协会牵头，垂直到达各出版机构。出版机构中又由发行部门作为主导力量决定哪些图书可以参展，编辑部门做辅助性的工作。在这种情况下，作家和编辑往往作为被动的一方而被忽视。现在，图书市集可以由行业协会、街道景区管理机构、文化公司等多方出面组织，出版社、图书品牌商、独立书店等纷纷加入，同时和其他与图书相关的文化周边联动。比如国内专注艺术书展的"不熟文化传媒"在全国举办20多场艺术图书展，除了展出全世界范围内的艺术图书精品，还会与当地的独立书店打造专题图书展卖特区，同时进行分享会与工作坊的联动。"北京做书市集"上，"摊主"可能是某本书的策划、责编、营销、发行，甚至可能是作者。郎园Vintage图书市集，就有华夏出版社等出版社参与，也有书店参与，如中信书店，更有文化策划单位如文景、后浪、启真馆、湛庐文化、单读等参与，作家与编辑也参与其中。作家和编辑作为出版业的核心力量，主体转变也有利于提高出版业的水平。作家和编辑通过与读者的直面沟通、直接交流，能够更好地洞察读者的消费趋势和市场走向，从而进行创作方向和思路上的调整，有助于形成与时俱进、服务读者的出版策略。邀请越来越多的作家和编辑直接参与其中，成为市集的主角与读者进行直接交流和互动。这种主体的转变使作家和编辑更受尊重的同时，也可以让读者感觉到被郑重对待。

随着主体的改变，市集的风格也随之发生变化。市集吸引的年轻人更多，为满足读者个性化需求不断作出突破来应对图书市集这个充满机遇和挑战的市场。而由读者自发进行的公益图书市集交易，可以形成"书友圈"。

二 图书市集价值与不足

从21世纪20年代图书市集的复兴，图书走出了温室与城堡，以地摊文化与平民文化的姿态再次融入读者的生活之中。作为后现代文化中的图书售卖事件或者是图书发行的一个侧面，它远不能承担图书销售流通的重担，而只能是文化生产者与消费者关于书的双向旅行，是城市文化空间的另一种形式，它有存在的合理价值与空间。

（一）图书市集价值分析

1. 文化传播价值

图书市集的文化价值远超经济价值，表现出"以书之名，文明永续"

的当代努力。在通信与交通不那么发达的过去，市集完成的是交换价值，而当下的图书市集却是生活场景的补充与提升。在城市的旧有空间中，比如巴黎塞纳河边"十里书市"早已享有盛誉，伦敦滑铁卢桥下的南岸旧书市集、美国马里兰州的肯辛顿的街头书市等也逐渐被更多游客关注。西班牙传统的"圣乔治亚节"读书节更是成为传统文化节日。4月21日这天，人们可以参加马德里的"图书之夜"，深夜也可在灯火流光中搜罗群书。在这天，有超过一百家的书店会一直营业到午夜12点，此时买书的人可以享受10%的价格优惠。当晚街上还会上演各种特别活动，包括现场音乐表演、作家见面会以及一些针对儿童的趣味活动。[①]

文化是城市的灵魂，图书是文化的载体。图书市集的关键元素是图书，从文学作品到科技知识，书籍承载着传承文化的功能。图书市集更是将这个功能放大，读者可以从市集中接触各种类型的书籍，从而了解和传承人类文明与文化遗产。同时，图书市集作为一个文化交流平台，有利于促进文化交流。这种文化交流不局限于读者和作者、读者和读者之间的读书心得交流，还有国际性的书展活动打开不同国籍读者、不同文化背景读者的沟通窗口，成为国与国、文明与文明之间沟通的桥梁。

如今，图书市集通过场景化的搭建，为人们提供了一个良好的阅读环境。有助于培养阅读习惯，提高人们的文化素养和综合素质。并且图书市集作为城市文化的一部分，可以塑造起城市的文化形象和品牌，增强人们对城市的认同感和归属感。书展作为文化交流与发声的平台，在"共享经济"的趋势下让更多读者、更多好书聚集在书展的大平台上，释放更大的文化创意能量。

2. 文化消费价值

随着网购以及直播的盛行，价格差已经不能成为图书市集的优势，因此图书市集的消费价值更加集中体现于消费体验和增值服务中。图书市集能够给予读者直面沟通交流的机会，从而形成独特的文化氛围和体验。

图书市集除了汇集出版的图书外还有原创图书，另外是创意文化产

---

① 《图书市集热潮：不只是卖书，更是一种生活方式》，2021年4月24日，百度网，https：//baijiahao. baidu. com/s？id＝1697888490135854485&wfr＝spider&for＝pc。

品，通过售卖，充分体现了创意的价值。市集上，图书价格可以协商，而议价的权利收归到具体的人，这使消费的人文价值得到体现。一般来说，由于图书直接从出版社或卖家手中出售，省去了中间环节和部分物流、店铺、租金等成本，相比于书店或网购，图书市集往往有着更加优惠的价格。但是购买的愉悦是在消费过程之中，通过议价，买卖双方都得到心理满足，这是图书市集带来的消费快感。

诗朗诵、快闪等具有交互性质的文化活动更能促进读者的消费热情。体验经济时代，图书应当乘着东风，通过更加沉浸式的文化氛围促进图书消费。这种多样化的活动所形成的吸睛效应，使线上销路也扩展开来。

3. 文化社交价值

图书市集为人们提供了一个聚集和交流的公共场所，身处其中，可以和不同背景的人相互了解，与作家、编辑交流，与书店、出版社交流，分享经验和体验，在促进知识分享的同时也能形成一定的社区型联系。图书市集的各种文化活动和节目能够为人们创造丰富的互动体验。比如市集中的朗诵会、讲座等，让读者通过面对面的交流加强互动体验，结交新朋友，拓展社交圈子。

相较于传统图书展会的网络报道，图书市集的消息发布多选择小红书、抖音等自媒体渠道，通过评论、交流的自媒体通道，形成了线上线下的持续性发酵。图书主题脱离了低俗的交流话题，提升了文化品位，强调了社交的趣味化。

(二) 图书市集不足分析

1. 快餐文化的本质消解了文化沟通的神圣感

图书市集的售票进入标识图书市集的商品化本质，图书的阅读成为时尚消费的方式。图书市集通过图书联动戏剧快闪、咖啡、脱口秀等，跨界联动的形式给传统意义上的书市赋予新姿态，创造出具有吸引力的活动，比如出版社+独立书店、文创+餐/咖啡/酒、出版+文化沙龙等，形成了出版行业与文化产业的跨界联动，而市集与其他形态的结合使阅读的沉浸成为应景的"pose"。

这种把图书与快餐式的活动形式进行关联也造成了诸多的负面影响，因为快餐文化的结合使其追求速成、通俗、短期流行，不注重深厚积累和内在价值。读者对图书内容就是走马观花的阅读，于书中内容的认知层次低，缺少深层次理解，造成知识浅薄、文化浅薄。比如北京郎园Vintage 的 2023 北京图书市集·春季场中的安徒生童话主题的帆布包、"合体·六边形书局"冰箱贴、拥有独特的锤子形式的电影书签等文化周边爆红，反而忽视了图书的存在。读者了解到相关活动后被吸引到市集中进行打卡，市集变成了"主题乐园"，娱乐的氛围掩盖了文化沟通的本质，本该进行的阅读体验变成了购买文化周边并拍照留念，用这种活动形式吸引读者来进行打卡本身也是文化的"失焦"，消解了人们对于文化沟通的神圣感。

2. 成本与收益的不理想使出版社有所顾忌

单纯从销售码洋来看，图书市集的收益还是不错的。据了解，上海的"淘书乐·樱花谷旧书市集"在短短两天内售出了超过 3000 册图书。这无疑证明了图书市集在一定程度上推动了线下图书的文化消费，并提升了出版社的收益水平。2023 年春季的北京图书市集两天半售空 3 万张门票，销售图书金额近 1000 万元。如果把参与市集的人力、物力、时间等成本计算起来，产生的净利润却十分有限。然而，尽管市集现场总是熙熙攘攘、热闹非凡，但实际上这只是人们的一种"大赚一场"的错觉。

据《光明日报》报道，部分出版社表示，一场市集下来，实洋（在图书行业一般指图书发行商给下线代理的折扣，多指销售实际价格或批发商、零售商进货价格）只有几千元到几万元不等。如果将参加市集的各项人力物力时间成本计算在内，图书市集产生的净利润非常有限，在图书销售总额中也只是九牛一毛。虽然现场气氛热烈，但实际上大多数商家的收益并不理想，宣传功能往往大于实际销售功能。如果出版社举办图书市集的收益不能大于线上销售，他们可能会降低举办的欲望，最终只能选择望而却步。[①]

此外，纵观图书市集活动的承办地，都是以北京、上海、杭州、成都等一二线城市为主要举办地，因为图书市集的参与者包括出版商、书店、

---

① 张云、岳佳仪、李婷：《图书市集能否点燃对阅读的热望》，《光明日报》2023 年月 8 月 29 日。

读者等，这些人群在一二线城市相对较为集中，能够为市集提供更多的参与者和关注度。而其他三四线城市的资源相对较少，所以图书市集无法做到垂直于各个城市。即便是已经承办的图书市集，也需要考虑经济效益，只靠社会效益无法支撑出版社后续的投资和成本。

三　图书市集未来发展建议

在实体行业整体萎靡的环境下，图书市集的红火一定程度上只是一种表象。不过，仅从销售状况来评价图书市集的价值是过于片面的。图书市集在当下摆脱了单一的售书功能，实现的是作为文化场景和阅读空间的多功能跨行业联动性的蜕变，对于读者来说拥有了双向直接的交流沟通、社交分享等功能。其带来的非经济效益巨大，对于纸质阅读的存续来说具有重大意义。基于此分析，对未来图书市集的发展提出以下建议。

（一）增加文旅结合的特征，匹配文化内涵形成稳固的城市风景线

图书市集逐渐超越传统的卖书功能，成为城市文化的一部分，一定程度上提升了城市的品位。

一方面，图书市集是展示城市文化的一扇窗口。例如在苏州河畔举办的 2023 上海书展"淘书乐·樱花谷旧书市集"，推出近 150 种上海背景下的特价好书，如《上海年轮》《上海字记》等。其特别设置的"上海之窗"打卡点，根据《上海画报》封面图《上海之窗》设计而成，打开窗口正对上海大厦和乍浦路桥。逛图书市集成为感受地方文化的一种方式。而抛开售书这一基本功能，图书市集立足于传统出版业，不定期向读者推荐图书，具有相应的宣传作用。

另一方面，从时下流行的"city walk"视角看，图书市集作为多元文化的消费场所，能够与城市景点形成呼应，形成文旅结合的新空间。2023 年，阔别十年的北京地坛书市回归，其特有的文化气质使其成为一项不可忽视的文化地标。2023 年地坛书市期间，没有额外收费，免除了原本的入园门票，读者逛书市的同时也带热了地坛公园这个不算热门的景点。因此，如果能够找准文旅发展的切入点，畅通渠道，为文化消费群体提供便捷的"一站式"服务，图书市集的未来发展拥有广阔潜力。

目前杭州凭借良渚艺术中心这一地标性的建筑，举办了 3 次书展，形成了一定的社会知名度。

因此，可以结合当地的民俗活动、建筑空间与消费特征，形成相对固定的图书市集，可以新塑城市的新文化景观，借鉴英国的跳蚤市场、日本的 Design Festa 等市场的打造，接纳民众参加文化商业活动。

（二）教育行业与出版业良好互动，使商业行为上升为文化行为

图书市集作为极具文化特色的商业销售模式，其蕴含强烈的文化教育意味。例如河南首家创意阅读市集"最美读书声·书 SHI 生活"，聚集 20 余家出版机构、十余家文创摊主、多领域学者，通过开展图书展销、名家分享、新书发布、非遗体验、集章打卡等丰富多样的活动，打造全民共同参与的"沉浸式"阅读盛会。其中，最有特色的是现场可以通过非遗手工"零距离"体验传统文化，当天不少家长就专程带孩子来参加捏面人、做糖画、学剪纸活动，感受手工乐趣和传统文化的魅力。在浓厚的文化氛围中，对于读者而言不仅收获了阅读的喜悦，更收获了别具一格的沉浸式文化体验。

此外，不少图书市集还推出童书区摊位，打出"亲子共读"的宣传海报，反映了近年来童书阅读领域的一大理念变化。比起传统的"给娃读书"，新生代家长更加注重"带娃读书"，即以书籍为媒介，以阅读为纽带，让孩子和家长能够共同分享多种形式的阅读过程，丰富陪伴成长的内涵。比如在 2023 北京图书市集·秋季场现场，在线教育平台火花思维的摊位前，不少家长正在了解《火花思维（亲子共读版）》《图解数学》等系列书籍。可以看出，图书市集的丰富包容性对教育行业应当有一定的启发意义，教育行业和出版行业的联动一方面能够吸引更多群体，如家长、青少年等参与到逛市集的活动中来；另一方面在市集中沉浸式地交流体验感受，也能够更好赋能教育业的发展。

（三）带动跨行业的联动，补充城市文化传播短板

图书市集以书为媒，传递了文化信息。因此，图书市集不在于其商业价值，而在于在烟火气中提升城市的文化品位，让阅读回归生活。

对城市的打造者与经营者来说，城市已经设置了"城市书房"等基础设施，让图书馆开到了家门口，但是真正盘活这些空间的方式并没有探索成功。如果把图书市集与城市书房的打造进行更深一步的结合，实现图书的垂直化销售与交流，并提供各个领域人员文化交流的机会，才能推进地方文化的建设。

随着主题市集的推出，对某一主题的文化挖掘也在深入。比如咖啡主题市集，就是以咖啡的介绍与品尝为主题的市集，在这一市集上，与咖啡相关的图书也是市集的陈展内容。又如不熟艺术书展，接纳了艺术家的作品作为展出内容，通过市集来寻找市场与受众，也为文艺新人的推出创造了平台。借助文化公司与策展公司的力量，打造有专题性的文化市集。这也补充了专题文化的阐释内容，并能将相关的图书作为链接与辅助，使阅读与生活、文化形成更为密切的联动。这一探索是有价值的。

中国全媒体戏剧出版业态报告

王勇安　赵浚哲[*]

摘　要：在媒介深度融合背景下，新技术赋能为传统戏剧出版业带来了极大的发展空间。"云剧场"作为近年来戏剧行业最具代表性的现象，对于戏剧出版业态的探索有着至关重要的意义。本文从传统戏剧出版业态变革出发，深入探讨目前传统戏剧出版业态所面临的瓶颈以及业态变革的必要性。通过对"云剧场"概念的界定及其产业链分析，认为"云剧场"可以成为数智时代戏剧出版的新业态，并且在"票友经济"化的路径下，建构最为优质的业态发展方案。

关键词：出版业态；"云剧场"；业态创新；票友经济

戏剧作为传承千百年的非物质文化遗产，是中华优秀传统文化的结晶。自元杂剧从勾栏瓦舍中诞生以来，戏剧便承担着娱乐大众、传递道德准则的任务，始终与社会及时代发展紧密相依。近年来，在融合出版背景下，戏剧出版业态也在积极探索着变革之路。2020 年年初，随着新冠疫情的常态化防控，剧场演绎线上化（即"云剧场"）成为戏剧行业最为瞩目的现象。"云剧场"的出现，一举打破了线下剧场停滞的僵局。这一现象究竟只是特殊时代背景下的昙花一现，还是为出版所用、代表着出版新业态的发展方向，成为目前戏剧出版业态的研究焦点之一。

---

[*] 王勇安，陕西师范大学新闻与传播学院教授、博士生导师；赵浚哲，陕西师范大学新闻与传播学院硕士研究生。

一 追根溯源：传统戏剧出版业态的发展及业态变革的必要性

"业态"一词起源于日本，是零售店向确定的顾客群提供确定的商品和服务的具体形态，是零售活动的具体形式。从宏观的角度看，业态包含"产业"和"形态"两个方面，即从企业和企业生态到产业和产业生态的多维概念，包含了企业研发、生产、营销等全部环节。相对通俗来讲，业态就是某一产业提供什么服务，向何种消费对象提供服务以及如何更好并更具针对性地提供服务的经营过程。根据上述对业态的定义分析戏剧出版业态的发展，应明确从古至今戏剧出版业态存在的状态，向谁服务，怎样服务，有何意义这几个问题。通过对上述几个方面的具体分析并结合时代背景，可以更加明晰当前戏剧出版业态的发展态势及存在的不足和危机，从而为业态的变革和创新提供指引。自最早的传统戏剧出版物面世以来，不仅使戏剧走出舞台，扩大了戏剧的受众范围；同时，为戏剧演出的指导和剧目传承提供了范本。戏剧出版的出现，防止了较多传统剧目的流失和演艺方法的失传，极大程度上保护了中国戏剧舞台的多样性以及文化的多元性。但随着全媒体融合时代的发展，传统戏剧出版在技术、内容、渠道和用户体验四个方面都稍显落后。技术层面上，大数据、元宇宙等技术手段已然日趋成熟，抖音、微博、快手等平台的建构以及基于上述平台的产业链体系也已然完善。而传统戏剧出版并未有相应的业态模式能与上述技术手段进行匹配，这无疑限制了戏剧出版的数字化发展。在内容层面，传统戏剧出版物内容同质化严重，且无法实现共创共享，并不符合当下全媒体融合时代对于出版物内容的要求。在渠道层面，传统戏剧出版难以形成融合出版产业链，在出版物的宣传等工作中不仅效率低下且成本较高；同时传统纸质出版物的形式在小红书、抖音等新媒体平台的宣传中也十分受限，难以达到最佳宣传效果。最后在用户体验上，全媒体融合背景下的出版市场在用户体验方面，更多注重的是用户与产品之间的交互体验，对于传统戏剧出版而言，交互形式十分局限，消费者较容易产生枯燥乏味感。与此同时，出版企业也较难接收到消费者对于产品的反馈，不利于企业对产品进行改进。

这种产品和消费者之间产生的脱节也使产品口碑无法在消费者之间进行传递。早期为解决疫情防控期间戏剧剧场经营惨淡的问题，依托全媒体数字平台的"云剧场"应运而生。随着"云剧场"运营模式的不断完善，其技术手段多元，内容丰富，共创性强，易于跨媒介传播，且互动方式多样等特点，引发了出版业界对"云剧场"是否可以作为戏剧出版新业态这一问题进行了广泛深入的探究。

（一）传统戏剧出版业态的发展：从"铅与火"到"数与网"

中国的戏剧种类繁多，2017年的全国地方戏曲剧种普查结果显示，中国各民族地区共有戏剧种类348种，其中所含剧目上万条。虽然民众对于戏剧的消亡充满隐忧，但从普查数据来看，戏剧并没有如火烬灰冷般衰落，传统戏剧在当下之所以依旧拥有持久的生命力，其主要源于广泛的传播与交流。而在戏剧传播的过程之中，出版业起到了至关重要的作用。

在第一部戏剧剧目出版物发行之前，戏剧的传播大多是依靠师傅对弟子的言传身教。这种传播方式相对来说受众较少，同时对于非科班出身的大众而言，很难对戏剧内容进行反复品读和理解。与此同时，剧目剧本缺少文本存档，极大提高了传统戏剧因演员队伍萎缩，"名角""大演员"的缺失而失传的风险。1920年，叶恭绰先生于英国古玩市场购回的收录于《永乐大典》中的《张协状元》剧目剧本是唯一保存完整的南宋戏文，也是中国迄今为止发现最早且最完整的古代戏剧剧本。这是可考范围内戏剧与出版业的第一次融合。《张协状元》剧本的发现，不仅为学者对传统戏剧的研究提供了重要的参考价值，同时为该剧目的传承和演绎留下范本。此后在元代，传统戏剧出版业态迎来黄金时代，元杂剧的繁盛留下了大量的戏剧剧目文本。据统计在元杂剧盛行的249年间，共有737种作品流传至今。这些剧本剧目不仅在当时极大满足了大众百姓的文娱需求，引导着昂扬进取的社会风气，更为其后世文学结构的研究以及可演出性的扩大奠定了坚实的基础。

1979年1月，中国第一盒卡式立体声录磁带《朱逢博独唱歌曲选》发行，近乎同一时间戏剧磁带等音像出版物覆盖了京津两地的大部分曲艺名家，传统戏剧出版业态也由此步入光与电的时代。戏剧音像制品的发行使传统戏剧舞台表演的不可复制性这一问题得以解决，留下了大量的影像音频资源供受众学习和欣赏，真正做到了将戏剧舞台搬向千家万户。

随着 Web 3.0 技术的高速发展，数与网时代赋予了戏剧出版业态更广阔的传播与发展空间；同时也给予了用户更强的参与感与互动感，满足了一部分用户在欣赏戏剧作品时的在场体验。其中以喜马拉雅和蜻蜓FM 为主的音频分享平台，将部分戏剧选段以有声书的形式出版发行。以"粉丝经济"的经济运行模式，通过大 IP 和名人效应增强了用户黏性，一定程度上挖掘了部分传统戏剧的潜在用户。

纵观传统戏剧出版业态的发展过程，现阶段的戏剧出版业态，已然在媒介融合的背景下进行了初步的尝试与探索，却并未做到全媒体背景下的深度融合，实现质的飞跃。若要打破当下戏剧出版较为低迷的现实情况，实行业态的再次变革与创新刻不容缓。

（二）戏剧出版业态变革的必要性及趋向

作为产业活动存在形式，业态随着多种因素的改变而时刻处于发展变化中，其演变与创新是企业顺应经济发展、环境变化和产业升级变革的适应性活动。在当前全媒体数字化的大环境下，出版企业生产经营、企业形态和企业生态的一系列变化，出版产业秩序和利益格局的调整，都是出版业态演变的结果，是互联网时代出版产业发展变化的必然过程。除此之外，数字化环境还为传统的出版产业带来了新的供需关系，消费者的消费行为在数字技术的促进下呈现出新的趋势，主要表现在对消费体验的重视，对个性化消费的需求，对品牌 IP 的高度认可以及在消费过程中对环保等社会责任意识的提高。这也无疑加快了全媒体数字化融合出版的转型升级。

在全媒体传播体系出版深度融合的环境下，传统戏剧出版虽然完成了纸质出版物到音像出版物再到数字出版物的多次转变，但其本质只是传播载体发生了改变，其业态结构并未产生质变。因此，戏剧出版整体表现较为低迷。

除此之外，戏剧出版企业忽略了数字化时代对消费者需求的考量。对于戏剧而言，观众是其赖以生存的根基，因此消费者在使用戏剧类出版物时的感受对于业态的发展至关重要。在现代视听浪潮的冲击下，年轻群体逐渐成为传统戏剧受众中的主力军，在戏剧出版物的消费过程中更加注重是否能带来自我认同，是否具有互动性以及是否具有时代元素。同时受"粉丝经济"的影响，年轻一代消费者会在消费过程中更加认可大IP与偶像效应。从目前的戏剧出版市场表现来看，以上需求在当下的传统戏剧出版业态中较难统一满足。

对传统戏剧出版而言，戏剧舞台的演绎与其息息相关。千百年来，戏剧出版的赋能使戏剧表演及戏剧文化能够以文字的形式继承发扬，同时戏剧舞台也在反哺戏剧出版，使其内容更加丰富并且更有文化内涵。正因为如此，传统戏剧的舞台演绎与出版才能相辅相成，推动戏剧文化良性循环和发展。在疫情期间，多场线下演出不得不取消或无限期延后，影院以及剧场遭受了前所未有的打击，实体剧场经济也因此陷入了漫长的寒冬。而对于尚未完全摆脱路径依赖的戏剧出版来说，其内容产出以及宣传等经济效益都与剧场演出息息相关。因此，这也直接导致了戏剧出版的持续低迷。

由此可见，在全媒体融合环境下，同质化严重、内容创新性时代性不足、互动性较弱且营销方向模糊的传统戏剧出版业态较难满足当下受众对于戏剧出版物的消费需求。传统业态的创新与变革已展现出必行之势。

二 适时而生："云剧场"现象的初现

2022年4月，中共中央宣传部印发《关于推动出版深度融合发展的实施意见》（以下简称《意见》），围绕加快推动出版深度融合发展，构建数字时代新型出版传播体系，坚持系统推进与示范引领相结合的总体思路，对未来一个时期出版融合发展的目标、方向、路径、措施等作出全面部署。这标志着出版融合发展进程提高到一个新的高度，进入新的阶段。同时，这也为出版单位探索融合发展新模式、新业态、新领域提供了行动方向。《意见》的出台为全媒体时代戏剧出版的数字化进程赋予了政策指引，也为戏剧出版新业态的研发提出了新的要求。

"云剧场"，即以电子媒介和数字媒介为介质，以流媒体视频播放的形式，在互联网上进行的戏剧演出传播。2020年起，各式各样以"云剧场"形式为依托的作品进入大众视野。宏观上分析，这类作品大体可以分为三类：线上戏剧演绎展播、线上戏剧直播以及线上戏剧类知识课堂。

线上戏剧演绎展播包含实体剧场演出录像的在线放映以及演出影像制品的商业化放映。其表现形式通常为将原本作为内部研究资料用的实体舞台演绎视频资料公开，并在某一互联网平台展播，抑或是将拍摄的演出资料后期加工为制作相对精良的成品，通过与各大流媒体的合作进行商业化展播。

线上戏剧直播即在实体舞台上进行连续且完整的表演，通过多机位摄像机代替观众的双眼在互联网平台上进行实时呈现的"云剧场"形式。这类"云剧场"往往更加贴近传统剧场的观演模式，通过线上直播平台的弹幕功能为观众提供类似线下剧场中对剧情和戏剧内容进行讨论的空间。除此之外，这种线上直播型的"云剧场"还衍生出一种颠覆传统剧场的演绎形式。例如，《等待戈多2.0》这部舞台剧实现了从排练到线下演出全程无接触的模式，完全遵循"不碰面的制作策划""不见面的排演交流""不露面的观众观演"。通过线上会议平台，演员和观众可以实现横跨物理空间的交流，并且通过会议屏幕实现同一空间的相连。

有别于上述两种单纯满足观演需求形式的"云剧场"，戏剧类知识课堂则更加侧重于戏剧知识的科普以及对观众有关戏剧问题的解答。例如由武汉市委宣传部、武汉市教育局、武汉市文化和旅游局联合打造的2022年武汉市"戏曲进校园"线上戏剧类知识课堂，目前已推出了三季，通过"互联网+戏剧"的融合，实现讲解、演绎、学习为一体。这种线上云课堂，作为"云剧场"衍生出的分支，在其娱乐属性的本质上增添了教育属性，使中小学生更加深入、具体地了解传统戏剧。激发孩子兴趣的同时传递了传统文化知识，更有利于戏剧传承，延伸戏剧传播效果。

以上三种形式共同构建了"云剧场"这一戏剧行业新现象，不仅在疫情期间为产业赋予新的活力，同时凭借与先进技术结合而形成的强于现场的交互体验为观众营造出极具创新的观演模式。对于出版业态而言，"云剧场"的蓬勃发展无疑带来了新的探索与机遇。如何使其不成为特殊时期下的昙花一现，实现深度融合背景下戏剧出版新兴业态的发掘，还需对其本质进行深度的认识与剖析。

三 救亡图存:"云剧场"作为戏剧出版
新业态的要素分析

"云剧场"作为2020年新冠疫情背景下最受瞩目的行业现象,戏剧业界曾就延长其生命力和充分完善其组织架构展开激烈的讨论。与此同时,"云剧场"的蓬勃发展也给予了信息数字化时代戏剧出版业态全媒体融合发展一个可能的方向。若要深入对此问题进行探究,应对"云剧场"是否能够作为出版新业态进行深入研究从而作出阐释并对其进行定义。在此基础上,从研发、生产、营销三个方面对"云剧场"的出版产业结构进行细致的剖析。

(一)"云剧场"作为出版新业态的概念探究

"云剧场"虽然兴起的时间并不算久,但出版业界早在2010年就对与其类似的云出版有了相关研究并提出了概念。刘成勇认为,云出版是云计算技术应用于出版产业而产生的新的应用与服务,包括出版内容云、出版技术云、出版渠道云、出版服务云四层含义,共同形成云出版。[1] 康存辉等认为,云出版提供的是方便快捷的"一站式"服务,出版内容经编辑加工然后直接存储于云端;读者通过传播云工具可随时了解、触及、获取云出版物;出版商可通过云出版平台自主管理数字出版内容,并可面向市场自主经营。[2] 无论上述定义的分析更倾向于云出版的技术创新,还是服务模式的变革,总体上依旧属于数字出版的范畴,具备数字出版的基本特征,同时这些定义也完全符合规制化复制的出版本质属性。

从目前"云剧场"的各种形态分析可以发现,无论是《等待戈多2.0》的全过程线上编排,还是实体剧场话剧在线上平台上的录播演绎,抑或是戏剧课堂为用户提供的知识获取服务,都满足上述学者对云出版所下的定义。因此我们可以认为,"云剧场"即云出版在传统戏剧出版中发展衍生出的新形式,它的诞生是传统戏剧出版走向全媒体融合发展所

---

[1] 刘成勇:《关注"云出版"》,《出版参考》2010年第21期。
[2] 康存辉、操菊华:《基于长尾理论的云出版研究》,《中国报业》2012年第24期。

必然的产物。

(二)"云剧场"的研发业态分析

研发业态是产业链发展的基石,对业态发展的走向起着至关重要的作用。"云剧场"作为戏剧出版的新形式,其研发业态与传统出版基本一致,主要集中于选题策划活动与组稿的工作中。

选题策划活动一般包括信息梳理、选题设计和选题论证三个方面。在传统的戏剧出版工作中,信息梳理主要源于戏剧舞台曾经展演过的戏剧剧本,以及对戏剧表演艺术家和研究者的采访口述文稿。出版者在此基础上,根据当时政治及社会文化背景,综合戏剧的内容质量以及剧目或表演者的知名度,筛选和提炼出可用于出版的内容,并根据大众的消费品位及消费趋势进行选题设计。与此同时,通过选题论证优化,使戏剧出版物能最大限度实现文化传承与满足读者需求。在"云剧场"的选题策划活动中,则更加重视戏迷所带来的粉丝经济影响,以戏迷为中心对选题进行开发。所筛选的戏剧选段以及开发的策划创意,大多紧紧围绕近期较为热点且能带来流量的剧目,并且名角对于选题的作用也显著提升。在选题论证的角度上,着重对戏迷需求、经济效益、传统文化传承三方进行平衡和考虑。由此可见,在选题策划的流程上,"云剧场"与传统戏剧出版大致相同,主要差异在于互联网传播途径的特殊性。因此出版者在策划工作中更加重视戏迷网友的作用,由传统出版的编辑出版者主导转化为围绕戏迷消费习惯进行的选题策划工作。

组稿是实践并深化选题计划目标的过程。传统的戏剧出版在组稿工作中通常围绕某一剧目展开,文字剧本类出版物在选择作者时多以剧目编剧为主,戏剧评论类出版物在选作者时则更多看重其对原作的了解程度与研究高度。这种在组稿过程中的选择,更多考量了出版物与原剧目的关联程度,争取做到对原剧在舞台上呈现状态的最大限度还原。而在"云剧场"的组稿工作中,不仅需要作者根据数字平台的特性对原剧目进行还原和重现,同时更看重戏迷和观众在观剧时的二次创作。综上所述,在组稿中,内容上无论是传统戏剧出版物还是"云剧场",将剧目在不同介质上还原并呈现是其共同的目标。不同之处在于,传统戏剧出版物在组稿中更加侧重戏剧作为优秀传统文化的传承,而"云剧场"则更侧重于激发戏迷和观众对戏剧的讨论与关注,从而为传统戏剧的创新激发灵感。形式上,传统戏剧出版相对较为单一,或是以书稿呈现,或是以音像出版物呈现。"云剧场"业态基于互联网数字平台,则可以对剧目本身相关的资源进行整合。

从上述分析可见,"云剧场"研发业态的选题策划与组稿工作总体上是对观众在戏剧观演上的兴趣进行分析和把握,通过线上平台的相关功能引导观众进行二次创作,从而在互联网的海量资源中进行整合及重制的活动,本质上是传统戏剧出版研发业态在信息数字化时代借由互联网平台实现的演变。"云剧场"赋予戏剧出版在选题上更丰富的内容与呈现形式,使其在向观众投放时更具针对性。与此同时也使戏剧出版的选题具备更多创新性和趣味性,能够最大限度改善传统戏剧在传承过程中缺乏创新和受众单一的问题。在戏剧出版经营活动中,最大限度实现社会效益与经济效益的双结合。

(三)"云剧场"的生产业态分析

传统戏剧出版的生产业态主要集中在审稿和编校两部分。对于书稿和音像时代的戏剧出版物而言,审稿编校活动主要由编辑主导。在文本内容上,编辑会将工作重心集中于剧目本身和作者的创作上,大多数情况下极少会从消费者需求的角度出发对作品的审读和编校加以考量。"云剧场"生产业态下的审稿编校活动则更多参考了观众的意见,形成编辑、作者、观众三方共同进行生产活动的模式。这一背景下,编辑不仅可以在审稿编校的过程中通过互联网平台实时看到观众和戏迷对于戏剧作品的希望与需求;同时通过观众的反馈,作者还可以从中获得启发,借由"云剧场"的平台对新的戏剧内容生产形式进行探索与尝试。例如,同一剧目在"云剧场"平台进行直播展演的过程中,现场调度和演员的表演内容可以依据不同场次观众的实时互动进行调整。这种较为机动的形式不仅为剧目内容本身创造出更多可能性,同时也使观众在观演和体验过程中更具新鲜感。

在戏剧出版生产业态的形式方面,"云剧场"凭借现代技术的赋能,为戏剧出版准确寻找到了艺术与技术融合的最佳支点。对于传统戏剧出版物而言,产品形式单一,各产品间关联度较差,用户体验枯燥成为难以突破的壁垒。云剧场通过 5G、4K、8K、VR（虚拟现实）、AR（增强现实）、XR（扩展现实）、MEC（边缘计算）、FTTR（光纤到室）等技术的支撑，使编辑主体能够更加全面地提升观众的观赏体验效果。与此同时，在不同媒体质量标准以及全媒体多元化资源整合的运用之下，"云剧场"不仅仅是数字技术与演绎内容的简单拼接，更是将传统戏剧出版物的要素与价值进行重新排序，形成新供给并促进新需求，为观众创造出"1+1>2"的新时代戏剧观演体验。

（四）"云剧场"的营销业态分析

"云剧场"的营销业态是其产业链的最后一环，也是至关重要的一环。"云剧场"现象的兴起是特殊时期背景下，戏剧出版市场需求和营销策略演变的必然结果。对于传统戏剧出版的营销业态而言，通常践行着"出版社—代理商—消费者"的单向发行销售路径。这种营销业态并未对某一剧目的资源进行较为广泛的发掘与整合，同时较为单调的出版物表现形式也不利于调动消费者的消费热情。且大多数情况下，戏剧类书稿或音像出版物的制作成本较高，因此在营销业态的定价环节中，传统戏剧出版物难以达到消费者心中的价格预期，无形中提高了消费门槛。这也导致传统戏剧出版营销业态长期以来都处于不温不火的状态。在"云剧场"的营销业态中，观众订阅单一出版物的价格降低，更容易地实现了薄利多销，打破消费门槛的限制。而多媒介与多渠道的介入，使更多的营销主体参与到销售活动过程中。这一改变使得内容输出更加全面，也意味着消费者在进行"云剧场"相关项目消费的过程中，能够以相较于传统戏剧出版物更为低廉的价格享受到更多的增值服务。与此同时，"云剧场"在营销过程中更利于进行商业转化。营销过程中，出版商既可以从消费者对"云剧场"剧目的订阅中获利，也可以借由戏迷观众的互动提升账号主体的流量，使其在互联网平台更具价值。此外，"云剧场"的营销业态在发展过程中对线下渠道拓展也起到了积极作用。例如不同地方戏剧在"云剧场"的展演，通过全媒体传播平台，提供数字资源公共服务和宣传展示，有助于促进消费者"回流"剧院、景区、展览馆、博物馆等线下实体，形成线上线下交互体验的格局。近年来，随着"元宇宙"技术的不断发展升级，数字艺术藏品及艺术表演授权 IP 等也随之被充实在"云剧场"的营销业态中。基于区块链、大数据等技术的"云剧场",无疑全面扩大了戏剧出版的营销规模,同时使其经济效益获得显著提升。

产品推广是出版营销业态下极为关键的一部分。传统戏剧出版物在做宣传推广时,大多会选择在剧院等场合随剧目演出信息一同登载。虽体现出了产品与戏剧本身的关联度,但在这种情况下观众的关注点往往更多停留在演出的信息,推广被忽略的情况时有发生。除此之外,邀请名角进行代言和签售是较为有效的方式之一,可这两种方式总体效率以及推广的覆盖面相对还是较为局限和小众。"云剧场"业态下,出版者和发行方可以充分利用客户端(App)、小程序,向用户提供剧目的推广。这种推广模式不仅可以充分渗透进每个潜在消费者的生活中提高曝光度,还可以无形中增强用户黏性。在渠道方面,依托近几年短视频平台的异军突起,抖音、快手等App逐渐成为全年龄段喜闻乐见的日常娱乐方式。出版者在推广过程中可以针对剧目建立相关账号,发布主创者说等视频内容进行宣传和引流,在消费者娱乐过程中进行推广也可以相应削减消费者对于广告所固有的抵触心理。

通过以上分析,"云剧场"不仅解决了传统戏剧出版路径依赖的问题,同时创造出了以消费者消费心理为主导的研发业态,以高效技术和消费诉求为基础的生产业态,以及全媒体融合多平台渗透的营销业态等有别于传统出版模式的特征。因此"云剧场"现象的兴起不仅仅是疫情背景下的戏剧出版行业的昙花一现,在 Web 3.0 技术主导的时代,它正代表着戏剧出版的新兴业态不断进行可持续发展。

四 探赜索隐:内容为王时代"云剧场"业态发展策略浅析

如前文所述,"云剧场"作为深度融合背景下催生出的戏剧出版新业态,在特殊时代环境中,借由互联网平台为消费者提供了更为便利和包容的观剧体验。但经过三年的时间沉淀,"云剧场"当前的发展状态依旧不温不火。随着世卫组织宣布新冠疫情不再成为全球关注的卫生事件,实体剧场经济开始复苏,观众纷纷重新走入剧场,这也使消费者对"云剧场"的关注度逐渐降低。由此可见，虽然"云剧场"较实体剧场在观演形式上较为新颖，但在内容的产出方式、选段以及质量上大多是将经典传统戏剧进行照搬照用，同质化现象较为严重。优质内容向来是媒体在发展过程中最核心的竞争力。因此坚持内容为王、优化内容生产体系是"云剧场"在当前阶段的必行之路。

（一）做好"云剧场"企业内外资源整合，助力内容多元化发展

"云剧场"作为戏剧出版的新兴业态，其企业内部并未建构起较为完备的内容生产体系。以中国国家话剧院"云剧场"网站为例，目前平台上的七部作品内容均属线下演出的实录，其中缺乏相关出版机构对其进行编辑加工工作。作品内容未经专业人士的反复打磨，无法凸显"云剧场"戏剧内容的独特性和创新性。这导致在作品展映后，从内容上难以为观众带来新鲜感，且较难捕捉目标人群的核心需求。因此，充分整合渗透出版方内部资源是加强"云剧场"内容质量的首要工作。编辑方与发行方可以渗透进戏剧作者的创作工作中，同时尽可能整合作者的其他智力成果与社会资源，最大限度形成各方面的合力，力求摸索出适用于"云剧场"发展模式且符合"云剧场"市场运行逻辑的内容体系，全面提升作品的内容价值。

随着互联网的高速发展以及媒介环境的不断进化，"云剧场"剧目内容与形式的多样性成为观众在进行观演选择时的要点。英国国家剧院现场在疫情期间曾与中国发行方"新现场"等流媒体平台进行合作，通过"云剧场"的形式在线上限时展映了《一仆二主》《简爱》《欲望号街车》等优质作品。这种对国外"云剧场"优质资源的整合，不仅在当时一定程度上解决了国内"云剧场"内容同质化的问题，还能使观众产生耳目一新的观剧体验，大大提高"云剧场"的经济效益。与国外"云剧场"平台积极进行内容资源整合，也可以助力中国传统戏剧"走出去"，塑造文化自信、提高社会效益，实现"云剧场"的双效结合。

（二）扬弃"粉丝经济"助力"票友经济"，赋能"云剧场"高质量内容生产

"粉丝经济"，顾名思义是指通过增强用户黏性并以口碑营销形式获

取经济利益与社会效益。企业借助平台，通过某个兴趣点聚集朋友圈、粉丝圈，给粉丝用户提供多样化、个性化的商品和服务，最终转化成消费，实现盈利。IP和名人效应往往作为影响粉丝并助推"粉丝经济"形成的要素出现，粉丝在面对极度追捧的名人和IP时，通常会做出非理性的消费行为。对于"云剧场"的内容生产而言，紧紧抓住当下较火爆的IP，抑或是整合戏剧名家的作品，都可以一定程度上满足部分观众的核心需求，增强用户黏性。同时，由于名家和IP都拥有较多的原创作品储备，因此上述两个元素也可保证"云剧场"的内容产出源源不断。不仅如此，随着Web 2.0兴起的用户生产内容UGC（User Generated Content），也使粉丝可以更为系统地进行内容生产。UGC虽然极大程度上解决了"云剧场"剧目内容单一和同质化的问题，但其中大多围绕着粉丝自身喜好开展，参与只是生产程度较低。且相对而言内容质量参差不齐，使"云剧场"内容产出与消费逐渐向低水平发展。这不仅有悖于出版文化传承和知识生产目的，也不利于中国传统戏剧文化的发扬。

专业生产内容PGC（Professional Generated Content）的生产主体是有着专业学识和资质背景的用户，他们与UGC相同，都从自身爱好出发进行知识内容的生产。而这与戏剧行业中的"票友"，即会唱戏但不以演戏为生的爱好者概念相当。票友在观剧中往往具备相应的戏剧知识储备，其不仅是爱好者，更是戏剧行业的推动者。因而在"云剧场"的内容产出中，PGC不会以自身强烈的喜好为转移进行创作，对戏剧的评价也具有一定的客观性。同时，PGC借由自身的戏剧知识背景，可以为UGC产出的内容提供较为合理的修改及理论支撑。除此之外，PGC在进行"云剧场"观剧的过程中，通常会具备更敏锐的观察力，以此发掘当前剧目体系中的内容空缺并进行设想与填补，从而产生更丰富且高质量的原创作品内容。

对"粉丝经济"的扬弃以及"票友经济"的充分利用，不仅可以坚守出版工作的本分，还为"云剧场"快速适应市场环境、探索用户喜好、提高内容产量起到了至关重要的作用。

结　语

　　新冠疫情暴发之始，"云剧场"现象的出现使观众在无法进入剧场的情况下也能获得观看戏剧演绎的满足感，人们对深度融合背景下"云剧场"是否可以长足发展这一现实问题忧心忡忡。通过对中国传统戏剧出版特点和"云剧场"主要表现形式的探究，以及对其研发、生产、营销等业态的分析，可以判定在全媒体时代"云剧场"的确是中国戏剧出版的新兴业态。在这一新业态的发展当中，"云剧场"可以借由对票友的精准把握，达到增强用户黏性、扩大受众群体的目的，从而实现经济效益的提升。除此之外，"云剧场"基于互联网平台进行运营，这为 UGC 和 PGC 进行知识内容的生产建设了极为便利的通道。将 UGC 和 PGC 建设为结构合理的系统，着重发挥票友的引领作用，不仅有助于建构更完善的"云剧场"内容生产体系，同时为中国传统戏剧在内容和形式上的创新与传承提供了思路。由此可见，"云剧场"现象的诞生不仅是数字化时代戏剧出版业态创新的重要成果，更有助于出版产业的融合发展以及传统戏剧的保护与传承。

学术出版发展报告

王子娴　王艺霏[*]

摘　要：学术出版是学术出版者根据自身学科专业能力挖掘、整合学术成果，并依照学术共同体认同的原则、规范对学术成果文本进行编辑加工从而制作成学术出版物，进而按特定商业模式发行传播的专业出版行为。新兴技术的发展以及数字时代的来临使学术出版领域出现新的变革。本文使用文献分析法与案例分析法，从学术出版业态变革的分析出发，深入探讨目前学术出版领域的新动态、新特点与新现象。

关键词：学术出版；开放科学；学术评价体系

学术出版是学术出版者根据自身学科专业能力挖掘、整合学术成果，并依照学术共同体认同的原则、规范对学术成果文本进行编辑加工从而制作成学术出版物，进而按特定商业模式发行传播的专业出版行为。[①] 学术出版的高质量发展关系着物质文明、精神文明的进步和科学技术的发展。党的二十大报告提出，"高质量发展是全面建设社会主义现代化国家的首要任务"，强调要"坚持创新在我国现代化建设全局中的核心地位"。党的二十大以来，作为事关国家科技创新和文化强国战略支撑的保障事业，学术出版的发展受到了前所未有的重视。在各级党委和政府的积极部署下，在学界和业界的共同努力下，中国学术出版事业踏上了高质量

---

[*] 王子娴，博士，浙江大学博士后；王艺霏，浙江传媒学院新闻与传播学院硕士研究生。

[①] 谢曙光等：《学术出版研究——中国学术图书质量与学术出版能力评价》，社会科学文献出版社2018年版，第1页。

发展新旅程。

一 立足高质量发展时代要求，学术出版迎来新机遇

当前，中国已经处在新时代中国特色社会主义发展新的历史方位。立足高质量发展的时代要求，需要发挥学术出版的积极作用。数字时代的来临以及新兴技术的发展使学术出版领域出现新变革。在百年未有之大变局下，中国学术出版发展面临着新的机遇。

（一）顺应国家高质量发展战略，学术成果需求增加

2017年，党的十九大首次提出高质量发展。随着中国特色社会主义进入新时代，高质量发展成为时代大势。2022年，党的二十大明确提出，以中国式现代化全面推进中华民族伟大复兴；以互联网、大数据、云计算、人工智能和区块链为基本特征的数字技术把人类社会带入数字时代，高质量发展已成为举国上下的共识。面临世界百年未有之大变局以及中华民族实现第二个百年奋斗目标的历史交汇点，顺应国家高质量发展战略，时代对于创新性、前沿性知识有着巨大的需求，中国出版面临着新的机遇与使命。

加快构建中国特色哲学社会科学，归根结底是建构中国自主的知识体系。要以中国为观照、以时代为观照，立足中国实际，解决中国问题，不断推动中华优秀传统文化创造性转化、创新性发展，不断推进知识创新、理论创新、方法创新，使中国特色哲学社会科学真正屹立于世界学术之林。这为中国学术出版指明前进方向，提出可行路径，更意味着提高学术成果质量势在必行。

在时代需求与国家政策的背景下，国家加大对科研的重视与投入。关于学术研究的资金投入份额不断增加，为中国学术研究提供了有力支撑。政府制定了一系列政策文件和规划，支持科技创新与人才培养，为学者提供了优越的科研条件和经济支持。在此背景下，出版人如何顺应时代、抓住机会，出版丰富的学术成果，完善学术出版体系，帮助实现科技创新，是学术出版发展的重中之重。

(二) 数字时代下学术出版产业长足发展

传统学术出版行业在多年经验积累下形成了一套完整的行业运行规范和流程,但其生产力已经无法满足当今社会对学术研究成果的高需求。随着科技发展速度的不断加快,以5G、人工智能、大数据、区块链技术为代表的数字时代已经到来。中国科协等部委2019年启动实施"中国科技期刊卓越行动计划",提出"抓住数字化、智能化促进期刊出版变革的重大机遇,以数字化重构出版流程,推动融合发展"。在此背景下,学术出版业积极运用新兴技术重塑出版流程,提升学术出版效率与水平,重塑出版生态。

人工智能、算法、区块链技术为出版的各环节进行赋能。在选题策划方面,人工智能技术可以根据海量信息进行检索,分析预测出当下的研究热点与发展趋势。在稿件评审方面,人工智能与区块链技术可以防止论文学术不端等行为。在学术传播环节,学术期刊可以利用算法分析读者行为,精准推送其感兴趣的知识信息,同时短视频基于其在信息传播方面的极大优势,成为互联网上的主导性媒介。学术出版可以创新内容表现形式,进一步提高学术出版的传播效果,更好地适应互联网时代对知识传播的要求。例如,"机器智能研究"微信公众号在制作短视频时,坚持专业性与科普性相结合的原则,推出"90s解读AI"系列短视频,内容和场景符合大众审美,而脚本又兼顾专业性,其发布的短视频均取得了很好的传播效果,受到作者的一致好评。①

新技术与出版各环节的深度融合可以不断提升学术出版社的知识服务水平,丰富其产品形态,在降低生产成本的同时增强与读者的互动,实现出版产业流程的升级和再造,实现学术出版产业长足发展。

二 增强国际传播能力,推动学术出版高水平"走出去"

2003年,国家新闻出版管理部门把出版"走出去"作为全面建设中

---

① 欧梨成、张帆、陈培颖:《传播学视域下科技期刊短视频平台运营策略探析——以抖音、哔哩哔哩和微信视频号为例》,《中国科技期刊研究》2022年第1期。

国新闻出版业的五大战略之一。学术出版"走出去"是中国出版"走出去"的重要组成部分。不断深化学术出版"走出去",就要以学术出版讲好中国故事,提高学术著作翻译能力,加强文化交流,发挥学术出版融通中外、增进文明交流的桥梁作用。需要多元主体发挥其作用,使出版作品传播中国声音、中国理论、中国思想,提升中国学术引导力和国际话语权。

(一) 重视输出国读者需求,学术成果多语种多样化普及

在学术出版"走出去"的过程中,面对不同的受众,中国学术出版机构通过多语种出版来满足国外读者的需求,提高学术出版的传播效果。出版机构将重要的学术成果采用英语或其他国际通用语言进行出版,以便更广泛地传播和阅读。英文是国际交流的通用语言,英文期刊建设有利于增强中国期刊的国际传播力和影响力。截至2023年3月,中国精品学术期刊双语出版数据库已上线315种期刊,包含47758篇学术文章。通过双语出版推广学术期刊的研究成果,可以从期刊层面和文章层面遴选具有优势或者具有特色的内容,如中国中医药研究进展等,一方面有助于对外传播中国的研究成果,另一方面也有助于加强国内外研究人员的交流合作。[①] 目前,作为中国科技期刊卓越行动计划集群化试点项目建设单位,科学出版社的 SciEngine 科技期刊全流程出版平台目前已涵盖60种英文期刊,该平台对接国际主流期刊检索平台,提供精准推送与定制阅读、文献检索与学术发现、营销推广与学术服务。[②] 除了学术期刊双语出版,中国出版社也积极使用其他国际语言进行出版。例如,科学出版社出版和合作的科技期刊共522种,其中,中文期刊有249种,英文期刊有244种,中英文混合期刊有5种,法文期刊有24种,含7种英法双语期刊。[③] 此外,一些重要的学术期刊和会议论文集也以多语种形式出版,使

[①] 刘晶晶、李欣人、田宏:《中国式现代化语境下我国建设世界一流科技期刊的思考》,《中国科技期刊研究》2023年第9期。

[②] 黄延红、侯修洲:《科技期刊全流程数字出版平台的构建》,《中国科技期刊研究》2020年第1期。

[③] 梁永霞、李翠霞:《造船出海,打造中国学术品牌期刊集群平台——黄延红博士访谈录》,《中国科技期刊研究》2022年第7期。

国外读者能够更便捷地获得中国最新的学术成果。

在学术图书方面，2023年大象出版社与国际知名学术出版机构施普林格·自然集团签订了"中国汉学研究史论丛书"中英文同步出版协议，打破"先出书、后输出"的传统，实现中英文同步出版。该丛书涉及对16个国家和地区汉学研究的总结，计划2025年同步推出中、英文版。双语出版有利于让世界对中国故事有更深的了解，是讲好中国故事的有益尝试。

（二）调动多元主体积极性，实现国际出版持续发展

学术出版的国际化发展，政府机构的作用不可忽视。中国政府通过制定具体的纲领文件和财政拨款支持学术出版国际化发展。中华学术外译项目重点支持有关中华文化和中国精神学术著作的对外传播，深化中外学术交流和对话，促进中外文明交流互鉴。[①]

出版社是学术出版的运营者，承担着学术出版的策划、统筹和内部管理的职责。2023年，施普林格·自然与中国外语教学与研究出版社举行了《中国文明的演进》视频书签约仪式。同时，该书在施普林格·自然的数字内容平台SpringerLink上线。这使中国内容实现多元化传播，不仅为全球研究中国文化的学者和读者提供宝贵学术资源，也是"中国内容、国际表达"的创新尝试。此外，外研社和施普林格·自然2012年启动"中华学术文库"项目，积极聘请海内外学术界、文化界知名学者组成学术委员会，遴选国外读者感兴趣的中华学术精品，并展开全流程合作，推动中国学术经典"走出去"。西南交通大学出版社依托学校在轨道交通科研领域的独特优势，瞄准中国轨道交通出版高地的发展目标，以中国高铁"走出去"为契机，坚持讲好中国故事、传播中华文化、推动文明互鉴，与欧美、东南亚、中东等国家和地区的出版机构密切合作，先后实施了70余个项目、十余个语种的"走出去""引进来"版权合作，取得了丰硕成果。

编辑队伍是学术出版传播与服务工作的组织主体，是学术出版建设

---

① 周蔚华、熊小明：《党的十八大以来的学术出版：回顾与展望》，《现代出版》2023年第5期。

的核心资源。学术出版"走出去"需要了解全球学术出版的学术规范和市场规则、熟悉中国发展实际、了解国际学术前沿、热心讲好中国故事的复合型人才。为了培育高素质专业的办刊人才，建立高水平办刊人才队伍，自2011年起，科学出版社连续举办12期"中科期刊主编国际化出版业务培训班"；自2013年起，《中国科学》杂志社大力引进具有海外留学或科研背景的编辑，制定"英文刊提升学术影响力专项奖励办法"，编辑的国际化学术交流能力大幅提升。①

国家对专业化人才队伍的重视也不断增强。2020年设立了"中国科技期刊卓越行动计划"，选育高水平办刊人才子项目——青年人才支持项目。中国高校科技期刊研究会与泰勒—弗朗西斯出版集团联合举办了"学术出版卓越系列"培训，针对学术出版中的新刊创建、基金政策、伦理道德、开放获取等问题进行讨论并讲解，以此开阔学员的国际化视野，创新学员的学术办刊理念，提升学员的专业能力。

（三）提高学术著作翻译能力，提升海外推广效果

学术译著的出版在推进中国学术建设、促进优秀文化传播与思想对话等方面起着十分重要的作用。随着"一带一路"倡议以及"亚洲经典著作互译计划"的提出，中国学术出版机构积极响应国家战略，提高学术著作的翻译能力和水平。

学术著作不同于文学作品，具有专业性、科学性、严谨性，需要译者忠于原文，用语准确，表达通顺地道，在翻译策略上应尽量采取直译的方式，并兼顾国外读者的阅读习惯，注重翻译文字的易读性、内容的趣味性、层次的条理性与清晰性。译稿质量关乎学术思想的传播效果，学术著作都应进行全文审稿，对译文进行把关，以免出现有悖于原意甚至是意识形态问题。在中俄著作互译项目的支持下，成立不久的社会科学文献出版社俄罗斯分社陆续出版了《电子政务发展之路》《海洋中国：挑战与对策》等俄文版著作，对促进中国学术成果和学术话语主动进入俄罗斯主流话语体系、全面介绍中国发展现状起到积极作用。此外，"走出去"地域应该有所转变。从原先侧重于欧美国家，逐步发展到与共建

---

① 彭斌：《科学出版社科技期刊改革与发展实践》，《中国科技期刊研究》2020年第10期。

"一带一路"国家和地区并重。在推动当地学术水平发展的同时，把中国的优秀学术成果带向全球。

（四）全球化趋势下学术互动合作日趋密切

全球化背景下，世界需要更准确、更真实地了解中国发展与中国实际。学术出版作为新时代中国国际传播能力建设的主力军，应提升国际出版能力，在扩大与国际出版界交流合作的同时借鉴其经验，担当起沟通中国与世界的责任。现当代的中国学术成果在海外的传播与接受正处于探索深化、日趋繁荣阶段。从数量上看，截至2023年6月，Scopus数据库共收录中国期刊1140种，5年复合增长率为9.5%。中国期刊量在Scopus数据库中的占比由2.9%上升至4.1%，二级学科覆盖从209个提升至277个。从质量上看，中国期刊的CiteScore均值由1.84增长至3.94。2021年，全球15个国家发表论文超过5万篇。中国作者发表论文数位列第一，中国SCI期刊发表论文数位列第五，中国SCI期刊发表论文的引文影响力和学科规范化的引文影响力均位列第一。2021年，中国SCI期刊发表论文的引文影响力为3.56（2020年为2.82），中国作者发表论文的引文影响力为3.04，两者均高于同期全球发表论文的引文影响力。[1]

此外，中国还积极开展多元交流对话，组织举办国际性学术交流会议，对学术前沿热点话题进行讨论。2018年，中国科协年会设置了"世界科技期刊论坛"，联合国教科文组织、国际科学理事会、世界工程组织联合会都曾作为论坛的支持单位。这一国际学术会议成为中国科技期刊与世界科技期刊交流的重要窗口，搭建了与世界同行对话的平台。[2] 中国激光杂志社通过与国外出版社合作，积累了丰富的出版经验：《高功率激光科学与工程》（*High Power Laser Science and Engineering*）使用自有出版平台与国外出版社共同作为出版商，以"造船出海"和"借船出海"相结合的模式完成自有出版平台建设；即将推出的第5本

---

[1]《中国科技期刊发展蓝皮书（2022）》编写组：《〈中国科技期刊发展蓝皮书（2022）——数字经济时代的学术出版与交流平台专题〉内容简介》，《中国科技期刊研究》2023年第7期。

[2] 刘晶晶、李欣人、田宏：《中国式现代化语境下我国建设世界一流科技期刊的思考》，《中国科技期刊研究》2023年第9期。

英文期刊——*Photonics Insights* 将采用完全自主出版的模式。① 中国学术期刊的国际化进程逐渐加快，促进中外学术交流，加强国际出版合作已经成为中外学术出版发展的大趋势。

三 坚持出版导向，推动学术出版高质量发展

学术出版是文化传承、思想传播、知识创新的重要阵地，是衡量出版业发展质量和水平的重要标志，也是一个国家文化软实力和创新能力的重要体现。近年来，出版界与党和国家各项事业同向同步，着力推动学术出版做大做强，在构建具有中国特色、中国风格、中国气派的学科体系、学术体系、话语体系等方面发挥着越来越重要的作用。做好学术出版应始终坚持正确的政治方向、学术导向和价值取向，应紧紧围绕党和国家大局开展工作，积极推动中国自主知识体系建设，着力提高运用新技术服务学术出版的能力。

党的十八大以来，中央先后出台了《关于加快构建中国特色哲学社会科学的意见》等文件，对中国的哲学社会科学工作进行全面部署，明确提出要坚持马克思主义在哲学社会科学领域的指导地位，加快构建中国特色哲学社会科学学科体系、学术体系、话语体系。2019年8月，中国科学技术协会、中宣部、教育部、科技部联合印发《关于深化改革培育世界一流科技期刊的意见》。2021年6月，中宣部、教育部、科技部联合印发《关于推动学术期刊繁荣发展的意见》。学术期刊是开展学术研究交流的重要平台，是传播思想文化的重要阵地，是促进理论创新和科技进步的重要力量；科技期刊要围绕创新型国家和科技强国建设任务，聚焦国家重大战略需求，服务经济社会发展主战场。服务国家科技创新和经济社会发展需求，是中文科技期刊的基本定位。②

在学术出版实践中，一是要坚持出版的党性原则和人民性原则，以

---

① 颜永松等：《中国 SCI 期刊发展现状及与出版平台合作建议》，《中国科技期刊研究》2022 年第 1 期。

② 初景利、王译晗：《中文科技期刊的定位与作用再认识》，《中国科技期刊研究》2022 年第 1 期。

人民为中心，切身体会人民所想，维护人民群众的根本利益。《中国药业》在提供医药科技学术支持的同时，传递群众声音，积极做好政企沟通。该期刊联合医药界各专业团体主办"'建言使命'重庆市医药界人大代表政协委员座谈会"，根据群众意见以及相关提案，邀请专家学者建言献策，归纳整理后交给相关部门进行参考。这些意见均被有效采纳。[1]

二是要坚持以问题为导向的思维方法，从中国实际出发，解决中国问题。《中国科学院院刊》站在国家层面与立场上，在选题策划方面关注社会热点，注重学术导向。其聚焦于国家战略、中国科学院战略部署、科学共同体的共同关切3个层面的科学问题，通过大量的调研与研讨，结合经济社会的难点和热点，以科技创新引领全面创新，持续提供高质量的科技政策，服务经济社会发展。[2]《空间科学与技术》（*Space: Science&Technology*）面向国家重大需求，积极报道国家重点科技项目的创新成果。针对"嫦娥五号"探测器、"天问一号"探测器、"天宫"空间站等国家重大航天项目，有规划地组织相关专刊，邀请专家撰写文章，以高水平英文学术论文的形式分享中国空间技术领域的前瞻性、创新性研究成果。[3]

四 顺应开放科学趋势，提升学术成果价值

当代科学强调从私密科学向公开科学转变，其知识生产活动成为一个多层次、多主体的生产网络体系，"开放科学"理念已经成为社会共识。党的二十大以来，党中央始终把科技创新放在国家发展全局的核心位置。目前，中国的科学发展已经跻身世界前列，倡导并推动开放科学，有利于打破西方国家壁垒，构建国际科学新格局，推动构建人类命运共同体。在开放科学的背景下，从科学知识的开放访问到学术成果的研

---

[1] 滕春燕等：《医药科技期刊转型升级与产业发展的路径与实践——以〈中国药业〉杂志为例》，《中国科技期刊研究》2023年第12期。

[2] 张帆等：《推动媒体融合纵深发展践行智库期刊使命担当——以〈中国科学院院刊〉开办"智库战'疫'"栏目为例》，《中国科技期刊研究》2020年第6期。

[3] 李立等：《"四个面向"战略下中国科技期刊内容质量提升实践现状与对策建议》，《中国科技期刊研究》2023年第11期。

评估都备受关注。

（一）构建学术期刊和图书开放模式，重视开放学术资源发展

2002年，《布达佩斯开放获取先导计划》正式提出"开放获取"（Open Access）这一理念，开放获取模式为全球学术研究资源获取指明了方向，也极大影响着全球学术出版，特别是学术期刊的走势。

2003年，"中国科技论文在线"学术交流平台的创建意味着中国开放获取运动的开始。《中国开放获取出版发展报告（2022）》显示，2011—2021年，中国作者每年发表的国际论文中，开放获取论文的数量从2.5万余篇增长到23.8万余篇，占比从15.8%增至37.8%，年均增长率为25.2%。中国科技界、期刊出版界已经深度融入全球开放科学实践，中国科技论文开放出版和期刊开放转型已取得巨大进展。基于WoS统计，2011—2021年，中国科研人员共发表论文3819228篇，其中开放获取论文1182163篇，占总数的31.0%。[1]调研数据显示，截至2022年5月17日，中国开放获取期刊共有1810种，占中国科技期刊总数的36.47%。中国的开放获取期刊可以分为金色开放获取、青铜开放获取、绿色开放获取以及订阅模式。2011—2021年，中国开放获取论文占比不断提升，增速快于发文整体水平，其中金色开放获取论文的增长最为突出。[2]

除了学术论文的开放获取出版，中国的数据期刊、开放资源平台、开放获取国际合作情况也获得了长足发展。近年来中国先后创办了《全球变化数据学报》《地球大数据》《数据智能》等专业数据期刊。同时，不断有学术期刊开设"数据论文"栏目，积极开展数据出版实践，如《大气科学进展》《化工学报》等。2020年中国科学技术信息研究所创建了国家科技期刊平台，截至2023年12月底，该平台收录期刊1377种，收录论文超890万篇。中国还积极参与国际合作交流，2018—2022年中国科协共举办5届世界科技期刊论坛，为学术交流搭建平台，并对开放

---

[1] 中国科学技术协会、国际科学、技术与医学出版商协会联合编写：《中国开放获取出版发展报告（2022）》，科学出版社2023年版，第28页。

[2] 中国科学技术协会、国际科学、技术与医学出版商协会联合编写：《中国开放获取出版发展报告（2022）》，科学出版社2023年版，第28页。

获取等问题进行深度研讨。

(二) 丰富多元评价方式，构建学术评价体系

当下中国科研投入不断增加，学术出版数字化转型，学术成果数量迅速增加。在这一背景下，从中甄选出客观、全面、学术价值高、具有创新性的优秀学术成果极为重要。同时，大数据时代的到来使传统学术评价方式正在受到前所未有的挑战。因此，针对学术期刊与学术图书，要建立一套科学可行的评价体系，从而取得客观性强、认可度高的评价结果。

对于控制期刊的学术质量、规范学者的学术行为，同行评议机制是重要方式之一。2002年9月，教育部发布《关于加强和改进高等学校哲学社会科学学报工作的意见》，提出"有条件的学报，可以逐步实行同行专家的双向匿名审稿制度，切实保证审稿的科学性和公正性"。由此，同行评议在中国高校学术期刊界得到广泛推广。目前，中国绝大多数期刊的同行评议采取期刊内部自行选择或邀请同行专家、专家评议意见仅对编辑部和作者可见、同行评议专家匿名等方式，主要形式分为单盲评审和双盲评审。[①] 自2014年起，由中国心理学会和中国科学院心理研究所主办的《心理学报》在每篇发表的文章后面加上了"审稿意见链接"，通过这个链接或刊物网站可以看到3位审稿人的3轮审稿意见和作者的回应，短则几千字，长则几万字，态度认真，行文严谨，令人称道。

关于学术期刊以及对期刊论文的评价，国内国外都已经形成较为成熟的评价体系和评价方法，而图书评价研究的发展则较为迟缓。近年来，这一情况已经开始得到改变，有不少学者开始关注学术图书影响力评价的相关方法，采用同行评议、引文分析和替代计量学的方法对学术图书质量进行评价。

学术图书同行评议主要针对学术图书的理论系统性、研究逻辑性、方法科学性等方面的表现进行评价，同时对学术图书的成果价值作出判定。一些现有的同行评议的评价结果不仅包含同行对图书的声誉评价，

---

① 孟美任、张晓林：《中国科技期刊引入开放同行评议机制的思考与建议》，《中国科技期刊研究》2019年第2期。

也包含对图书的学术水平和影响力的全方位评价，例如学术图书的各类获奖数据、学术书评数据、获得各类基金资助数据等。

除采用同行评议以外，引文分析的方法也是国内对学术图书评价的一种方式。学术图书文献计量可以设置有关学术影响力的指标，不仅重视传统文献计量指标，还顺应信息时代科学传播和交流的特点，关注基于社会网络分析技术的网络计量指标以及社交媒体的大数据资源等，全面地反映学术传播交流生态系统的运行状况和学术图书的影响力状况。目前，中国典型的支持文献图书引文分析评价的工具有两种学术图书评价数据平台。南京大学研发了中文学术图书引文索引（CBKCI），依托学科专家对图书的内容质量、原创性进行评价，并利用引文分析、获奖情况、基金资助、图书馆藏等信息综合分析学术图书的质量与影响力，进而遴选出高水平学术专著。另外，中国知网也建立了《中国图书引证统计分析数据库》，对图书历年被引情况进行可视化分析，具体可以查看图书每一部分的被引频次及其引证片段；同时清晰列出该书出版单位、出版地、学科等信息，并组合这些条件来得到更详细的统计结果，为图书的学术影响力评价提供客观的数据支持。

替代计量学（Altmetrics）方法在大数据技术兴起、开放获取普及的背景下产生。但是，当前基于 Altmetrics 的学术成果评价研究仍处于起步探索阶段且多基于论文层面，利用相关指标对学术图书特别是中文学术图书进行评价的研究成果还非常少。林晓华运用 Altmetrics 指标，对 Springer 电子图书开展实例分析，设计了一套内容丰富、全面有效的价值指标。[1] 李明等基于 Altmetrics 提出了中文学术图书评价体系基本模型，并对当前 Altmetrics 在中文图书评价领域实践应用中亟待突破的难点问题进行了归纳总结，值得学术出版相关从业者在此基础上进行深度思考。[2]

---

[1] 林晓华：《基于 Altmetrics 工具的电子图书学术影响力评价体系构建——以 Springer 电子图书为例》，《出版发行研究》2016 年第 4 期。

[2] 李明、陈铭：《中文学术图书 Altmetrics 评价优势、体系及难点分析》，《西南民族大学学报》（人文社科版）2019 年第 2 期。

五　加大学术出版研发投入，变革学术出版生产模式与产品形态

2022年，中共中央办公厅、国务院办公厅印发了《关于推进实施国家文化数字化战略的意见》，该意见是国家积极应对互联网快速发展给文化建设带来的机遇和挑战，从建设社会主义文化强国、厚植数字时代文化自信的高度，对国家文化数字化作出的战略部署。在数字技术快速革新的浪潮下，学术出版领域发生了巨大改变，推进学术出版数字化转型成为重中之重。如何加快互联网、大数据、云计算、区块链、人工智能尤其是ChatGPT等前沿技术在学术出版中的运用，已经成为学术出版领域发展的重要问题。

（一）注入新兴技术，重构学术生产机制与出版模式

2023年，数传集团通过AIGC（人工智能生成内容）技术，从组稿、策划、编校、读者服务等各个环节提供更加优质的服务。截至目前，数传集团已经为全国出版业搭建五百多个平台，每年服务超过2.2亿用户，实现营收超过40亿元。科学技术的发展会给出版产业包括内容生产、流程再造、知识服务等带来更多的可能性。

在论文发表前，学术期刊可以通过数字化平台，进行信息检索及信息过滤，了解学术研究的前沿和热点问题以及社会问题。AMiner等工具可以反馈领域专家团队列表，辅助编辑制订选题和约稿计划。在论文发表中，可以利用自主服务平台及专业学术出版机构，学术期刊对学术不端行为的识别更为智能和有效。人工智能技术还可以对稿件内容包括论文结构等进行评审或者对论文格式进行检查。UNSILO平台的技术检查功能可以检查论文是否完善并符合期刊的规范。SciOpen作为清华大学出版社自主研发、拥有自主知识产权的科技期刊国际化数字出版平台，在数据核查过程中，可以帮助编辑部发现参考文献错乱、正文标题序号重复、乱码等问题，以此提高论文严谨度与文章质量。[1] 此外，通过线上线下多

---

[1] 赵琳、孟瑶、葛浩楠：《科技期刊数字出版平台SciOpen功能实践研究》，《中国科技期刊研究》2023年第12期。

种渠道和媒介，目标受众可以方便掌握论文的审稿进度，并且随时与编辑部进行交流互动。一旦论文确定录用，借助录用通知生成系统，目标受众可在学术期刊的网站和稿件处理系统中自助打印录用通知。在论文发表后，学术期刊可以利用新兴技术尽可能地丰富传播方式，拓宽传播渠道，从而实现有效传播。随着算法推荐等科学技术快速发展，学术期刊可以运用内容推荐算法等方式，搜寻到用户关注过和喜欢的内容，通过差别化的服务，满足用户对知识的个性化需求，从"千人一面"的服务模式转变成"千人千面"的定制化服务模式。例如，SciOpen 平台可以通过分析用户阅读历史记录，为读者提供个性化的论文推荐服务，改善用户的阅读体验，提高知识传播的效果。

2017 年颁布的《新一代人工智能发展规划》中提出，到 2020 年，中国人工智能技术与世界先进水平同步；到 2030 年，中国将成为世界主要人工智能创新中心。这一规划为学术期刊人工智能技术的引入指明了方向。未来，学术出版将向大数据驱动的知识学习、跨媒体协同处理以及知识计算等方面进一步发展。

（二）借助区块链技术，巩固版权屏障

区块链技术具有"去中心化""不可篡改""公开透明"等优势。学术出版的数字化使海量学术内容能够在更短时间内在互联网上被便利地获取，极大地促进了学术资源的传播和最大化利用，但同时也为学术成果的版权保护以及科研不端行为的治理带来了挑战。在大数据时代，传统版权制度所确立的利益观和价值观受到冲击，导致版权争议和纠纷增多，版权保护更加困难。借助区块链技术，可以有效加强学术出版的版权保护。

由于联盟链的运营成本低、数据存储传输安全性高且信息可追溯性较强，学术期刊可以借助联盟链建立学术平台，开发写作流程记录功能。学者可在此平台上进行创作，期刊编辑亦可查看其科研步骤。此外，借助哈希算法，即使版权流转次数很多，新的授权信息所产生的区块会包含明显不同的哈希字符串，并链接到对应的主链上。该过程真实、可追

溯，维权过程简便。①

不同于现有数字出版，区块链技术可以通过账本功能为每一份出版内容加盖唯一的不可篡改的数字化证明，被证明的内容可以是文字、图片、公式等任何形式。② 在学术成果的传播和分享过程中，基于区块链的应用平台能够跟踪内容的在线使用情况，一旦被使用，便可通过账本信息，快速追溯并告知内容的原始创作者，为知识产权纠纷提供权威的举证凭据，任何剽窃都会被快速发现。学术出版业可借鉴当前在东南亚最具影响力的区块链资产交易平台 MBAex 的做法：版权人首先向买方发行哈希通证，买方与平台间的每笔数字资产交易均会被记录在哈希通证中，这就给学术期刊摆脱目前过度依赖数字出版商的商业模式改革带来了希望。国内的版权家、百度超级链、阿里区块链等项目也提供了基于区块链的版权交易服务。③

（三）运用可视化技术，丰富学术信息的呈现形式

以数字技术为手段、互联网为媒介的新媒体正在逐渐深入并改变着学术期刊的出版形式与学术信息的呈现形式。在数字化技术经历从 Web 1.0 到 Web 3.0 演变的同时，学术出版也从传统纸质出版变为多维数字化出版。其中元宇宙作为数字时代的产物，集成移动通信、大数据、虚拟化、智能存储、区块链等多种技术形态，凭借跨媒介属性整合视频、音频、动画以及图片等元素，使学术知识进行多维度呈现。虚拟现实（VR）、增强现实（AR）、混合现实（MR）等交互技术可以融合现实与虚拟空间，为知识的加工与呈现进行赋能，以此形成更为精准化、场景化的知识生产体系与多样化呈现方式，推动着学术出版数字化转型。

虚拟电子杂志《中华心脏病学视频杂志》在学术论文中嵌入视频、音频以及动画演示，增强可视化的呈现效果，从而以更快的传播速度、

---

① 刘一鸣、蒋欣羽：《区块链技术在学术版权中的应用研究》，《出版广角》2019 年第 9 期。

② 陈晓峰、云昭洁：《区块链在学术出版领域的创新应用及展望》，《情报工程》2017 年第 2 期。

③ 张小强、曹馨予：《区块链技术赋能学术期刊深度融合发展的模式与路径研究》，《中国科技期刊研究》2022 年第 8 期。

更大的信息量、更便捷的阅读方式方便用户直观理解研究成果。① 《创伤与急诊电子杂志》通过 VR 和 AR 技术设置场景，全面调动用户的触觉、视觉、听觉等感官，使用户置身虚实相间的阅读场景，以第一视角学习观摩手术过程，产生强烈的现实感。② 科普期刊《航空知识》应用虚拟现实技术使期刊部分内容实现了"初级沉浸"体验，并且该期刊已形成涵盖图文、短视频、中视频和直播等形式内容的全媒体矩阵。③

六　结语

在党中央的领导下，中国学术出版实现了历史性、系统性、整体性的巨大变化。面对当今世界百年未有之大变局，中国学术出版产业更应做出转变，在顺应时代变化与发展的同时走出符合中国国情、具有中国特色的学术发展道路。政府部门积极支持学术出版业，在出版发展、交流与合作方面作出重要明确指示。在政策的带动下，学术出版业呈现出欣欣向荣的发展态势，在产品形态、交流合作等方面取得了积极进展。此外，新型学术评价方式与开放模式在提升学术质量的同时加快学术成果的共享交流，为建立和完善中国特色学术体系打下坚实基础。在未来的学术出版工作中，中国需坚持马克思主义主导地位、深入学习贯彻习近平新时代中国特色社会主义思想，繁荣学术出版产业发展，进一步开拓中国特色学术出版道路。

---

① 潘雪、张海生、果磊：《科技期刊智能出版的发展前景、现实困境与推进策略》，《编辑学报》2022 年第 4 期。
② 陈研等：《献礼人民卫生出版社建社 65 周年：医学类电子期刊应用 5G 技术推动医学教育发展的办刊新模式思考》，《创伤与急诊电子杂志》2018 年第 2 期。
③ 赖莉飞：《学术期刊嵌入元宇宙空间的价值、反思及对策》，《中国科技期刊研究》2023 年第 10 期。

国际篇

"一带一路"国际出版报告

杨海平　冯明会　陈月梅[*]

摘　要："一带一路"倡议提出十年来，中国国际出版的发展取得突出成就。在国家政策的有力支持下，更多的出版机构发挥自身优势，投入以"丝路书香出版工程"为代表的重点工程和计划，为中国经典作品、少儿作品、学术作品等的国际出版推广作出贡献，与共建"一带一路"国家的出版合作显著提升。随着合作的增多，以及出版业对新兴技术的应用推广，如何应对恶化的出版环境、出版市场区域化与市场化增强、文化折扣现象频出、文化产品贸易壁垒日益凸显等成为当前"一带一路"国际出版亟待解决的问题。只有不断深化国际交流、扩大数字出版的范围、政府与企业协同主导推进等才能为"一带一路"国际出版的长期可持续发展提供动能，建设出版强国。

关键词："一带一路"；"丝路书香出版工程"；合作机制；数字出版；国际出版

2023年是"一带一路"倡议提出十周年，十年来，各方携手同行，共同推动"一带一路"国际合作从无到有，从硬联通扩展到软联通，为国际经济合作打造新平台，绘就了联结世界、美美与共的壮阔画卷。截至2023年10月，在"一带一路"倡议下，中国国际出版合作已从亚欧大陆延伸到非洲和拉美地区，覆盖150多个国家，与65个国家标准化机

---

[*] 杨海平，南京大学信息管理学院教授、博士生导师；冯明会，南京大学信息管理学院硕士研究生；陈月梅，南京大学信息管理学院硕士研究生。

构和国际组织签署了107份标准化合作协议，开展了3000多个务实项目，拉动近1万亿美元的投资，有效促进了睦邻友好、绿色高质量发展、人类命运共同体建设。

十年来，中国出版界与共建"一带一路"国家和地区开展了广泛深入的合作，取得了丰硕的成果，搭建起了世界互联互通的桥梁，推动了中国和世界合作共赢、共同发展，赢得了国际社会的广泛赞誉。《"一带一路"国际出版合作发展报告》显示，2016—2021年，中国与共建"一带一路"国家签订版权贸易协议增幅达167%，"丝路书香出版工程"从2015年至今共资助近3000个项目，版权输出到80多个国家和地区。[①] 中国与共建"一带一路"国家的出版合作已建立牢固基础，并沿着提质增效的轨道稳步前进。然而挑战仍然存在，国际形势剧烈变化、出版环境恶化明显、出版市场区域化、政治倾向增强、文化折扣现象频出、文化产品贸易壁垒日益凸显等。未来，深化国际交流，整合纸质与数字媒体，以数字化为核心以及政府引导与企业主导协同推进等将是关键，以确保"一带一路"国际出版的长期可持续发展，为建设出版强国贡献力量。

一 "一带一路"国际出版发展历程和现状

"一带一路"国际出版是指在"一带一路"框架下，中国与共建"一带一路"国家和地区在出版领域开展的国际合作与交流活动。这种合作包括但不限于版权贸易、联合出版、知识共享、文化交流、技术合作等方面，其目的在于促进中国与共建"一带一路"国家和地区之间的知识交流与文化互鉴，加强人民之间的相互了解和友好关系，推动共建"一带一路"下的文化繁荣和发展。通过这样的国际出版合作，旨在构建开放包容、互学互鉴的世界出版体系，促进全球出版业的共同发展和繁荣。

从国家统计局发布的中国2013—2022年图书版权引进和输出相关情况可知，中国图书版权引进和输出呈现出明显的阶段变化。2013—2015年，中国图书版权输出有所增加，而版权引进则略有下降。2016—2019年，中国在图书版权引进和输出方面都实现了显著增长。2020—2022年，受新冠

---

① 《"一带一路"国际出版合作取得新成果》，《出版参考》2023年第3期。

疫情影响，中国图书版权贸易则呈现出明显下降趋势。

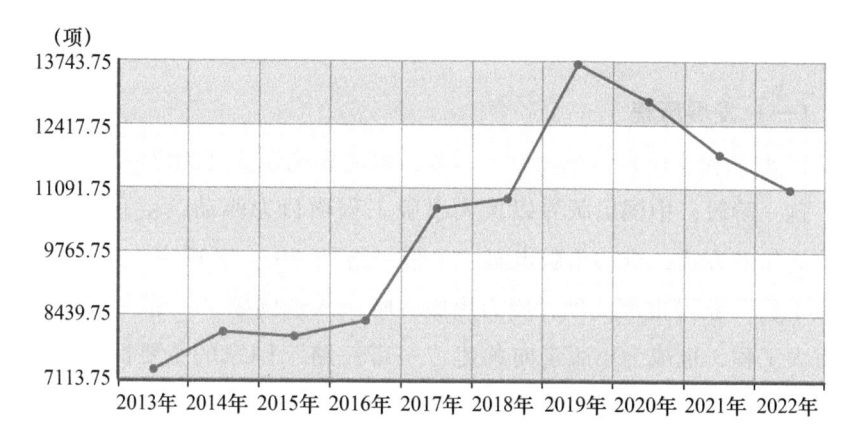

图 1　中国 2013—2022 年输出图书版权情况

资料来源：国家统计局网站。

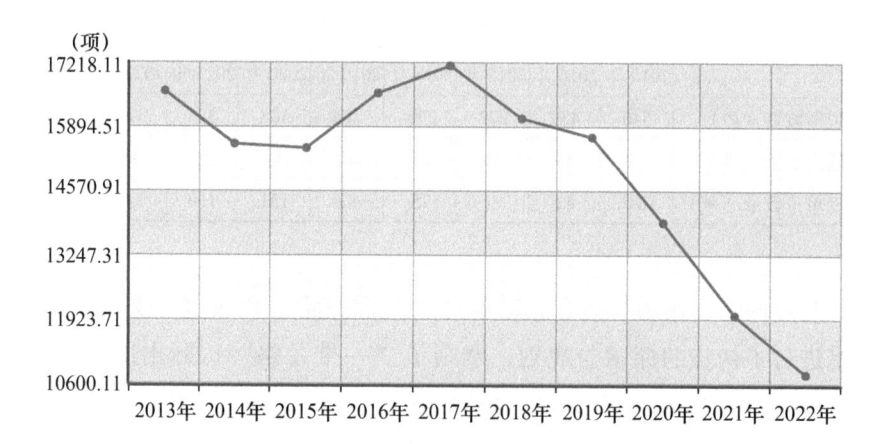

图 2　中国 2013—2022 年引进图书版权情况

资料来源：国家统计局网站。

中国与共建"一带一路"国家和地区之间的出版合作经历了三个阶段：2013—2015 年为初始探索阶段，2016—2019 年为蓬勃发展阶段，2020 年至今进入提质增效阶段。[①] 十年间，"一带一路"出版合作与共建

---

① 王啸洋：《"一带一路"倡议背景下跨文化出版实践与提升策略》，《中国出版》2023 年第 15 期。

"一带一路"的步伐保持同频同向，从全面铺开到层层推进，取得一系列显著成绩和效果，并逐渐步入良性发展的轨道。

（一）发展历程

1. 初始探索阶段：酝酿重大工程，制定宏观方案（2013—2015年）

这一阶段，中国出版界以重大出版工程项目为驱动，企业主体、市场化运作的方式，推动出版走向"一带一路"。2014年12月，"丝路书香出版工程"获得批准立项，成为出版界唯一入选国家"一带一路"建设的重大工程，也成为出版走向共建"一带一路"国家的主要抓手。截至2022年，"丝路书香出版工程"共计资助196家国内出版发行机构，涉及50余个语种的2921种外向型图书，覆盖87个共建"一带一路"国家。①

表1　　"丝路书香出版工程"图书翻译资助情况统计

	2015年	2016年	2017年	2018年	2019年	2020年	2021年	2022年	统计
资助数量（种）	546	439	272	375	286	308	324	371	2921
输出文种（种）	27	33	33	41	42	41	39	40	56
资助单位数量（家）	84	81	71	75	82	131	130	117	196

与此同时，出版行业有意识地对"一带一路"倡议这一宏大的外交举措进行了初步的探索与规划，擘画了"一带一路"国际出版的蓝图。2015年年初，国家新闻出版广电总局制定了面向共建"一带一路"国家的工作方案，成为中国第一份促进与共建国家开展文化交流合作的专项规划。该方案对出版领域加强与共建"一带一路"国家交流合作的侧重点、路线图条分缕析，为中国出版业以多种形式加强与共建国家合作指明了方向。②

在这一阶段，随着"一带一路"倡议的提出，中国与共建国家和地

---

① 范军、杨涛、曹杰：《我国出版走向"一带一路"十年回望与未来展望》，《科技与出版》2023年第5期。

② 王珺：《出版业助力"一带一路"文化传播的作用与启示——以丝路书香工程为例》，《出版广角》2019年第21期。

区的出版机构开始探索合作的可能性和路径。此时期的合作以理解和学习对方的出版市场为主，版权贸易量总体较小，但为后续的深入合作奠定了基础。

2. 蓬勃发展阶段：完善政策文件，广泛建立联盟（2016—2019 年）

以习近平同志为核心的党中央高度重视包括出版在内的中华文化融入"一带一路"建设。2016 年 7 月 25 日，习近平主席致信祝贺 2016"一带一路"媒体合作论坛召开。2016 年 12 月 5 日，中央全面深化改革领导小组第三十次会议专门审议通过《关于加强"一带一路"软力量建设的指导意见》。2017 年 5 月 14 日，习近平主席出席首届"一带一路"国际合作高峰论坛开幕式，"一带一路"国际合作传播不断拓展、日益成熟。[1] 在此期间，中宣部、国家新闻出版广电总局等有关部门也先后出台相应工作规划，对出版走向"一带一路"作出战略安排和重大部署。

这一阶段，随着一系列文件精神与政策的鼓励引导，中国与共建"一带一路"国家的版权贸易发展迅猛，2016—2019 年签订的版权贸易协议增长近 200%。根据《"一带一路"国际出版合作发展报告》，"十三五"时期，中国与共建"一带一路"国家的版权贸易总数从 2016 年的 3808 项增长到 2020 年的 10729 项，经历了从迅猛上升到井喷时期，再到逐渐稳定的过程，出版合作进入提质增效阶段。

此外，中国出版界还积极与共建"一带一路"国家建立了多个出版联盟和合作平台。这些联盟和平台不仅促进了出版物的相互翻译和引进，还为出版机构之间的合作项目提供了便利。在相关部门的指导下，中国出版单位与相关国家和地区共同搭建学术、文学、少儿出版合作的平台，范围遍及中东欧、东盟、阿语地区等重点区域，架起中外双方密切合作的桥梁。[2] "中国—中东欧国家出版联盟"成立于 2018 年 8 月，截至目前共举办了 4 届论坛，联盟立足出版，发挥成员单位资源优势，在深化中国与中东欧国家出版合作互惠、促进双方交流互鉴方面发挥了重要作用。

---

[1] 范军、杨涛、曹杰：《我国出版走向"一带一路"十年回望与未来展望》，《科技与出版》2023 年第 5 期。

[2] 甄云霞：《"一带一路"国际出版合作的新特征和新趋势》，《出版发行研究》2022 年第 11 期。

"接力—东盟少儿图书联盟"于2019年正式建立，截至目前，共有来自马来西亚、印度尼西亚、泰国、新加坡、越南、柬埔寨的12名成员，联盟通过搭建童书出版合作平台，加强中国与东盟各国童书出版机构的版权、出版交流，不断深化与联盟成员之间的密切合作。除了出版机构，联盟合作突破出版业的局限，带动其他组织群体和更多的参与者加入。通过这种方式，中国的出版机构能够更加深入地了解其他国家的市场需求，同时也为外国出版物在中国市场的推广提供了支持。

3. 提质增效阶段：搭建交流平台，促进融合出版（2020年至今）

新冠疫情给"一带一路"国际出版带来了巨大挑战，导致中国出版物输出受到较大影响。全球旅行限制和市场不确定性严重影响了版权交易和文化交流，同时迫使行业加速数字化转型，面临资金和技术适应的双重压力。尽管如此，这也促使"一带一路"国际出版项目探索新的合作模式和技术解决方案，以适应这个不断变化的全球出版环境。在这一时期，重要的举措之一是搭建了多个交流平台，旨在促进不同国家和地区出版机构之间的合作与信息共享。这些平台不仅加强了共建"一带一路"国家的出版业联系，还促进了文化融合和知识传播。

2021年9月，中国作家协会发起成立"一带一路"文学联盟，得到多国文学组织和文学家的积极响应，创始会员包括35个国家的30个具有影响力的文学组织和19位各国具有代表性的文学家、翻译家，进一步从出版前端保证优质内容的创作与交流。2022年9月，北京语言大学在建校60周年之际，成立世界汉学家理事会，汇聚各国成就卓著、具有世界影响力的优秀汉学家与翻译家，以学术对话的形式推进全球汉学融通互鉴，促进世界汉学发展。

在实施重大出版工程项目的同时，北京国际图书博览会也成为中国出版走向共建"一带一路"国家的新平台。从第20届到第26届，参展国家和地区从76个增至95个，参展商从2000多家增至2600多家，这其中许多是共建"一带一路"国家及其参展商。尽管受到全球新冠疫情的影响，第27届北京国际图书博览会移至线上、第28届采用线下线上相结合的方式举办，但与共建"一带一路"国家之间的交流合作热情不减。据不完全统计，十年来有关部门组织出版机构相继参加了58个国际书展，其中由共建"一带一路"国家主办的就有40个，占比达到68.96%，并且大都设有中国主宾国活动。①

表2　"一带一路"倡议提出以来北京国际图书博览会举办情况

会期	届别	参展国家和地区数量（个）	参展商数量（家）	主宾国
2013年8月28日—9月1日	20	76	2000+	沙特阿拉伯
2014年8月27—31日	21	78	2100+	土耳其
2015年8月26—30日	22	82	2200+	阿联酋
2016年8月24—28日	23	86	2400+	中东欧十六国
2017年8月23—27日	24	89	2500+	伊朗
2018年8月22—26日	25	93	2500+	摩洛哥
2019年8月21—25日	26	95	2600+	罗马尼亚
2020年9月26—30日（线上举办）	27	97	1400+（线上注册）	古巴
2021年9月14—18日（线下线上相结合的方式）	28	105	2200+	巴基斯坦

总体而言，这十年来，中国出版界深刻把握共建"一带一路"对出版"走出去"的新任务新要求，坚定文化自信，增强文化自觉，坚持创新创造，加强顶层设计、出台扶持政策，实施工程项目、扩展合作领域，疏通平台渠道、创新传播途径，推介一批又一批具有中国特色、凸显中国精神、蕴含中国智慧的出版物走向"一带一路"，讲述了精彩、鲜活、生动的中国故事，展现了可信、可亲、可敬的中国形象。②

（二）发展现状

在评估"一带一路"倡议下的国际出版合作和发展情况时，可以看到，在过去几年中，这一倡议对于全球出版业的影响是显著的。从出版

---

① 范军、杨涛、曹杰：《我国出版走向"一带一路"十年回望与未来展望》，《科技与出版》2023年第5期。

② 王大可、何雪琪、李本乾：《出版走出去融入数字丝绸之路建设：进展、挑战与实践路径》，《中国编辑》2024年第1期。

物数量和质量的增长到政策的成熟与协议的签订，再到工程的广泛覆盖以及出版社的积极作为，"一带一路"倡议已经在全球出版领域扮演了极为重要的角色。这一影响不局限于中国本土，而且扩展到了世界范围内，成为推动全球出版业发展的强大动力。

1. 出版物数量不断增多的同时，出版物质量提升

这十年来，中国出版走向"一带一路"取得丰硕成果，增进了与共建"一带一路"国家和地区出版界相互之间的友谊，塑造了中国良好的国际形象。尽管近两年全球新冠疫情蔓延使中国出版物输出受到较大影响，但从十年发展轨迹来看，中国输出到共建"一带一路"国家和地区的出版物版权数量一路走高。从2013年的3276项飙至2019年的9529项，即使2021年也达到8443项，而占比也从2013年的38.80%增至2020年的68.37%，2021年更是高达66.12%。"一带一路"出版物版权输出与引进比从2014年开始就实现顺差，此后更是逐年增大，2021年扩大到4.17∶1。[①]

表3 "一带一路"倡议提出以来中国出版物版权输出引进情况统计

年份	版权输出总数（项）	输至共建"一带一路"国家版权数量（项）	比重（%）	版权引进总数（项）	从共建"一带一路"国家引进版权数量（项）	比重（%）	共建"一带一路"国家版权输出与引进比
2013	8444	3276	38.80	17613	3775	21.43	0.87∶1
2014	8733	3517	40.27	16321	3277	20.08	1.07∶1
2015	8865	4101	46.26	15973	3155	19.75	1.30∶1
2016	9811	4623	47.12	17174	3483	20.28	1.33∶1
2017	12651	6723	53.14	18037	2847	15.78	2.36∶1
2018	11830	6688	56.53	16602	3027	18.23	2.21∶1
2019	14816	9529	64.32	15977	2578	16.14	3.70∶1
2020	13895	9500	68.37	14185	2479	17.48	3.83.1
2021	12770	8443	66.12	12220	2027	16.59	4.17∶1

---

① 张朦梦：《"一带一路"背景下我国出版物出口效率与潜力研究》，硕士学位论文，北京印刷学院，2019年。

十年来，尽管中国出版物出口出现不同程度的波动，但其所输出的内容都不断优化，出版物质量不断提升。《习近平谈治国理政》《之江新语》《习近平谈"一带一路"》等一大批深入阐释习近平总书记系列重要讲话精神和治国理政新理念新思想新战略的出版物在共建"一带一路"国家和地区大量发行。尤其是《习近平谈治国理政》系列著作出版发行以来，成为国际出版领域"现象级"读物，受到国际社会高度关注和广泛好评。《习近平谈治国理政》系列著作翻译出版涉及多个共建"一带一路"国家的小语种文本，在不少国家所举办的国际书展、主流书店、线上营销平台持续展示和销售，进入多家高校和公共图书馆，成为共建"一带一路"国家读懂新时代中国、读懂中国共产党的"金钥匙"。《新中国70年》《历史的轨迹：中国共产党为什么能？》《中国共产党党的建设》《中国生活记忆》《外国人眼中的中国》等一批围绕改革开放40年、中华人民共和国成立70周年和建党100周年，反映当代中国发展道路、中国价值观念、中国精神风貌的出版物相继出口到共建"一带一路"国家；《活着》《尘埃落定》《长恨歌》等一批展示中华文化独特魅力的原创文学作品与《草房子》《我是花木兰》《盘中餐》等贴近国外受众文化需求和消费习惯的少儿读物；《战"疫"日记》《最美逆行者》等一批讲述中国抗疫故事、中国抗疫方案的出版物宣介加强公共卫生合作、共筑"健康丝绸之路"，提振了合作信心、凝聚了世界共识、联通了民心民意。

2. 出版政策不断成熟深化

这十年来，中国政府工作报告多次提到共建"一带一路"，再次传递中国坚定不移扩大高水平对外开放，推动共建"一带一路"高质量发展的决心。截至2022年7月，中国已经同149个国家和30多个国际组织签署200余份共建"一带一路"合作文件，共建"一带一路"朋友圈继续扩大，展现出强大的发展韧性。

共建"一带一路"国家经历疫情的打击，出版业一度陷入困境，通过政府扶持和行业自救，出版业得以逐渐从低谷中走出，实现不同程度的恢复。为了帮助欧洲从疫情影响中重建，2021年欧盟委员会设立了复苏基金（RRF），面向成员国提供总计7238亿欧元的贷款和赠款，并设定将预算的至少2%用于文化的目标，呼吁成员国在其提交的国家复苏计划中适当考虑文化部门。2020年5月,意大利政府发布《意大利重启计划》,将包括出版业在内的文化产业作为重启的重要环节,通过设立文化基金、税收优惠、资金补助等方式促进出版产业复苏。为了推动出版业发展,土耳其文旅部图书馆与出版物管理总局不断扩大图书馆规模、支持数字化出版,并开展一系列促进项目,鼓励文学创作、对外文化输出和文化交流。同时,土耳其出版行业协会也分别制定应对政策,减少疫情带来的损失,促进土耳其出版业规范化发展。面对疫情的冲击,欧洲之外的各国政府也相继推出一系列文化、出版纾困援助政策,包括提供资金扶持、减免书店租金和出版中小企业及个人所得税、倡导全民阅读、鼓励图书对外翻译推广等,效果初显。

这些措施不仅有助于缓解出版业的困境,还促进了文化产业的多元化发展和国际文化交流。这些努力展示了各国政府在文化和出版领域的合作和支持是如何在全球性危机中发挥关键作用的,同时也预示着"一带一路"倡议下国际出版政策的不断成熟和深化。未来,这些政策和合作将继续推动全球文化和知识的共享,为世界各地的读者提供更加丰富和多元的阅读资源,进一步加强共建"一带一路"国家之间的文化联系和理解。

3. 出版项目遍地开花,工程覆盖面更广

近些年,国家新闻出版主管部门设立了一系列资助项目,包括"丝路书香出版工程"、"中国图书对外推广计划"、"经典中国国际出版工程"、"中国当代作品翻译工程"、中华学术外译项目等,有力地促进了中国与共建"一带一路"国家之间的出版合作。尤其是"一带一路"倡议提出以来,在政府有关部门的大力推动下,中国与共建"一带一路"国家之间的出版文化合作交流已初具规模。[①]

"丝路书香出版工程"是中国唯一一个专门针对共建"一带一路"国家翻译出版中国优秀作品的出版项目,自2015年实施以来,资助项目语种已经从最初的30个增加到2018年的42个,四年间增加了40%。"丝路书香出版工程"从2015年至今资助了1690种图书的翻译出版,涉及

---

① 甄云霞、王珺:《服务"一带一路"倡议推动国际出版合作高质量发展》,《科技与出版》2020年第1期。

51个语种，覆盖70多个共建"一带一路"国家和地区。2015—2018年，承担"丝路书香出版工程"重点翻译资助项目的中国出版机构从84家增加到158家，年增幅都在10%以上；已经完成过翻译出版任务的国外出版机构达到119家，其中，有10个国家的13家出版社已完成10个及以上项目的翻译出版工作，成为中国图书在当地市场的重要"代言人"。以重点企业为主体开展的重点项目成为双方拓宽合作领域和丰富合作方式的有益尝试。2014—2017年，共有36家出版单位参与"丝路书香出版工程"企业类项目，共计58项，涉及汉语教材推广、重点图书展会、数字出版产品、国际营销渠道、人才培养项目、出版本土化、国际合作出版七大类别。

"中国图书对外推广计划"作为中国实施的第一个国家级图书对外翻译资助项目，自实施之初就支持向俄罗斯、新加坡、波兰、罗马尼亚等国家翻译出版中国优秀作品，从2015年起，支持共建"一带一路"国家的力度逐步加大，已经从当年的12个相关国家增加到2018年的32个，面向阿联酋和约旦的项目也在2018年获得支持。

"中国当代作品翻译工程""中国作协当代文学对外翻译工程"，专注于资助中国当代文学作品的对外版权贸易。以"中国作协当代文学对外翻译工程"为例，2019年资助了诗歌、小说、儿童文学、传记等20种不同文体类型的当代文学经典作品，翻译输出到俄罗斯、埃及、越南、泰国、蒙古国等共建"一带一路"国家，为中国当代文学的对外传播搭建了重要平台。

4. 数字化趋势越发明显

疫情为融合出版按下加速键，共建"一带一路"国家和地区的数字出版呈现新的特点和趋势，进入蓬勃发展阶段，其中最突出的表现则是数字化普遍上升为国家和地区战略。各国纷纷出台相关法律法规、规划措施，规范、促进本土数字出版的发展。

欧洲出版商联合会进一步推动减免图书和电子书的增值税，各国出版业尤其是出版业较为成熟的市场受益。2020年意大利电子书市场总值约为9700万欧元，同比增加36.6%，实现了2012年以来最为强劲的增长。为了促进数字市场的繁荣和公平竞争，欧洲议会2022年7月通过《数字市场法案》（Digital Markets Act）和《数字服务法》（Digital Services Act），前者通过限制苹果、谷歌等大型技术企业的垄断和特权，使欧洲出版商从中受益，获取多样化数字平台选择，后者旨在对非法内容的网络传播进行监管。沙特大力推进数字化转型，推出数字经济政策，旨在实现数字经济占国内生产总值的比重达到全球发达经济体水平。在此背景下，沙特主要出版商在电子书业务板块增大发力，推动沙特电子出版提质升级。中国作为"一带一路"的倡议国，也在大力推动其数字出版产业的发展。通过投资新技术和创新平台，中国的数字出版市场正在迅速扩大，提供了更多元化和个性化的阅读体验。在东南亚地区，如印尼和马来西亚等国家也在加快数字化步伐，出台了一系列政策来促进本土数字出版市场的发展。

这些国家的共同努力不仅促进了各自国内数字出版业的发展，还加强了共建"一带一路"国家之间的文化交流和知识共享。随着技术的不断进步和数字化的深入，预计未来几年共建"一带一路"国家的数字出版市场将继续保持快速增长，为全球读者提供更加丰富和便捷的阅读资源，同时也为各国出版业的进一步合作和发展提供新的机遇。

5. 出版社积极性显著提升

随着出版交流合作在共建"一带一路"国家的开展，国内多数出版单位都积极参与了"一带一路"国际出版合作，并且已初具规模，形成了一系列合作模式，在相关国家和地区产生了一定的影响力。

随着越来越多的国家加入"一带一路"倡议，中国出版机构与共建国家开展合作的积极性不断提升，版权贸易数量逐步增加，范围逐步扩大，产品类型不断丰富，合作机构数量不断增加。中国已经有224个出版行业机构与83个国家的超过200个机构签署了版权输出协议，同时有168个国内机构与53个共建"一带一路"国家的超过130个机构签署版权引进协议，国内机构遍布全国近30个省级行政地区。

深入推进本土化，在国外建立出版相关机构或平台。在本土化方面，国内主要出版单位纷纷在共建"一带一路"国家建立分支机构，致力于开拓更多的渠道，打造全方位的中外出版交流合作平台。一是成立海外分社或编辑部，利用当地的出版资源开发更适合当地市场和读者的出版产品。二是在当地设立书店、书架或相关平台，拓展出版发行渠道，使国内的优秀出版物能够影响更广泛的受众。这些海外机构，如中国出版集团所属出版社在国外建立的多个海外编辑部，中国人民大学出版社的6家海外分支机构，社会科学文献出版社的俄罗斯分社，接力出版社的埃及分社，人民天舟的摩洛哥分公司，中南出版传媒集团的越南分社，北京师范大学出版社的约旦分社，中国社会科学出版社的智利分社，等等，还有五洲传播出版社的"中国书架"、山东友谊出版社有限公司的"尼山书屋"、北京出版集团的"十月作家居住地"平台和云南新华书店集团有限公司的"中华乡愁书院"等。

依托地域或产品优势，开展出版合作项目。除了在共建"一带一路"国家建立分支机构、开厂设店，国内各出版机构更是充分发挥本社出版优势，与国外相关机构开展形式多样的合作项目，如社会科学文献出版社的中国人文社科学术交流平台，高等教育出版社有限公司的当代科技前沿专著系列、*Frontiers in China* 英文学术期刊、《体验汉语》泰国中小学系列教材等出版物海外推广项目，中国教育图书进出口有限公司的中国当代优秀类型文学"走出去"基地项目，"中国电子书库"（易阅通海外平台），北京求是园文化传播有限公司的中国主题图书翻译出版项目，天津市出版对外贸易有限公司的出版文化进出口平台，吉林出版集团股份有限公司的《绘本中国》原创精品国际出版项目，等等，形成了出版产品、载体、渠道、方式的立体化合作形态。

搭建展会平台，充分拓展推广渠道。国际书展作为与共建"一带一路"国家开展出版交流合作的重要渠道，日益受到重视。从2016年开始，中东欧国家、摩洛哥陆续成为北京国际图书博览会的主宾国，而同时国内出版机构也积极参与相关国家的书展，并精心组织了丰富多彩的中国主宾国活动。同时，各出版机构通过搭建展会平台，将国内优秀的图书推广到共建"一带一路"国家。例如，上海外文图书有限公司的"阅读上海"全球中文图书联展，福建省出版对外贸易公司的中国（福建）图书展销会，广西师范大学出版社集团有限公司的"艺术之桥"跨界文化艺术交流平台，等等。借助书展和相关活动，各国出版机构拓展了合作平台，加深了共识，达成更广泛、深入、全面的版权贸易合作。

二 "一带一路"国际出版重要项目及优秀案例

（一）重要出版项目

1."丝路书香出版工程"

"丝路书香出版工程"是中国新闻出版业唯一进入国家"一带一路"建设的重大项目，于2014年12月5日正式获得中宣部批准立项，涵盖重点翻译资助项目、丝路国家图书互译项目、汉语教材推广项目、境外参展项目、出版物数据库推广项目等。

国家新闻出版广电总局进口管理司相关负责人介绍，实施"丝路书香出版工程"，旨在加快推动中国精品图书、汉语教材在丝路国家出版发行，搭建中国对丝路国家的图书版权贸易平台、出版信息资讯平台，形成与丝路国家新闻出版资源互联互通、内容共同发掘、渠道共享共用的发展格局。

重点翻译资助项目明确提出，将对丝路文化精品图书、中国主题图书、传统文化图书、优秀文学图书和原创少儿图书的翻译推广给予重点资助。在此之前，将对64个丝路国家翻译出版的中国图书进行全面调查统计；建立基本书目库，集纳古典、近现代和当代图书精品，向丝路国家推广。

丝路国家图书互译项目也明确提出，要与丝路国家新闻出版管理机构签署政府间互译协议，按照政府资助、出版企业市场化运作的方式，遴选一批经典图书和优秀当代图书互相译介到对象国出版发行。

近年来，中国出版业先后实施了"经典中国国际出版工程""中国图书对外推广计划""中外图书互译计划""丝路书香出版工程"等八大工程，打开了190多个国家和地区的出版物市场。中国出版业"走出去"对中国文化整体"走出去"的推动作用巨大，尤其是在周边国家和发展中国家，效果尤佳。随着"一带一路"建设的推进，共建国家渴望了解中国和加强文化交流的呼声日益强烈，相关图书的市场需求大增。

2."亚洲经典著作互译计划"

"亚洲经典著作互译计划"是根据习近平总书记在亚洲文明对话大会上提出的重要倡议发起，重点推进亚洲47国的文化互译和文明互鉴，由中宣部进出口管理局负责实施，秘书处设在北京语言大学。截至目前，中国已与新加坡、巴基斯坦、韩国、伊朗、老挝、亚美尼亚、吉尔吉斯斯坦、阿塞拜疆、蒙古国、也门签署经典著作互译出版备忘录。为贯彻落实习近平总书记关于"中国愿同有关国家一道,实施亚洲经典著作互译计划"重要倡议精神,从2019年开始,国家新闻出版署正式启动实施"亚洲经典著作互译计划"。2021年12月,国家新闻出版署印发的《出版业"十四五"时期发展规划》又将其列为出版"走出去"的重点工程。

当前,世界百年未有之大变局正在加速演进,大国博弈、全球疫情、地区冲突、逆全球化复杂因素相互影响交织叠加,世界进入新的动荡变革期,和平与发展的时代主题受到严峻挑战。在线下出版"走出去"工作中,人出不去、进不来,学术交流、国际书展等方式都受到阻碍,出版"走出去"面临"更多逆风逆水的外部环境",遭遇前所未有的严峻挑战。从近几年的探索和实践来看,"亚洲经典著作互译计划"的提出和实施为亚洲乃至世界各国文明开展平等对话、交流互鉴、相互启迪营造了良好舆论氛围,有助于国家间找到以文明交流超越文明隔阂、以文明互鉴超越文明冲突、以文明共存超越文明优越的"最大公约数""行动路线图"。[①] 由此,也赢得许多亚洲国家的积极响应。这给新形势下中国出版"走出去"增强了信心,增添了新的更加充足的底气。

"亚洲经典著作互译计划"看似仅是一个专项而非一组工程项目,但其涉及上上下下、方方面面,既要对外联络、确定签约,又要提供书目、推广落地。尤其是面对一些经济欠发达国家,不仅需要把中国翻译出版的图书在其宣介,还要帮助其图书翻译出版乃至在中国传播落地。"亚洲经典著作互译计划"的实施还要改变目前中国引进欧美图书较多、引入其他国家书籍较少的不平衡状况,以达到文明因多样而交流、因交流而互鉴、因互鉴而发展的目的。这也使项目的实施更具紧迫性、复杂性和艰巨性,给新条件下中国出版"走出去"带来全新挑战,同时也提供了更新的发展机遇。

"亚洲经典著作互译计划"实施成功与否,对于中国出版业"走出去"乃至亚洲文明交流互鉴、共建人类命运共同体意义重大、影响深远。

---

① 范军、刘钊:《亚洲经典著作互译计划:战略意义与实施路径》,《中国出版》2022年第20期。

要牢牢把握世界、时代和历史赋予难得的战略机遇，认真总结"亚洲经典著作互译计划"实施多年来的典型经验，不断增强责任感和使命感，精心组织、深耕细作、文火慢炖，把亚洲经典著作互译项目打造为体现中华文化精髓、反映中国人审美追求、跨越时空超越国度、具有当代价值的优质文化品牌，成为中国与亚洲各国出版交流合作的"经典"，成为外国读者读懂新时代中国、读懂中国共产党的权威读本，让中国的故事更加真实生动精彩，让中国的形象更加可信、可爱、可敬。

3. "经典中国国际出版工程"

"经典中国国际出版工程"是新闻出版总署为鼓励和支持适合国外市场需求的外向型优秀图书选题的出版，有效推动中国图书"走出去"而直接抓的一项重点骨干工程。2009年10月，工程启动。为了确保工程顺利开展，新闻出版总署专门成立了以柳斌杰署长为主任、邬书林副署长为常务副主任、中国编辑学会会长桂晓风为副主任的评审委员会。评审委员会办公室设在新闻出版总署对外交流与合作司，中国编辑学会受总署委托承办接受项目申请和前期审核事务。

"经典中国国际出版工程"采用项目管理方式资助外向型优秀图书选题的翻译和出版，重点资助"中国学术名著系列"和"名家名译系列"图书。该工程自启动以来，得到了社会各界的广泛关注和各地出版单位的热烈响应，在一个多月时间内先后收到161家出版社的555个项目申请。经过前期审核，112家出版社提交的311个项目最终进入评审阶段。整个评审工作分为专家组评审和评审委员会终评两个阶段。评审委员会在对候选项目终审后，根据每年资助的总金额和申请项目的实际情况，决定资助项目名单和资助金额。评审结果将在相关行业媒体上公示一周。获得资助的项目及金额经新闻出版总署批准后实施。

该工程的主要目标是通过出版翻译和推广具有国际影响力的优秀图书，将中华文明传播至全球，让更多国际读者了解中国的文化、价值观和历史。项目以英语为主要立项语种，这意味着大部分翻译工作是针对英语读者进行的，以扩大影响力。自2009年启动以来，该项目已经资助了大量图书的翻译和出版，为中国文化在国际上的传播作出了积极贡献。这些图书的出版不仅增强了中华文明的传播力和影响力，还促进了国际社会对中国的更深入了解。

总的来说，"经典中国国际出版工程"是一项旨在推动中国文化走向国际舞台的重要工程，通过翻译和推广优秀图书，向世界展示中华文明的独特之处，促进文化交流和理解。

4. "中外图书互译计划"

"中外图书互译计划"是一个旨在促进中国文化国际传播的重要项目。该计划的核心目标是通过文学翻译和出版，推动中外文明的交流互鉴，进而加强不同文化之间的理解和认识。这一项目在中国文化"走出去"战略中起着重要作用，不仅致力于将中国的文学作品、思想理论和价值观念译介到海外，而且还致力于向全世界展示中华优秀的文化和社会发展。该计划不仅包括中国图书对外推广计划，还涵盖了数字出版等多个方面。近年来，中国的数字出版产业实现了显著增长，2020年产业收入超过万亿元。此外，中国也在少儿图书市场取得了显著成就，已成为全球最大的少儿图书市场。"中外图书互译计划"涉及内容的全流程生产、翻译出版到发行推广，构建了一个全方位的支持体系，以促进中国文化的国际传播。

出版国际化是这一计划的重要组成部分，涉及多个方面，例如国际组稿、联合出版和中外互译。这些努力旨在推广优秀的出版内容和版权贸易项目，提高中国出版物的国际影响力。为了实现这些目标，出版机构被鼓励加强与国际出版机构和文化机构的合作，以提升其国际传播力。值得注意的是，随着科技的发展，人工智能技术在文学翻译中发挥着越来越重要的作用。然而，这也带来了新的挑战，特别是在意识形态和价值观念方面。因此，发展适应中国文化和价值观的 AI 模型变得尤为重要，以确保中国文学在国际传播中的准确性和客观性。

通过"中外图书互译计划"，中国的文学作品正在被翻译成多种语言，并在世界各地出版发行。同时，中国也在积极引进和出版其他国家的经典作品，进一步丰富了中国读者的阅读选择。"中外图书互译计划"不仅关注作品的翻译和出版，更注重促进文化的深入交流和相互理解，从而为构建人类命运共同体作出贡献。

（二）"一带一路"出版合作案例与国际化人才

2023 年 10 月，由中国出版协会、中国出版集团有限公司主办的第四届"一带一路"出版合作经验交流会在四川成都举办。来自全国近 200 位出版发行界及科技企业代表围绕"融合出版合作创新"进行了深入交流和探讨。同时，会上发布了 2023 年"一带一路"出版合作典型案例征集和国际化人才遴选活动结果。

2023 年"一带一路"出版合作典型案例征集和国际化人才遴选活动，涉及"主题图书'走出去'""版权输出""海外布局和运营""国际策划与组稿""国际营销和渠道""数字出版'走出去'"六大类别案例和"国际化领军人才""国际化人才"两大类别人才，最终有 82 个入选"一带一路"出版合作典型案例，10 位入选国际化领军人才，23 位入选国际化人才。

表 4　"一带一路"出版合作典型案例——主题图书"走出去"

序号	出版社	案例名称
1	安徽人民出版社	《主心骨——历史选择了中国共产党》主题出版"走出去"
2	北京师范大学出版集团	《中国，对贫困说不》西班牙文版输出
3	大象出版社	"我的国家公园"主题图书"走出去"
4	福建人民出版社	《摆脱贫困》等主题图书国际传播
5	广东经济出版社	《大国筋骨：中国工业化 65 年历程与思考》俄文版在俄罗斯出版发行
6	湖南人民出版社	《大国小村》哈萨克文版输出
7	江苏求真译林出版社	《习近平新时代中国特色社会主义思想学习问答》（英文版）在海外出版与传播
8	明天出版社	中华优秀传统文化主题图书走进多个共建"一带一路"沿线多个国家
9	山西教育出版社	《闪耀世界的中国奇迹》俄文版输出
10	陕西师范大学出版总社	"丝路主题优秀图书"多语种输出与国际传播
11	社会科学文献出版社	《走向全面繁荣的中华民族现代文明》多语种出版
12	四川人民出版社	地方人民社主题出版物出海之路
13	外文出版社	《时代答卷 人民至上：十年，一百个难忘瞬间》
14	新世界出版社	《这边风景》多语种输出
15	朝华出版社	《敦煌》（中、英、日、法、俄文版）海内外多语种出版传播

续表

序号	出版社	案例名称
16	浙江教育出版社	《百年风华·外国人眼中的中国记忆》多语种海外传播
17	浙江人民出版社	《人民公开课——中国共产党与国家治理体系和治理能力现代化》多语种输出
18	经济科学出版社	《中国经济这十年（2012—2022）》多语种输出
19	中国画报出版社	主题图书《中外5000年文明互鉴》"走出去"
20	中信出版集团	《论中国经济：挑战、底气与后劲》阿拉伯语输出

表5　"一带一路"出版合作典型案例——版权输出

序号	出版社	案例名称
1	长江少年儿童出版社	《百年百部中国儿童图画书经典书系》对外翻译工程
2	法律出版社	中华人民共和国最高人民法院案例选（第1—3辑）中英文版
3	广西科学技术出版社	《遇见白头叶猴》英文版输出
4	广西美术出版社	《千年侗寨 梦萦三江》版权输出越南
5	广西师范大学出版社集团	《蝉声唱》（马来语版）海外出版及营销活动
6	湖南文艺出版社	《戴花》阿尔巴尼亚语、波兰语、哈萨克语、葡萄牙语、印地语
7	化学工业出版社	《青蒿及青蒿素类药物》多语种输出
8	江苏凤凰出版传媒集团	"中巴经典著作互译计划"
9	江苏凤凰教育出版社	《中国文化知识辞典》多语种版权输出
10	江苏译林出版社	《忘记我》多语种版权输出
11	江苏凤凰美术出版社	《书法有法》海外宣传推广
12	江苏凤凰少年儿童出版社	"黄蓓佳倾情小说书系"在越南的精准化传播
13	接力出版社	"娃娃龙原创图画书系列"多语种输出
14	山西经济出版社	《新供给经济学》俄文版图书输出
15	上海科学技术出版社	《中华传统经典养生术》希腊语版输出
16	上海少年儿童出版社	《香草女孩·会跳舞的向日葵》波斯版
17	四川文艺出版社	《琅琊榜漫画》多语种版权输出
18	四川天地出版社	大头儿子和小头爸爸的故事走进阿曼苏丹国国民教育体系
19	外语教学与研究出版社	《七色龙汉语分级阅读系列》版权输出
20	五洲传播出版社	"中文世界"儿童阅读文库菲律宾文版输出

续表

序号	出版社	案例名称
21	武汉市新新传媒集团	《中国故事》系列（全10册）多语种输出
22	云南教育出版社	绘本《短鼻家族旅行记》多语种海外传播
23	云南科技出版社	《SEE诺亚方舟生物多样性系列丛书》多语种输出
24	浙江少年儿童出版社	儿童文学作家汤汤作品全球推介及多语种出版
25	浙江文艺出版社	《望江南》多语种合作出版
26	郑州大学出版社	"一带一路"背景下国际化临床医学丛书输出
27	中国教育图书进出口有限公司	《流浪地球》短篇集俄语版输出
28	中国人民大学出版社	"朱永新教育文集"多语种输出
29	中国少年儿童新闻出版总社	儿童科普图书实现版权输出
30	中华书局	《论语译注》立陶宛语、波斯语版权输出
31	中州古籍出版社	《六韬》泰文版版权输出

表6　"一带一路"出版合作典型案例——海外布局和运营

序号	出版社	案例名称
1	安徽少年儿童出版社	"海外文化+"沙特阿拉伯中心
2	北京出版集团	深耕"一带一路"出版合作典型做法
3	二十一世纪出版社集团	克罗地亚子公司熊猫出版社本土化运营
4	山东教育出版社	罗马尼亚中国主题编辑部合作运营
5	上海交通大学出版社	海上丝绸之路出版中心本土化运营

表7　"一带一路"出版合作典型案例——国际策划与组稿

序号	出版社	案例名称
1	北京大学出版社	《"一带一路"沿线国家法律环境国别报告（中英文）》第一、第二、第三、第四卷
2	北京师范大学出版集团	"一带一路"中阿友好文库
3	法律出版社	《中国—新加坡"一带一路"国际商事审判案例选（第一卷）》
4	高等教育出版社	"非线性物理科学"系列丛书合作

续表

序号	出版社	案例名称
5	广西教育出版社	《汉语—老挝语口语基础教程》图书及有声教学资源合作
6	广西人民出版社	"中国—东南亚铜鼓"系列丛书的国际出版之路
7	国家开放大学出版传媒集团	"中赞专业课"系列教材策划及出版
8	湖南少年儿童出版社	"海上丝绸之路风情艺术绘本"系列（12册）
9	黄山书社	《漆彩——中国漆器与丝绸之路》中外合作出版
10	江苏凤凰少年儿童出版社	"中柬互译计划"出版
11	漓江出版社	中缅当代文学互译出版项目
12	辽宁人民出版社	中罗图书互译项目
13	新星出版社	"丝路百城传"国际合作出版项目
14	中国建筑工业出版社	《书·筑》系列（中日韩英四种语言）
15	科学出版社	《大学数学基础1，2（法文版）》

表8　"一带一路"出版合作典型案例——国际营销和渠道

序号	出版社	案例名称
1	安徽教育出版社	《汉语入门王》在马来西亚的国际策划出版与推广
2	北京语言大学出版社	国际中文教材走进越南国民教育体系
3	高等教育出版社	YCT系列教材多语种版权输出
4	人民教育出版社	《少儿国学》海外宣传推广
5	山东美术出版社	"新编汉语教程"系列教材阿语地区海外推广

表9　"一带一路"出版合作典型案例——数字出版"走出去"

序号	出版社	案例名称
1	安徽美术出版社	"趣学毛笔画"数字出版
2	华语教学出版社	海外云图书馆服务拉美"一带一路"国家
3	厦门外图集团	《盗墓笔记》纸质书和有声书版权输出泰国
4	社会科学文献出版社	京津冀协同发展数据库"走出去"（英文）
5	五洲传播出版社	建党百年系列精品网文小说翻译与海外落地推广
6	中国大百科全书出版社	中国主题百科阿拉伯文数据库海外传播

表10　　　　　　　　"一带一路"国际化领军人才

序号	出版社	姓名	职务
1	北京出版集团	周浩	党委委员、董事、副总经理
2	华东师范大学出版社	龚海燕	总编辑
3	人民教育出版社	张廷凯	副总编辑，人教教材中心党总支书记，兼任人教教材中心执行董事
4	山东教育出版社	祝丽	副总编辑
5	时代出版传媒股份有限公司	张堃	党委委员、副总经理兼副总编辑
6	四川天地出版社	杨政	党总支书记、社长
7	外语教学与研究出版社	王芳	外研集团（外研社）党委书记、董事长，外研社社长
8	中国大百科全书出版社	蒋丽君	副总编辑
9	中国人民大学出版社	王磊	副总经理、编审
10	中国图书进出口（集团）有限公司	雷建华	国际化业务总监

表11　　　　　　　　"一带一路"国际化人才

序号	出版社	姓名	职务
1	安徽人民出版社	袁小燕	对外合作出版中心副主任
2	北京大学出版社	谢娜	海外合作部主任
3	北京语言大学出版社	田朋	海外拓展部项目经理
4	法律出版社	朱峰	法律翻译与出版研发中心执行副主任
5	海燕出版社	陈祥	总编室主任
6	河北大学新闻传播学院	金强	编辑出版学系副主任
7	黄山书社	王陶然	国际合作编辑部版贸编辑
8	吉林出版集团	郝秋月	译文图书出版事业部副总编辑
9	江苏凤凰出版传媒集团	徐辰	国际拓展部业务经理
10	江苏凤凰少年儿童出版社	商雨奇	版权经理
11	江西人民出版社	邓慧敏	国际合作部副主任（主持工作）
12	人民教育出版社	张晓霞	版权与对外交流合作部主任
13	四川美术出版社	陈祺	总编室副主任
14	四川人民出版社	谢春燕	国际合作部版权经理
15	五洲传播出版社	杨雪	图书出版中心国际合作部副主任

续表

序号	出版社	姓名	职务
16	西南交通大学出版社	张文越	版权贸易部主任
17	希克迈特（宁夏）文化传播有限公司	张昕	总经理
18	浙江大学出版社	谢千帆	版权经理
19	中国教育图书进出口有限公司	陈枫	出口事业部，版权贸易二部经理（主管）
20	科学出版社	李昕	国际业务部版权经理
21	中国人民大学出版社	高雅	国际出版中心版权经理
22	中国图书进出口（集团）有限公司	王宇燕	海外业务中心主任
23	中原大地传媒股份有限公司	王扬	出版与国际合作部版权贸易主管

三 "一带一路"国际出版发展面临的主要问题和风险

在当今世界，全球化和地缘政治的复杂变化给国际出版业带来了前所未有的挑战和机遇。特别是随着中国"一带一路"倡议的推进，中国出版业在国际舞台上扮演着越来越重要的角色。然而，这一进程并不是一帆风顺。国际形势的剧烈变化、出版环境的显著恶化、出版市场的区域化和政治倾向的增强、文化折扣现象的频发，以及文化产品贸易壁垒日益凸显等问题，共同构成了中国"一带一路"出版事业面临的复杂挑战。这些挑战不仅考验着中国出版业的国际化策略和执行能力，也触及更深层次的文化交流。[1] 因此，深入探讨这些问题，认清它们的根源和表现形式，对于指导中国出版业在"一带一路"倡议下的健康发展、促进国际文化交流与合作具有重要的理论和实践意义。

（一）国际形势剧烈变化，出版行业面临挑战

在看到中国出版步入"一带一路"获得重大进展、取得不俗成绩的

---

[1] 黄卫、董端阳：《文以载道：国际出版合作助力"一带一路"文化建设》，《出版广角》2023年第24期。

同时，也应清醒认识到百年未有之大变局加速演进，世界各国在求和平、谋发展、探索现代化道路过程中面临共同挑战，团结、协作、对话的呼声空前高涨，但猜疑、分裂、对抗的痼疾仍然阻碍着中国出版走向"一带一路"的步伐。少数西方国家唯我独尊、舍我其谁营造"普世文明"，以意识形态和价值观画线、人为制造分裂和冲突。国际上的一些利益集团为一己之私，挑起文明冲突，煽动阵营对抗，严重侵蚀不同文明相互理解和信任的基石，破坏包括共建"一带一路"国家和地区在内的国际人文交流合作进程。特别是全球新冠疫情暴发后，个别西方媒体、智库策划，罔顾科学权威结论，不断升级负面议题，搞政治操弄和污名化。国际政治、社会、安全风险交织，中国出版走向"一带一路"遭遇前所未有的挑战。

新冠疫情期间，经济衰退和消费能力下降直接影响了出版物的销售，书店关闭和物流受阻进一步加剧了出版业的困境。在这种背景下，经济危机和政治动荡成为阻碍出版业发展的重要因素。全球经济的不确定性增加了出版业的市场风险，而政治动荡则可能导致审查政策的变动，影响出版自由和内容多样性。

特别是在那些文化出版产业基础本身就相对薄弱的国家，这种影响尤为明显。这些国家的出版业可能缺乏足够的资金支持，技术基础设施不完善，市场规模有限，加之新冠疫情和经济危机的双重打击，使它们深陷多重困境。出版物的生产和分发受到影响，作者和出版社面临经济压力，新作品的创作和出版数量大幅减少，甚至有的出版机构不得不停业或者缩减业务。这种连锁反应不仅影响了文化的多样性和创新，也削弱了文化交流和知识传播的能力。

（二）出版市场区域化、政治倾向增强

大国博弈过程中，由于普遍的危机和冲突，地区安全和发展风险突出，各个国家、区域的政治利益、价值观裹挟出版，出版政策、活动被赋予政治色彩，出版市场区域化突出。

俄乌冲突发生后，中东欧内部分化，一些国家期望加入欧盟，进一步融入欧洲出版市场，寻求基于同盟的支持与合作。例如，乌克兰出版商寻求周边国家和地区的支持与援助，部分乌克兰出版商搬迁到邻近国

家或地区，或与周边国家出版市场开展多方面合作。欧洲的一些出版商加强与乌克兰出版商协会的沟通互动，在社交媒体上声援乌克兰，帮助其出版商进行图书的出版、发行，为该国少儿出版提供资金援助；同时，对俄罗斯进行谴责、抵制，切割俄罗斯出版市场。还有一些国家则倾向于在本区域内开展小范围的合作，保持谨慎，避免风险。例如，基于波罗的海三国签署的《2019—2022年波罗的海国家文化部文化合作计划》，2020年爱沙尼亚、拉脱维亚、立陶宛三国文化部签署关于翻译和出版波罗的海大会文学奖获奖作品的谅解备忘录。作为新的战略博弈重点区域，东南亚也被卷入大国博弈的对抗之中，其出版业不可避免地受到影响。因此，东盟国家相互之间也加强出版合作，抱团取暖，谋求内部的发展。

（三）文化折扣现象频出

不同国家和地区拥有不同的历史背景、社会制度、宗教信仰和价值观，这导致了对文化产品的接受度和解读方式存在显著差异。当出版物未能充分考虑到这些文化特性时，就容易出现文化折扣现象。尽管"一带一路"倡议强调文明互鉴，但不同文化和价值观之间的差异可能导致误解和冲突，尤其是在出版内容的选择和呈现方式上。如何在尊重文化多样性的同时，促进不同文化之间的对话和理解，是中国出版业需要面对的重要问题，也是中国进行"一带一路"国际出版合作时存在的显著问题。例如，中国有些出版物只是单纯地在国外出版，并没有针对目的国的具体情况进行分析，内容针对性不足，没有满足目的国人民的需求，也缺乏能在国际上引起轰动和共鸣的作品，文化折扣现象频出，甚至有的项目只是为了能获得国家支持，物理性"走出去"并未真正地"融进去"。[1]

文化折扣现象的频发不仅减弱了"一带一路"倡议在文化交流和传播方面的潜力，而且在一定程度上影响了中国的国际形象和软实力的展示。由于缺乏深入的文化适应性研究和对目标受众文化背景的深刻理解，一些出版项目虽然表面上完成了"走出去"的任务，实际上却未能触及

---

[1] 叶梦雨、周丽：《从"走出去"到"融进去"："一带一路"出版发展新策略分析》，《新闻潮》2022年第9期。

国际读者的心理和文化需求，导致出版内容在国际市场上的吸引力和影响力大打折扣。此外，这种文化折扣还可能引发目标国读者的文化反感或误读，进而产生不必要的文化摩擦和隔阂。文化内容的国际传播不仅要求语言的转换，更需要文化语境和价值观的"翻译"，确保内容能够被不同文化背景的受众正确理解和欣赏。在缺乏这种文化敏感性和适应性的情况下，即便是高质量的出版物也可能面临被边缘化或被误解的风险，从而削弱了文化交流的深度和广度，影响了"一带一路"倡议在促进全球文化多样性和增进人类文明互鉴方面的积极作用。

（四）文化产品贸易壁垒日益凸显

长期以来，由于对文化产品价值属性或意识形态属性的警惕，文化贸易领域一直存在贸易自由化和文化多样性保护的对立与冲突。共建"一带一路"国家和地区数量众多、文化多元，文化消费市场发育不够充分，这本身已构成对中国出版融入当地图书市场的挑战，更为关键的是，不少国家和地区还具有较强的宗教文化传统，具有十分强烈的维护本民族文化传统的诉求，对域外国家出版产品的输入有严格的限制措施。

此外，受近年来"逆全球化"思潮的影响，世界各国间的贸易争端向互联网空间延伸，跨界数据流动日益成为国际经贸博弈的焦点。受此影响，一些共建"一带一路"国家和地区纷纷执行极为严厉的限制数据跨界流动政策，甚至以影响国家安全为由，大规模限制中国互联网软件的下载与应用。不仅引发当地民众对中国数字出版产品的负面情绪，也加大了中国数字平台和数字内容产品进入共建"一带一路"国家和地区的风险。

由此可见，市场准入和激烈的竞争是中国出版企业在"一带一路"倡议下拓展海外市场时面临的主要挑战之一。与国际出版巨头的竞争不仅仅是资金和内容的较量，还涉及品牌影响力、市场渗透策略和长期合作伙伴关系的建立。国际出版巨头们凭借其强大的品牌、成熟的营销网络和深厚的行业经验，为中国出版企业设置了高门槛。

四 "一带一路"国际出版未来发展趋势

在党的二十大报告中，习近平总书记指出，"共建'一带一路'成为深受欢迎的国际公共产品和国际合作平台"，并提出"推动共建'一带一路'高质量发展"的要求。习近平总书记系列重要讲话是新时代出版迈向"一带一路"思想上的"导航仪"、行动上的"指南针"。出版界要围绕服务于"一带一路"建设的主线，沉着冷静、保持定力，把握平稳、平实、平和基调，稳中求进、积极作为，做到长流水不断线，团结一致、攻坚克难，找准薄弱环节、精准施策，为推动共建"一带一路"国家文明的交流互鉴，各国优秀传统文化在现代化进程中实现创造性转化、创新性发展提供出版支撑，贡献出版力量。[①]

（一）审视新常态挑战，深化国际交流

在全球经济增长放缓、地缘政治紧张加剧以及国际关系趋向阵营对立的背景下，"一带一路"倡议正逐渐适应新常态，面对诸如气候变化、国家安全和科技进步等多重挑战。在这种环境下，"知己知彼，百战不殆"的策略显得尤为重要。中国的出版行业需要保持坚韧不拔的精神，精准分析当前的国内外形势，清晰认识所面临的挑战与障碍，妥善平衡合作与利益、国际与国内、发展与安全之间的关系。基于此，制定针对"一带一路"出版合作的新方向、新策略和新行动，通过增强交流与合作，展示中国的力量和成就。

首先，考虑到地区特性的差异，加深与各地区的合作至关重要。面对欧盟调整对华贸易策略和各国增强的独立自主意识，中国与中东欧以及欧盟国家的出版合作蕴含潜在的发展机遇；同时，东南亚等亚洲邻国的战略位置不容忽视，深化与这些国家的合作不仅能促进地区安全和发展，还能加强欧亚之间的一体化进程。通过这种方式，"一带一路"不仅是经济合作的框架，也是文化和理念交流的平台，有助于在国际社会中

[①] 樊明：《稳中求进，推动"一带一路"出版合作走向深入》，《出版人》2023年第11期。

形成对中国倡议的广泛理解和支持。

其次，面对瞬息万变的世界局势，加强对潜在风险的预测和规避显得尤为重要。政治变动、经济波动和社会动荡都可能影响到"一带一路"的出版合作，因此需要持续关注各国的发展趋势，以便及时应对可能出现的挑战。

最后，全面考量国内外政策的交互作用对于确保外交交流合作的成功至关重要。深入分析中国推进"双循环"战略对外交合作的影响，旨在通过更高水平的开放，促使国内与国际的经济循环相互促进，实现共赢。通过这些方法，中国出版业能够在"一带一路"倡议下，更好地应对挑战，展现中华文化的魅力和软实力。

（二）整合纸质与数字媒体，以数字化为核心

近十年来，中国的数字出版物特别是网络文学，在东南亚市场广受欢迎，体现了中国出版内容向共建"一带一路"国家的成功输出。然而，新冠疫情的全球暴发揭示了传统出版业的诸多弱点，迫使中国的出版行为几乎完全转向线上平台。在这种背景下，中国的出版界积极建立了多元化的传播矩阵，利用网络平台、移动应用和国际社交媒体等手段，广泛传播中国的抗疫经验和解决方案。尽管如此，中国的出版产品出口仍主要依赖于传统媒介。

根据《2022中国新闻出版统计资料汇编》的数据，2021年中国的图书、报纸和期刊出口总额达到4816.57万美元，而音像和电子出版物的出口额仅为54.53万美元，传统出版物的出口总额为4871.10万美元，占总出口额的97.39%；与此相对，数字出版物的出口额只有130.66万美元，仅占2.61%，数字出版物的出口额不到传统出版物的1/37。大多数出口到共建"一带一路"国家的仍然是传统出版物，数字内容产品的数量和质量仍有提升空间。

为了推动出版业更好地融入"一带一路"倡议，应当利用媒体融合的趋势，强调在出版领域应用先进技术、通用技术和关键技术的重要性，以增强向"一带一路"输出的科技内涵。出版企业需要增强自主创新，开发新技术和新设备，为出版内容向共建"一带一路"国家和地区传播提供坚实的技术基础。同时，应充分利用网络资源、智能设备和新兴应用，促使传统出版物与网络科技深度融合，推广优秀出版内容的网络化，从而提高出版内容在共建"一带一路"国家和地区的影响力与融通性。

（三）政府引导与企业主导协同推进

十年的实践，已经证明了由政府引领、企业为核心、市场运营的模式是出版领域"走出去"策略的有效途径。政府在规划总体方向、提供政策支持和资金援助方面应发挥关键作用，特别是在多数经济发展水平较低的共建"一带一路"国家中，对那些有潜力但市场力量单独难以推广的重要主题图书给予特别的支持，帮助它们成功"走出去"。同时，鼓励企业减少对国家补贴的依赖，增强自身的市场竞争力和自主发展能力。

此外，应促使出版和发行企业积极主动，将推动文化输出的国家任务与企业发展壮大的目标相结合，运用全球化视野、国际标准和市场策略，确保"一带一路"倡议下的出版工作取得实质成果、创新亮点和品牌效应。过去十年的经验表明，民营和社会资本对参与"一带一路"出版项目充满热情，许多民营企业生产的图书不仅成功进入海外市场，还在当地获得了积极反响。例如，人民天舟（北京）出版有限公司在摩洛哥和阿联酋设立分公司，北京求是园文化传播有限公司在吉尔吉斯斯坦启动了中吉经典著作互译出版合作项目，等等。民营文化企业的市场导向和灵活性使其能够在一些主流企业难以触及的领域发挥作用。因此，应当加强对这些具备实力和国际出版经验的民营企业的指导和支持，让它们在共建"一带一路"国家进行更多形式的出版尝试，形成国有和各类所有制企业共同参与的动态格局，从而增强出版业"走出去"的整体协同效应。

回顾过去十年，中国的出版业在"一带一路"倡议下历经风雨，坚定不移地前进，为将"一带一路"建设成为面对挑战的合作之道、保障人民福祉的健康之途、推动经济和社会复苏的复兴之路、开发新潜能的增长途径作出了重要贡献，谱写了精彩绝伦的出版篇章。向未来展望，中国出版业定将深入实施以习近平同志为核心的党中央的决策指示，坚持不懈地将出版物推向共建"一带一路"国家，为共同打造高质量的"一带一路"注入更强的动力，提供更广阔的发展空间和更优的发展途径，开创新的辉煌成就。

亚洲出版产业发展报告

刘 畅 石国旭 冀莹珂[*]

摘 要： 后疫情时代，亚洲出版产业发展整体上显现增长态势，产业规模不断扩大。其中，数字出版产业日益壮大，已经成为推动各国出版产业发展的主要力量。出版产业面临数字化升级，在内容创造、技术创新、模式进化等方面亟须变革突破、迭代创新。亚洲出版产业的未来机遇与挑战并存，新的技术环境和市场环境正在扮演"双面角色"，出版产业沉浸在更复杂、更多元的影响因素之中。亚洲出版业在区域合作方向上谋求合力，中国与其他亚洲国家一道在出版业务上不断创新合作成果，为亚洲出版产业注入新动能。

关键词： 亚洲出版；出版产业；区域合作

2021年以来，全球出版产业受到高通货膨胀率、供应链危机、不断上涨的生产成本等问题困扰；在疫情限制逐步放开的过程中，出版产业还要面对回归"正常化"的市场现状，以及在疫情期间催生的新业务形态和销售模式。在此局势下，亚洲出版产业面对新环境如何保持生命力是一个艰巨的课题，也是亚洲各国出版产业都会面对的现实挑战。本文通过梳理亚洲出版产业的发展规模、趋势、机遇、挑战以及合作，呈现亚洲出版产业的现状，以期为亚洲出版产业的发展提供参考。

---

[*] 刘畅，博士，浙江传媒学院出版学院副教授、硕士生导师；石国旭，浙江传媒学院新闻与传播学院硕士研究生；冀莹珂，浙江传媒学院新闻与传播学院硕士研究生。

一 亚洲出版产业发展规模

亚洲出版业作为重要角色,一直为全球出版产业的发展贡献力量。根据联合国世界知识产权组织(WIPO)2023 年 12 月发布的《2022 年全球出版业报告》,在 28 个提供销售数据的国家当中,日本和印度分别以 93 亿美元和 91 亿美元的出版收入位列第三和第四。其中,日本的大众出版收入占比在所有被统计国家中最高,为 93.2%;印度的教育出版收入占比在所有被统计国家中最高,为 93.3%。另外,日本的数字出版在本国不同出版介质中所占比重最高,为 43.1%。[1] 这些亚洲国家在全球出版业中的重要地位,在一定程度上彰显了亚洲出版产业的巨大规模。后文将对中国、日本、韩国三个重要亚洲国家的出版产业发展概况进行报告。

(一)中国出版产业发展概况

在中国国民经济持续增长、文化消费支出不断提升,以及国家产业政策有效引导的背景下,出版市场规模呈现出良好的增长态势。面对新冠疫情及其引发的社会消费活力下降的形势,出版市场依然呈现出小幅增长趋势,部分品类出现负增长,而随着疫情结束,经济复苏,全国出版产业的发展趋势向好。

国家统计局发布的《国民经济和社会发展统计公报》以及国家新闻出版署公布的《2021 年全国新闻出版业基本情况》显示,2021 年,图书、期刊、报纸、音像制品和电子出版物出版总量共计 426.65 亿册(份、盒、张),同比增长 2.19%。2021 年,中国总计出版 283.02 亿份各类报纸、20.09 亿册各类期刊、118.64 亿册图书,图书拥有量为人均 7.76 册。

中国出版产业创收稳步增长。《2021 年度全国出版物发行业发展报告》由中宣部印刷发行局和中国书刊发行业协会联合发布,报告显示,2021 年出版物销售额总计 4779.45 亿元,较 2020 年增长 15.48%。销售

---

[1] 《报告解读 |〈2022 年全球出版业报告〉发布,多维度展现全球出版业最新态势》,2023 年 12 月 19 日,"国际出版周报"微信公众号,https://mp.weixin.qq.com/s/MWBNh9WbL7_RrH-LYH5u2Cg。

额按照不同经营品类分布如下：图书占据 90.52% 的份额，销售额达到 4326.34 亿元，同比增长 17.38%；报纸期刊占据 6.31% 的份额，销售额为 301.48 亿元，同比下降 1.88%；电子音像占据 3.17% 的份额，销售额为 151.62 亿元，同比增长 3.99%。2021 年，中国实体书店与网上书店销售额皆呈现上涨趋势，涨幅分别为 15.42% 与 19.40%。

疫情过后中国图书出版迎来向好趋势，销售渠道正在向线上拓展，短视频图书电商销售额增长迅速。2022 年，在社会消费严峻的形势下，短视频图书电商销售码洋规模实现逆势增长，在所有销售渠道中占比 16.4%，赶超实体书店零售码洋占比（15.3%），同比增长 42.86%。随着中国社会生活水平的提高，在图书消费中对于个人休闲提升、儿童早期教育的需求正在不断增加，图书市场销售份额占比前三的品类分别是少儿类、社科类和教辅教材类。

数字出版产业是中国数字经济的重要组成部分，也是出版产业发展中的重头戏。2022 年，中国数字出版产业的总收入达到 13586.99 亿元，同比增长 6.46%。传统书报刊数字化收入同比增长 3.7%，尽管增速为近三年来最低，但仍保持增长势头；网络文学规模继续扩大，其海外市场规模突破 30 亿元。

2022 年，面对多种不利因素，中国数字出版产业呈现出强韧发展态势。线上游戏、在线教育、互联网广告的收益分别为 2658.84 亿元、2620 亿元、6639.2 亿元。数字音乐收入达到 637.5 亿元，移动阅读收益为 463.52 亿元，网络动漫收入达到 330.94 亿元，博客类应用收入达到 132.08 亿元，电子书收入达到 69 亿元，互联网期刊收入达到 29.51 亿元，数字报纸（不含手机报）收入达到 6.4 亿元。

值得注意的是，2022 年，数字报纸、电子图书和互联网期刊三项收入总值为 104.91 亿元，同比增长 3.7%，不过增速为近三年来的最低点。2022 年，网上教育的总收入达到 2620 亿元。其中，素质教育和职业教育继续发力，以人工智能为代表的新兴科技将网络教育推向平稳发展阶段。2022 年，全国线上动漫产业收入共 330.94 亿元。相关动漫企业对用户的消费习惯与行为进行深入研究，通过提高内容品质，充分调动市场资源，打造品牌 IP，使网络动漫进一步往产业化、规模化发展的方向前行。[1] 2022 年，图书直播电商平台的销售类型不断拓展，除了儿童读物、参考书、纯文学类、知识性类图书销量有所增长，图书行业的直播营销模式正向有内涵的"知识分享"方向发展，图书行业的"直播营销"迈入 3.0 时代。目前，许多出版社都采取"绑定互联网＋孵化 IP"的方法来改变传统的图书营销模式。他们通过社交媒体和用户社区，扩大流量，从而更便捷、精准、直接地触达用户。

在出版产业中，数据对于生产端和消费端的高效循环、供需关系匹配具有重要作用。2023 年 3 月，成立"国家数据局"的提议在国务院机构改革方案中被提出，表明中国政府对数据应用的重视。基于对数据的高效洞察，出版行业可以实现内容服务定制化，从而精准满足用户需求，高效匹配供需关系。

数字版权价值日益凸显，已成为数字内容产业的核心资产。2022 年，版权产业行业增加值为 89733.61 亿元，占全国 GDP 的比重为 7.41%，已进入支柱产业的行列。与此同时，出版业还特别重视标准化、数字化版权价值评估过程和评估指标，中国出版行业正在积极地构建数字化版权管理服务平台，利用区块链等技术来提升数字版权交易的合法性，保护数字版权资产的高质量发展。

通过持续健全发展机制，中国全媒体渠道人才队伍建设取得积极成效。2022 年 7 月，《中华人民共和国职业分类大典》经过新修订，首次增设"数字职业"标识（标识为 S），97 个数字职业涵盖在内。这一举措将进一步推动中国数字出版人才队伍建设的高质量发展。[2]

（二）日本出版产业概况

日本出版业市场整体势头略显疲软，出版产业销售额在近两年呈现下降趋势。《2022 年日本出版市场报告》显示，2022 年日本纸质和电子

---

[1] 崔海教、王飚：《2022—2023 中国数字出版产业年度报告（摘要）》，《出版发行研究》2023 年第 9 期。

[2] 曹文扬：《元宇宙视域下数字内容产业人才培养的必要性与可行路径》，《新闻前哨》2023 年第 7 期。

出版市场累计销售额为 1.6305 万亿日元（约合人民币 835 亿元），同比下降 2.6%，4 年来首次出现负增长。日本出版科学研究所发布的 2023 年上半年日本出版市场销售额数据显示，日本出版市场的销售金额（包括纸质出版和电子出版）同比减少了 3.7%，降至 8024 亿日元。其中，纸质出版市场相较同期减少了 8%，而电子出版市场同比增长 7.1%。①

纸质出版物在日本市场中的销售份额正在下降，大部分品类的纸质书销售金额均为负增长。日本纸质出版图书、杂志在 2022 年的市场销售额达到 1.13 万亿日元，图书和杂志销售额均表现出回落趋势。图书方面，此前销量不错的主要有文艺、儿童、学习参考、资格考试类，但因为缺乏可以强力牵引出版市场的热点和潮流，市场陷入持续低迷。其中文艺类图书、游戏攻略图书和旅游手册等还能保持一定的销量，其他主要门类的图书则形势不容乐观。畅销书的销量也日益下滑，例如，2022 年，日本最畅销的图书为和田秀树的《80 岁的墙》，发行量也仅不到 60 万册。2023 年上半年，纸质出版物（包括书籍和杂志）市场的销售金额继续降至 5482 亿日元。其中，书籍销售金额同比减少了 6.9%，降至 3284 亿日元；杂志销售金额同比减少了 9.7%，降至 2197 亿日元。

在电子出版市场方面，日本的电子出版物销售额呈现缓慢增长趋势，电子出版市场趋于成熟，正在吸引更多用户。2022 年，日本电子出版市场规模扩大，市场占有率达 30.7%，销售额为 5013 亿日元，同比增长 7.5%。其中电子漫画成为促进增长的主要动力，电子漫画销售额为 4479 亿日元，同比增长 8.9%，而电子图书和电子杂志销售额均在下降。2023 年上半年，电子出版市场的销售金额预计同比增长 7.1%，达到 2542 亿日元。其中，电子漫画市场的销售金额同比增长了 8.3%，达到 2271 亿日元；电子书市场的销售金额同比减少 0.4%，降至 229 亿日元；电子杂志的销售额同比下降了 8.7%，为 42 亿日元。随着电子动漫的蓬勃发展，其市场又占据电子出版市场近九成份额，因此电子出版市场整体销售金额超过前一年。电子书市场方面，在畅销书、轻小说、数字写真集等领域有所增长，整体和前一年持平。

---

① 林晓芳、王壮：《国际数字出版产业发展报告：俄西日韩篇》，《数字出版研究》2023 年第 3 期。

(三) 韩国出版产业概况

2021年，新冠疫情对韩国的出版市场产生冲击，"非接触式"的社会环境塑造新的图书消费模式，居家状态对图书消费起到促进作用。根据教保文库2021年的年度销售数据，疫情环境下韩国小说销量增长，玄幻小说《达勒古特梦百货店》位居畅销书榜首。2021年，经管类图书销量同比上升22.1%，诗歌和散文类图书销量同比下降8.6%，旅游类图书同比下降14.1%。图书销量占有率排名前四的类别分别为初高中辅导书、经管类图书、人文类图书和小说。

虽然图书销售额持续增长，但是在缓慢的增长形势下，实体书店的营业利润依然呈现下降态势。2021年韩国3家主要书店（教保文库、YES24、阿拉丁）销售总额累计1.9万亿韩元，增长9.3%，而营业利润减少13.8%。

2022年，韩国出版市场销售额保持小幅上涨，其中电子出版物销售额涨幅最大。整体来看，出版行业的市场形势依然严峻。根据《2022年韩国出版市场报告》数据，2022年，在韩国金融监督电子公示系统上提供了年度报告的77家出版社的销售总额为5.11万亿韩元，同比增长2.8%，较2021年（6.1%）相比呈现减缓趋势。

2022年，韩国书店线上线下销售额小幅上涨，但营业利润下降明显。韩国的主要大型实体书店和线上书店为教保文库、Yes24、阿拉丁和永丰文库4家。2022年，4家书店的线上线下销售额约为2.72万亿韩元，同比增长2.3%；营业利润约为199亿韩元，同比下降33.3%。

2022年，韩国出版市场中电子出版企业销售额涨幅明显，同比增长30.1%。《2022年韩国出版市场报告》对韩国主要的13家电子出版企业（包括电子书、网络漫画、网络小说）的销售额进行统计，销售总额约为1.26万亿韩元。其中，10家企业销售额增长，3家企业销售额下降，总营业利润约为624亿韩元，同比下降8.5%。

二 亚洲出版产业发展趋势

近年来，国际社会政治、经济形势不断变化，世界格局风云突变，人类社会面对诸多不确定性。与此同时，科学技术发展与创新的势头迅猛，以人工智能技术为代表的数字技术为社会发展注入蓬勃力量，也在深刻影响着出版产业的发展进程，促使各国的出版产业在内容创造、技术创新、模式进化等方面变革突破、迭代升级。

过去三年，新冠疫情在全球蔓延，推动了数字经济的发展，加速了出版业的数字化进程。2021年，国际出版业在疫情的影响下实现了强劲反弹。根据日本出版科学研究所网站发布的数据，2021年日本的电子与传统出版物销售总额约为1.67万亿日元，比2020年增长了3.6%，连续三年实现正增长。其中，数字出版物的销售额达到4662亿日元，较2020年大幅增长了18.6%。由于电子漫画市场增长的推动，日本数字出版在疫情环境下新增了大量新用户。①

2022年多国图书市场需求回降，日本电子与传统出版物市场4年来首次出现负增长，销售额约为1.63万亿日元，比2021年下降2.6%。纸质出版物销售额下降最为明显，同比下降6.5%，电子出版物市场销售额以7.5%实现正增长，日本电子出版市场占有率从2021年的27.8%增至30.7%。

后疫情时代，出版产业依然面临困境，亚洲出版业也受到通货膨胀、供应链、生产成本等严峻形势的制约，需要对新生的市场现状、业务形态和商业模式进行回应。总体来看，亚洲出版产业发展呈现出数智化升级、商业化重塑、平台化加剧、全球化拓展的全方位革新态势。

（一）出版产品数智化升级

得益于政府支持和技术支撑，亚洲出版产品向数字化和智慧化升级。在过去的新冠疫情环境之下，数字经济发展迅速，各国政府在设施建设和政策支持上踊跃发力。《韩国第四次出版与文化振兴行动纲要（2017—2021年）》对电子图书、MCN机构等内容进行了重点部署规划。2022年，韩国有关方更是将大型网上书店作为流通枢纽，将推动电子图书市场的发展列入了出版文化产业促进计划。2023年2月，中国发布了《数字中

---

① 《手握世界顶级漫画IP的集英社是如何抓住年轻人的心?》，2022年10月9日，知乎，https://zhuanlan.zhihu.com/p/571691914。

国建设整体布局规划》，指明建设数字中国的重要意义。这些举措彰显了各国对数字出版领域的高度重视，成为出版产业数字化发展的有力支撑。①

数字出版凭借消弭时空隔阂的优势迎来发展机遇，亚洲各国出版公司和企业纷纷从传统出版向数字化出版转型，有声阅读得到迅速发展，各种融合技术衍生的富媒体出版物涌现。有声书开发是数字化出版实践的典型代表，实现了视觉到听觉的感官跨越，给予人类在阅读体验中解放身体活动限制的机会。有声书市场自2017年来一直是韩国数字出版的一大分支，2020年的数据显示，韩国有声书市场规模达到200亿韩元，占据了图书市场的10%，呈现出增长态势。而根据《2022年中国数字文化娱乐产业综合分析报告》，包括有声读物在内的音频市场在中国的规模已经接近500亿元。这些数字反映了有声书市场的迅速发展，显示了人们对音频内容日益增长的兴趣和需求。

数字动漫在日本数字出版领域的优势显现，视频化改编和移动端的数字漫画作品成为拉动动漫数字出版产业规模增长的主要动力。日本线上网络漫画2021年销售额累计4114亿日元，比2020年增长20.3%，数字漫画在数字出版市场的占比进一步上升至88.2%。数字漫画在日本出版市场中的持续增长和巨大影响力，反映了数字化阅读在漫画领域中广受欢迎和广泛应用。

融合多种数字技术的出版产品使出版物的智慧化展示成为可能。例如在名为"JAMES的东京30天"的数字游记中，设计师James Curran把一幅幅循环的东京动态图景，以简洁明快的数字画面呈现给读者。设计师使用多种数字技术，创作风格鲜明的设计作品，使阅读者感受到不一样的设计美感。② 近年来，5G、大数据、MR、AIGC、神经网络等新技术在出版领域推广应用，未来的新型数字技术将会催生更丰富、更复杂、更智慧的出版产品。

---

① 林晓芳、王壮：《国际数字出版产业发展现状、问题及趋势》，《出版发行研究》2023年第6期。

② 李雅洁：《数字出版物中动态页面的设计特点及其发展策略》，《北京印刷学院学报》2023年第5期。

数智出版在教育出版领域也得到发展，部分国家持续开展数字教育、数字教学、数字教材的研发和实验。2022年3月，整合数字教育资源654万条，大约集纳职业教材1.5万册、2万种线上课程，涉及约600个专业的国家职业教育智慧教育平台上线。2023年6月，根据《亚洲日报》报道，韩国教育部正计划在小学三、四年级及初一和高一年级使用国语、数学、英语、信息科技AI教科书。这项计划将于2025年春季开始，并逐年扩展应用年级和科目，在2028年以前实现全覆盖。①

（二）出版产业商业化重塑

消费环境和技术环境深刻影响到出版产业的营销体系，出版行业的消费与服务模式正在经历转型升级阶段，亚洲各大出版公司和相关科技公司联合推动，促进商业模式及利润增长方式的不断创新。

2022年，中国众多出版机构加速构建全媒体营销体系，借助图文、短视频、中视频平台等媒体渠道吸引流量进而创造利润。"北京开卷"发布的《2022上半年图书零售市场报告》显示，受疫情冲击，中国上半年的图书零售销售总量较2021年同期下滑13.8%。② 具体来看，实体店渠道的下降幅度为39.7%，网店渠道的下降幅度为5.8%。与此相反的是，短视频电商渠道则逆势增长，同比增长了60%。这些数据反映了图书零售市场在疫情背景下的变化趋势，显示了消费者购书方式的转变和数字化营销渠道的崛起。另外，在2022年世界读书日期间，机械工业出版社进行了品牌直播活动，累计时长达14个小时。这一活动取得了令人瞩目的成果，单场成交额达到40.7万元，观看人数更是达到了9.44万人。传统图书的销售模式正在被颠覆，出版行业的竞争已经转向线上营销，中国出版线上营销模式正走向成熟。

亚洲其他国家出版产业营销渠道扩展和创新的现象同样显著，图书线上销售渠道销售额保持稳定增长。韩国统计厅公布的《2021年网络购

---

① 《韩国：2025年起将把AI引入中小学课程，3年实现全覆盖》，2023年6月10日，澎湃新闻，https://news.ifeng.com/c/8QVEjL5syC5。
② 《图书零售市场：实体渠道同比下降40%，短视频电商带来增量机会 | 开卷2022上半年图书零售市场报告》，2022年7月8日，澎湃新闻，https://m.thepaper.cn/baijiahao_18917181。

物动向调查》显示，2021年韩国网上售书交易额约为2.59万亿韩元，较2020年的2.4万亿韩元约增加了8%。韩国主要网络书店Yes24和阿拉丁销售额分别为0.65万亿韩元和0.46万亿韩元，同比均增长约6%。①

日本出版界也屡次出现抖音畅销书现象，抖音主播进行图书推介后带动了图书销售，线上的图书营销推广扮演愈加重要的角色。短视频图书营销潜力显现，近三年来，抖音图书社区对图书市场的促进作用越发明显，在图书推广和营销方面发挥着重要作用。

社交媒体依靠对于用户聚合和内容整合的能力，也在承担出版物的发行和创收业务。LINE是日本最大的社交媒体，此公司发布的名为"LINE MANGA"的在线漫画平台依靠展开电子漫画销售、漫画连载、原创漫画发行等业务，占据了日本电子漫画市场的顶端优势。

马来西亚常见的图书推广方式主要有以下几种：一是政府主动介入阅读推广；二是图书直播带动图书销售；三是企业家赞助图书发行；四是支持出版商向公众直接销售；五是围绕书展举办各类美食活动，吸引更多民众参与。疫情期间，马来西亚图书的线上推广很多，但是随着疫情结束很多推广行为再次转回线下。②

受疫情影响，哈萨克斯坦陆续关闭实体书店，开放免费数字资源。这项举措对数字内容消费起到普及推广作用。但是，哈萨克斯坦欧亚国立大学出版社总经理阿达依·赛肯表示，这种应急状态下的措施无法助力数字出版的长远发展，因为哈萨克斯坦根本没有出版社能够在疫情期间依靠数字出版收益实现正常运转。为此，他建议传统出版社进一步推进建设网上书店、线上图书馆，通过同国外出版社共享数字资源、扩大阅读量等方式来转换产业发展模式。③

---

① 《韩国2021年11月网购交易额同比增16.5%创新高》，2022年1月7日，搜狐网，https://www.sohu.com/a/514995290_120918826。
② 《异域阅读风景｜摸底马来西亚图书市场》，2023年6月6日，"北京阅读季"微信公众号，https://mp.weixin.qq.com/s/7xvlzwpvQStqPSKB1zq-Xw。
③ 《后疫情时代国际合作出版呈现新形态》，2021年9月28日，"中国新闻出版广电报"微信公众号，https://mp.weixin.qq.com/s/oTowOB2f4bFmWVna7q7Tmg。

(三) 出版发行平台化加剧

新技术推动出版产业发展，5G、大数据、云计算、人工智能、区块链、物联网、虚拟现实和增强现实等先进技术正在为亚洲出版产业带来新面貌。这些技术的运用将为出版业带来新的发展机遇，也将进一步提升出版服务的质量和效率。[①]

出版发行向着数字化平台发展已经成为大势所趋，无论是跨国公司还是本土化企业，都在建设数字化平台，联结优质内容和消费者资源。平台化促进规模化，一些具有特色优势的内容平台涌现，优质数字内容平台逐渐发挥引领作用。前文提到韩国有声读物的市场发展迅速，Welaaa是韩国国内最大的移动有声读物App平台，2021年该平台的会员人数超过62万人，同比增加394%；付费用户人数也同比骤增，增加了800%以上。这个数据反映了数字化阅读平台在韩国日益受到欢迎，并显示了数字阅读在阅读习惯中的显著增长趋势。通过整合内容资源创建优势，激发用户对付费内容的接受，为Welaaa有声书平台创造收益。

根据《2021—2023中国数字出版产业年度报告》，相关部门正在持续发力开展出版融合发展工程，行业优秀代表充分发挥示范作用。其中包括交通出版社的"车学堂"交通安全教育综合服务平台、得到App以及掌阅iReader、爱课程（中国大学MOOC）平台等文化科技企业平台入选"数字出版优质平台遴选推荐计划"。这些平台的入选，表明它们在数字出版领域的质量和影响力得到了认可，也展现了数字化阅读和学习在中国的发展水平与受欢迎程度。

(四) 出版业务全球化拓展

全球和区域性业务拓展促进出版产业全球化，在发展本土出版业务的同时，各国出版公司也努力开拓国际业务，在其他国家的市场输出出版产品及服务。韩国本土出版市场较小，开拓海外市场成为出版产业发展重点。为了实现拓展国外市场这一目标，韩国政府在《出版文化产业

[①] 杜方伟、张新新：《中国特色数字出版话语权分析——基于数字出版行业话语权与学术话语权的双视角》，《科技与出版》2023年第2期。

促进计划（2022—2026）》中，提出了开发国外市场、创造新需求的总方针。韩国最大的数字动漫平台——NaverWebtoon，正通过并购行动，向国外扩张。2021年5月，Webtoon完成了对位于多伦多的Wattpad平台的并购；2022年4月，Webtoon的附属公司Line Digital Frontier又收购了日本电子图书供应商、数码动漫平台Ebook Initiative Japan。这些举措显示了韩国出版业在海外市场拓展方面的积极态度和努力，为其在全球范围内获得更多的市场份额和影响力创造机会。

截至2022年年底，中国已有16000多种网文作品被出口到国外，其中包括6400多部纸质图书的版权授权和9600多部译文图书。单是2022年，中国网文的海外市场就已经超过了30亿元，拥有超过1.5亿的用户。线上网文在国际市场上的需求持续增长，受欢迎程度逐年升高，中国文化在全球范围内的影响力和吸引力不断提升。[①]

在数字化技术和文化多样性的推力作用下，国际交流合作及业务扩展不可阻挡，亚洲出版业在全球化业务拓展的道路上迈出坚实步伐，为亚洲出版产业的发展带来更多机遇，同时也促进全球出版业变革与文化的繁荣。

三　亚洲出版产业发展机遇

（一）新技术助力数字化崛起

科学技术作为重要生产力参与出版行业发展，在新技术的助力下亚洲出版业迎来数字化崛起。人工智能、5G、虚拟现实、传感器、神经交互等数字技术正在引发新一轮产业革命，出版业在新技术的渗透下实现全方位改革，重新塑造形态、样态、业态，在数字化道路上一往直前。

数字化已成为亚洲出版业的主要变革驱动力之一，推动着传统出版商转向数字平台，内容制作、分发和营销模式正在发生改变。新技术使出版商能够利用大数据和人工智能了解用户需求，为其提供个性化的内容体验。通过分析用户行为、喜好和趋势，出版商能够精准地定位受众，

---

① 《中国网络文学价值社会认同度提高　海外"Z世代"读者多》，2023年9月21日，百度网，https://baijiahao.baidu.com/s?id=1777611085095042051&wfr=spider&for=pc。

并提供更具吸引力和相关性的数字内容。亚洲出版商采用新技术，如虚拟现实（VR）、增强现实（AR）和机器学习，来创作更引人入胜的故事、提供更丰富的读者体验，并且提高生产效率。从传统的文字内容发展到结合音频、视频和互动元素的多媒体作品，这种多样性不仅丰富了内容，也提升了不同读者群体的参与度。区块链技术在确保版权、防止盗版和内容保护方面发挥着关键作用，为数字出版物的安全性和可信度提供了保障，有助于建立起一个健康可持续发展的数字出版生态系统。

新技术对亚洲出版业的数字化转型起到关键作用，为出版商和读者带来了更多机遇和便利，推动着亚洲出版业数字化的蓬勃发展。这种变革不仅改变了出版业的传统模式，也为行业创新和读者体验提供了更多可能性。

数字技术也正在重构新媒体场域中的日本出版。由日本最大的即时通信社交媒体LINE成立的专注于电子漫画的应用程序LINE MANGA，其专注于社群交流、娱乐休闲和情感沟通的市场需求。它基于大数据技术对用户模型和画像进行深入的个性化需求分析与数据挖掘，充分利用社交媒体平台优势和用户储备，展开了电子漫画社群营销和专业化建设。2021年6月的一项调查显示，LINE MANGA以27.8%的份额成为最受欢迎的电子书平台应用程序，位列日本电子漫画市场的首位。

2023年9月，第十三届中国数字出版博览会在甘肃敦煌举行，会议主题为"数智赋能　联结未来"。会上展出了许多融合新技术的沉浸式体验产品，展现了在新技术背景下融合出版发展的崭新图景。这次展会预示了未来出版业发展的新样态和新机会，凸显了数字化和智能化在出版领域的不断渗透和创新。

（二）需求增长扩大市场容量

亚洲出版行业正处于蓬勃发展的阶段，"全民阅读"和"自出版"这两个切入口成为推动其需求增长和市场容量扩大的重要因素。全民阅读和自出版趋势的发展彰显了数字化时代对知识获取与传播方式的革命，也在很大程度上塑造了亚洲出版业的未来，为亚洲出版产业的发展带来良好机遇。

"世界读书日"由联合国教科文组织在1995年宣布确立，自此之后，全民阅读推广理念已经成为世界各国的共识。在亚洲地区，全民阅读浪潮正在推动着出版行业需求的增长。亚洲地区的阅读人口在逐年增加，中国、印度、日本、韩国等国家的公共图书馆、阅读推广活动和数字阅读平台也在不断发展，为人们提供了更多的阅读机会和资源。

日韩对于培养全民阅读习惯、提高国民素养相当重视。日本的年人均读书量为40本，排在世界第二位，仅次于以色列的人均60本。早在2001年12月，日本国会就通过了《少年儿童读书活动推进法》，旨在促进少年儿童的读书活动。韩国的《促进阅读文化法》强调了学校阅读的重要性，将基础教育与儿童阅读有机地结合起来，着重培养孩子们的阅读水平和能力。[①]

《中华人民共和国国民经济和社会发展第十四个五年规划和2035年远景目标纲要》强调了"深入推进全民阅读，建设'书香中国'"的重要性，并将全民阅读纳入国家发展战略的重要组成部分。全民阅读已成为中华民族伟大复兴强大精神动力和智力支持的基础。

2023年4月，第二十次全国国民阅读调查成果由中国新闻出版研究院发布。数据反映中国成年人在2022年的整体阅读率为81.8%，与2021年相比微幅增长0.2%；数字化阅读方式的普及率达到了80.1%，较2021年提升0.5%。用户对手机阅读和有声阅读等轻便数字化阅读形式的接受程度不断攀升。与此同时，2022年中国0—17周岁未成年人的图书阅读率达到了84.2%，比2021年提高了0.3%。

自出版作为另一个发展引擎，也在国际出版业中崭露头角，为市场容量的扩大注入了新动力。自出版允许个人或小团体独立出版作品，并通过数字平台或自有渠道进行推广。国际组织独立作家联盟对英语国家公布的调查显示，2022年自出版作者收入中位数逾1.27万美元，较2021年增长53%。这一数字已经超过了同样调查范围内通过传统出版商出版作品的作者。中国、日本、韩国、东南亚等亚洲国家和地区的自出版数量近年来也呈现出快速增长的态势。越来越多的作家、学者和创作者选择自出版，避开传统出版渠道的限制，更迅速地将作品推向读者，为亚洲出版市场的多样性和活力注入新的"血液"。

---

① 刘敏、李焱如、苏厚泽：《读，遍世界》，《云南教育》（视界综合版）2021年第5期。

（三）多方合作促进产业创新

亚洲地区的出版产业在过去几十年里迅速发展，面临着日益激烈的竞争和快速变化的市场环境。在这种情况下，行业合作和区域合作成为推动出版产业创新与发展的重要手段。通过行业合作，不同出版机构能够分享资源、经验和技术，实现互利共赢。而区域合作则在跨越国界的范围内促进了知识交流和市场拓展，为出版产业带来新的发展机遇。

行业间的合作为促进出版产业发展提供更多可能性。其一，传统出版和数字出版能够资源共享与优势互补，传统出版积累了丰富的内容资源和市场经验，而数字出版则提供了创新的技术手段和全新的传播方式。传统出版的内容资源可以通过数字化转型得到更广泛的传播，数字出版平台则能够借助传统出版的市场渠道和读者基础实现更广泛的触达。传统出版的稳定性与数字出版的灵活性相辅相成，共同满足了传统读者和数字化时代的需求。两者合作共享技术、内容和市场资源，不仅促进了出版业的创新发展，也拓展了读者的阅读选择和体验。这种互补性关系为出版产业带来了更广阔的发展前景。其二，技术行业与出版业合作促进技术创新与数字化转型，出版商可能合作开发新的数字出版平台、阅读应用程序或者在线销售渠道。例如，合作开发针对亚洲市场的电子书平台，提供多语言支持和本地化内容，满足不同国家和地区读者的需求。最后，跨界合作可以实现内容创新，出版产业与其他行业的合作也能带来产业创新。例如，与教育机构合作开发教育内容，与艺术机构合作推出文学艺术展览，或者与科技公司合作开发增强现实（AR）或虚拟现实（VR）技术，为读者提供全新的阅读体验。

区域间合作对亚洲出版业发挥着推动作用。在政策合作与知识共享方面，政府间和非政府组织之间的合作都有助于促进出版产业的发展。中国提出推动亚洲经典著作互译计划和亚洲影视交流合作计划的倡议，旨在促进亚洲各国之间的文化交流与理解。通过翻译亚洲经典著作和加强影视作品的交流合作，深化人们对彼此文化的认知和欣赏，为促进亚洲各国之间的文明交流、展示和传播文明之美创造更多机会。

"丝路书香出版工程"作为中国新闻出版业重大战略项目进入"一带一路"倡议，该项目由原国家新闻出版广电总局负责组织实施，旨在促进与共建"一带一路"国家之间的文化交流与合作，推动共建"一带一路"国家之间文学作品、教材等内容的互译和交流。该项目主要包括重点翻译资助项目、丝路国家图书互译项目、汉语教材推广项目、境外参展项目和出版物数据库推广项目五大类。[1] 这些项目的实施为亚洲各国在出版领域的合作与交流提供了重要平台，促进了文化互通和知识共享，进一步推动了亚洲出版业的发展。以其中的翻译资助项目为例，自2015年首批立项以来至2022年8年间，已立项资助2921个项目。[2] 在国外市场拓展与文化交流方面，区域合作有助于进入新的市场、扩大影响力。例如，日本的出版商与印度的出版商合作，在印度市场推广日本文学作品，促进了文化交流和读者群的扩大。在谋求跨文化合作与多语言出版方面，亚洲地区拥有丰富多样的文化和语言，区域合作能够推动多语言出版和跨文化交流。例如，中文图书在东南亚地区的翻译和推广，或者将日本漫画引入韩国市场。这些都是跨文化合作的案例，为出版产业带来了新的发展机遇。

（四）国际传播吸收海外用户

亚洲出版产业在国际传播方面吸引越来越多海外用户，正迎来巨大的发展机遇。这一趋势不仅促进了亚洲国家的文化海外输出和出版市场拓展，还能够为全球读者提供更多样化、多元文化的阅读选择。

亚洲文化的强大吸引力为文化输出提供原动力。亚洲拥有悠久的文化传统，如中国的经典文学、印度的史诗、日本的文学作品等。这些作品在国际市场上受到广泛关注，吸引了大量海外读者的兴趣。通过翻译、数字化出版等方式，亚洲传统文学作品将以更多语言、更多形式传播，实现文化输出的多元化。

日本漫画和动漫作品作为一种文化产品在全球范围备受欢迎，对日本文化软实力的增强及其经济效益提升发挥重要作用。日本漫画与动漫

---

[1] 穆宏志：《四维度支撑中国核心价值与知识体系》，《中国出版传媒商报》2017年10月7日。

[2] 钟悠天：《文明对话视域中的中国—中亚出版业交流回顾与展望》，《出版发行研究》2023年第9期。

产业将本国作品推广至国际市场，通过海外授权，将漫画作品翻译成不同的语言，在全球进行宣传推广和销售活动。日本漫画和动漫作品海外传播的成功实践对于亚洲出版产业的国际传播具有深刻启发。

国家统计局的统计数据显示，自2007年以来，中国的版权贸易逆差呈现持续缩小的趋势，从最初的1∶4.28缩减至2020年的1∶1.02。这反映了中国在版权领域的发展和壮大。中国已经将版权输出至89个国家和地区，主要为欧美、日韩等国际重要出版市场，这表明中国在跨国版权交流中的地位和影响力逐渐增强。

亚洲出版业界可以通过技术创新与数字化平台建设拓宽亚洲出版业的海外市场。亚洲出版业正积极推进数字化转型，借助新技术为出版产业注入新动力。数字出版平台、电子书籍和在线阅读应用在国际市场上获得广泛认可。技术创新提升了阅读体验，例如增强现实（AR）和虚拟现实（VR）技术的应用为阅读带来了全新维度，吸引了更多国际用户的关注。跨媒体整合成为一种趋势，出版内容不只是停留于纸质书籍，还涵盖了音频、视频等多种形式。这种多样化的输出方式更有吸引力，能够吸引不同类型的国际用户。

四 亚洲出版产业发展挑战

出版产业是一条重要的文化产业链，推动国家文化和经济发展。然而，在全球化和数字化的浪潮下，亚洲出版产业也面临着很多挑战和改变，如何适应新形势下的经营运营模式，成为亚洲出版产业必须面对的问题。日本、韩国以及中国等亚洲国家都需要在出版产业危机中直面挑战，寻求破局之法。

（一）内容与技术的融合难题

面对不断涌现的新技术，各国出版业都在谋求一条数字融合发展之路。传统出版业尝试转型升级，不断突破技术壁垒，期望让新技术服务于出版产业。不过，出版业要清晰认识到新技术应该作为一种工具被看待，以内容生产作为生存之道的出版产业，应该追求技术与内容的匹配和融合，从而最大化发挥内容资源的价值。只有如此，以发挥优质内容的最大价值为宗旨，才能保证在新技术与出版业的融合中实现高质量发展。

日本集英社对于内容与技术融合的探索和尝试给亚洲各国的出版产业带来启示。面对内容与技术的融合难题，集英社通过挖掘内容内在价值，并采取技术赋能，链接平台资源与用户，通过对数据的精准洞察实现内容资源与技术资源的融合再生。集英社与人工智能技术公司协同合作，在出版物发布之后，对线上用户的行为轨迹数据进行分析，从而优化服务质量、调整出版方案、提升内容品质，以此来降低投入风险，增加出版收益。以刊物《周刊少年JUMP》为例，集英社将数字技术的应用贯穿在刊物影视化制作的全过程中，通过对漫画进行影视化改编，对动漫产业进行数字化开发，[1] 创造出如《鬼灭之刃》系列影视作品这样的现象级大众文化产品。

2022年，中信出版集团打造出《山海经捉妖记》这一融合出版项目，并作为优质融合出版项目入局动态数字藏品。这是中国在数字融合出版领域的一项新的探索，是数字技术赋能出版产业的创新之举。

在出版业深度融合的进程中，面对技术、内容、用户、平台等多方因素，出版业难免自乱阵脚，盲目地将技术与内容杂糅，导致数字融合之路不断碰壁。对此，出版业应该深刻认识到自身的内容优势，以数字技术服务内容为目标，打造内容与技术高效融合的生态环境，才能破解出版产业数字融合僵局。

（二）版权保护机制尚未成熟

在数字化和全球化的消费环境下，版权保护成为亚洲出版业必须要关注和优化的问题。版权是出版的核心资源，原创版权的价值越来越高。因此，出版商不但要注重原创作品资源的开发，还要重视版权保护的增强。目前，亚洲出版产业当中的侵权问题正对出版产业的版权生态和出版产业的健康发展造成威胁。

在亚洲地区，许多在线阅读网站提供免费的多语种内容服务，打造

---

[1] 肖超、耿若源：《基于创新链理论的集英社漫画出版融合发展路径及启示》，《出版与印刷》2022年第3期。

共享型内容平台，以此吸引更多用户。但是此类网站缺乏规范化监管，用户能够任意发布或下载侵权的数字内容，严重破坏版权保护生态。2022 年，ABJ 总公司对日本盗版漫画网站进行调查并公布了调查进展。此公司已追踪到超过 400 家盗版漫画网站，其中前十名盗版网站月访问总量截至 2021 年 10 月已累计将近 4 亿次，甚至由网站发布的内容还存在出版物以外的非法发行问题。

互联网和数字技术的发展，对版权保护机制产生冲击，版权保护的现代化探索显得尤为重要。韩国本土的数字出版平台 Naver 通过引进 tunlader 非法用户追踪系统，在五年内避免了 3000 亿韩元的内容资源被侵权。韩国的 KAKAO 娱乐公司则专门成立打击网络漫画非法传播的治理小组，并在 2022 年 6 月发布治理成果白皮书，对处理盗版内容的具体措施进行公布。

泰国作为东盟重要成员国，其版权保护机制的完善对于保护内容创作者的创作权益具有重要意义。2022 年 8 月，泰国政府对《知识产权法》做了最新修订，是为了现代化泰国的版权保护机制，以应对数字技术伴随的网络侵权问题。

在博鳌亚洲论坛 2023 年年会上，针对"知识产权在数字经济和全虚拟世界中的前景"这一话题，与会嘉宾对数字文化新业态、新模式以及新形势下版权保护的挑战与机遇进行探讨。[①] 数字经济高速发展给版权产业创造了新的发展空间，在数字经济时代要不断创新版权保护机制，开展版权保护国际合作。

新技术环境下，版权保护已经不是一家之事、一国之事，亚洲出版产业各方力量需要形成合力，完善版权保护制度，加强版权保护力度，建立更加完善、成熟的版权保护体系，维护出版产业版权保护的良好生态。

（三）出版人才队伍建设困难

随着出版产业融合发展的不断深入，传统媒体与数字媒体的界限越来越模糊，面对复杂化的出版产业链条和市场环境，出版产业需要更高

---

① 《版权为数字经济注入新动能——博鳌亚洲论坛嘉宾共话知识产权与数字经济》，2023 年 3 月 30 日，新华网，http：//www.xinhuanet.com/world/2023 - 03/30/c_1129481627.htm。

素质的人才队伍，出版产业从业人员需要不断提升融合出版的相关知识和技能。出版行业与其他专业领域的关联愈加密切，出版活动更加多样，这种局面对出版人才提出更高的要求。然而，这种复合能力的提升并非一日之功，出版人才队伍的建设缓慢导致出版产业人力资源的稀缺，这成为出版产业高质量发展的阻碍之一。

近年来，越南出版规模不断扩大，出版能力不断提高。尽管这些变化为出版业的发展带来机遇，但越南社会科学翰林院国际部部长阮玉全坦言，越南出版业仍面临诸多挑战。随着技术和自动化的发展，越南出版单位面临提高产品质量、改进和更新技术生产线等许多问题，而人力资源不足及扩充相关技术人才便是其中一项艰巨的挑战。

日本出版业在全球的出版市场具有重要竞争力和影响力，这与日本对顶级出版人才的培养具有密切关系。顶级编辑人员对日本出版业在全球范围的繁荣发挥了重大作用，他们必须具备扎实的文学功底、善于发掘新人、敢于挑战传统权威、精通多语言文化与优秀的营销策划和推广能力。

出版产业全球化趋势为出版人才的建设提出更高要求，《2021年中国网络文学出海研究报告》显示，缺乏具有翻译能力的相关人才是阻碍中国网络文学出海的一大主要因素，依靠网络文学爱好者的自主翻译和传播已经不能满足中国网络文学出海的实际需要，中国必须加快培养具备翻译能力的出版从业人员。①

进入数字出版时代，对于出版人才的要求更高。2023年中国出台《关于推进出版学科专业共建工作的实施意见》，其中要求出版单位和数字化企业要扩大出版学科专业毕业生招收数量，增加招聘比例，建设针对高校出版学科专业毕业生的就业指导体系，对优质创新创业项目予以关注和支持，相关意见充分体现了出版人才建设的重要性。②

---

① 《2021年中国网络文学出海研究报告》，2021年9月9日，澎湃新闻，https://m.thepaper.cn/baijiahao_14427226。
② 《中宣部、教育部联合印发〈关于推进出版学科专业共建工作的实施意见〉》，2023年12月19日，中国政府网，https://www.gov.cn/lianbo/bumen/202312/content_6921302.htm。

五 亚洲出版产业合作

2023年国际形势愈加动荡，出版产业发展在这种情况下面临多重不确定性。尽管如此，区域性的出版产业合作项目依然在不断推进，这体现了各国对出版产业合作的强烈兴趣和美好希望。例如，东盟成员国在出版业领域加强与周边国家合作，采取"抱团取暖"的策略，致力于推动本地区的内部发展。在亚洲出版产业合作方面，"一带一路"倡议以及中亚等地区的合作在实践中已经取得许多成果。这些努力和进展为亚洲各国之间的合作与交流提供了保障，也为未来的发展打下了良好的基础。

（一）出版合作持续稳步推进

2024年3月，第三届中泰文化与翻译出版论坛在泰国曼谷举行。在中泰进入免签时代后，各种内容传播形态将不断促进文化传播，更有力地为倡导文明互鉴、促进中泰共同发展作贡献。此次论坛的成功举办将为中泰文化交流与翻译出版合作注入新的能量，有力推动中泰翻译出版事业的合作与发展。

中国政府一直在助力开展出版"走出去"工程项目，给"一带一路"出版合作给予支持。"丝路书香出版工程"已开展将近10年，涵盖2921个资助项目。中国通过此项工程将版权输出到87个国家和地区，涉及50余个语种。这是"一带一路"出版对外合作中规模最大、持续时间最长的项目，对促进"一带一路"出版交流合作起到关键作用。[1]

中国新闻出版研究院统计数据显示，2021年共建"一带一路"国家与中国在版权贸易领域的合作总量累计10162项，相较2020年减少567项。其中，版权输出为8539项，相较2020年减少579项；版权引进为1623项，相较2020年增加12项。中国在出版合作方面具有强大韧性，体现了共建"一带一路"国家与中国的出版产业合作具有坚实的基础，有着良好未来。

---

[1] 甄云霞：《"一带一路"国际出版合作的新特征和新趋势》，《出版发行研究》2022年第11期。

"亚洲经典著作互译计划"为中国与相关国家的文化交流提供了重要平台和支持，覆盖了亚洲47个国家。目前，中国已经与亚洲10个国家达成经典著作互译合作意向。2021年恰逢中国与巴基斯坦正式建立外交关系70周年、与伊朗正式建立外交关系50周年、与老挝正式建立外交关系60周年，2022年中国与阿塞拜疆正式建立外交关系30周年。借此东风，中国分别与这4个国家签署国别经典著作互译出版备忘录。[1] 这种合作将有助于深化各国之间的文化交流，促进文化间的相互理解。

2022年，作为中老经典著作互译项目的首批成果，由天津出版传媒集团天津教育出版社引进的《凯山·丰威汉主席的生平和革命事业》《两姐妹》《昆布罗王》三本老挝经典著作，在该出版社正式出版。中老经典著作互译项目三本图书的出版，为促进两国文化交流、文明互鉴，向两国人民提供更多优秀的文学作品贡献了出版力量。[2]

（二）线上线下出版交流联动

新冠疫情在全球范围内导致了许多领域的停滞和变革，包括出版行业。尽管在"一带一路"倡议下，线下交流合作仍一度停滞。面对这种挑战，各国出版机构尝试通过线上交流、多媒体营销以及多形态出版产品等举措保持出版合作的持续推进。随着新冠疫情形势逐渐缓解，线下交流活动重新开展，亚洲各国出版机构和组织开始尝试创新合作模式，以应对新的挑战和机遇。

2022年6月，以韩国首尔国际书展为契机，中韩举行"中韩建交三十年线上出版交流会"，北京大学出版社、山东文艺出版社、江西教育出版社、吉林出版集团与社会科学文献出版社作为中方代表参加此次会议。中韩双方展开交流，此次线上沟通对于中韩出版文化交流具有重要价值。[3]

---

[1] 范军、刘钊：《亚洲经典著作互译计划：战略意义与实施路径》，《中国出版》2022年第20期。

[2] 《老挝三部经典著作在天津出版》，2022年12月21日，中国新闻网，http://tradeinservices.mofcom.gov.cn/article/fazhansd/gongzjz/202212/143789.html。

[3] 《中国出版亮相2022首尔国际书展 同期将举办中韩建交30周年系列出版交流活动》，2022年6月9日，中国新闻出版广电网，https://www.jssxwcbj.gov.cn/art/2022/6/2/art_34_73304.html。

"中国—东盟版权贸易服务平台"项目由广西出版集团旗下的广西科技出版社策划并实施,该项目围绕版权信息发布、版权贸易、图书翻译和版权登记等方面建立了一个相对完整的跨区域版权贸易服务生态闭环。平台业务涉及版权产品展示、资讯交流、版权代理、版权贸易等,通过综合服务致力打造"365天不落幕的书展"。这种线上平台的建设不仅提升了合作效率,还为双方提供了更广阔的交流渠道,使出版合作更加常态化和多渠道化。

线上与线下出版交流联动为亚洲出版产业合作和出版文化的交流与理解建立了更加紧密的网络,为亚洲各国各区域间的持续交流合作创造了更为广阔的空间和机会。

(三)联盟平台带动区域合作

2023年9月,东南亚出版商协会(ABPA)执行委员会会议在越南胡志明市召开,出席会议的有来自印度尼西亚、马来西亚、泰国、新加坡、菲律宾、柬埔寨等ABPA成员国的代表与越南中宣部、信息通信部、越南出版协会、胡志明市信息通信厅等越南的机构和单位代表。

ABPA是东南亚各国交流信息,分享各国出版业新政策、经验做法,推动阅读文化发展的重要渠道。此次会议主要围绕"回顾ABPA成员国出版业现状""提出促进协会内合作的方向""讨论并推选2024—2025年ABPA的轮值主席国"三个主题组进行。

中国出版单位正在学术、文学、少儿出版合作业务上积极寻求与其他国家和地区合作的平台。它为中国出版单位与相关国家和地区的合作提供了一个有组织、可持续的合作阵地,涵盖学术、文学、少儿出版等多个领域。这些平台不仅有助于促进文化交流和理解,还可以加强亚洲范围内各国之间的合作与互信。合作平台覆盖东盟地区,有助于深化中国与东盟国家之间的出版交流和合作,推动区域间文化的互鉴与共享。这种跨国合作平台的搭建将为中国与相关国家和地区的出版界开拓更广阔的合作空间,促进"一带一路"倡议下的文化交流与合作迈上新的台阶。

截至2021年9月,已有来自56个国家的319家成员单位参与合作,其中包括263家来自中国以外的成员单位。这种多国参与的合作体系为推动中国图书在相关国家的翻译、出版和发行提供了有力支持，为中国的文化输出与国际传播拓展了新的渠道和平台。这些合作也进一步促进了跨国出版领域的交流与合作，为参与国家和地区的出版业发展带来了共赢的机遇。这一成果体现了"一带一路"倡议下文化交流与合作的实际成效，为加强国际友好关系和文化交流作出了积极贡献。

接力—东盟少儿图书联盟倡议是促进中国与东盟国家之间童书出版合作的另一重要举措。通过这一联盟，泰国、新加坡、马来西亚、印度尼西亚、越南和柬埔寨等国家的出版机构建立合作，针对童书出版合作进行业务交流。平台不仅加强了中国与东盟各国童书出版机构间的版权交流，还为双方提供了一个更紧密、更深入的合作机会。通过合作，可以促进东盟地区优秀童书作品的引进与传播，也有助于中国优秀童书作品走向东盟市场，从而实现双方在童书出版领域的互利共赢。这种跨国童书出版合作的建立为中国与东盟国家之间的文化交流与理解搭建了更加牢固的桥梁，也为两地儿童带来了更丰富多彩的阅读体验。

六　结语

亚洲出版业正处于转型升级的关键时期，各国在内容创造、技术创新和商业模式上均面临重大挑战与机遇。数字化、全球化和平台化是行业发展的主要趋势，同时个性化和多样化内容的重要性也正在凸显。分析中国、日本和韩国等主要亚洲国家的出版产业发展情况，能够显示亚洲各国在应对全球化挑战、拥抱技术革新和适应市场变化方面的不同策略。亚洲出版业正积极应对全球化挑战，寻求跨国合作和区域协作，共同促进出版产业持续健康发展。亚洲出版产业的未来充满希望，但也面临许多挑战。为了实现产业持续增长和国际竞争力的提高，各国在未来仍旧需要进一步加强合作，推动技术升级和内容创新，以适应不断变化的全球出版市场。

案 例 篇

基于青云在线数字教辅出版转型报告

崔　波　杨淳淇　刘舒予　蓝　榕[*]

摘　要：近年来，新一代信息技术在出版领域的广泛应用，为出版业带来深刻变革。为适应当下智慧教育需求，教育出版推陈出新，催生出线上教辅平台。与数字平台、线上机构联合打造多样态教育产品，成为传统教育出版社转型发展的必由之路。本文以青云在线数字教辅平台为例，通过分析浙江教育出版社融合发展的成功经验，探寻传统教育出版社转型、智慧教育出版发展的困境，以期为传统教育出版社的破圈发展提供行之有效的建议。

关键词：智慧教辅；教育出版；融合出版

数字教辅指利用数字技术和网络平台，为教学提供多媒体、互动性、个性化教辅资源和服务的产品。数字教辅不仅能够满足教育信息化发展需求、适应新课程改革的教学理念，在促进教师教学创新、激发学生学习主动性等方面也发挥着重要作用。近年来，数字教辅出版已日益成为教育出版业融合转型的必然选择。青云在线教育科技有限公司是由浙江教育出版社（简称"浙教社"）、浙江出版联合集团和浙江省新华书店集团联合控股的一家从事中小学在线教育服务与数字教育平台工具开发的智慧教辅平台，其愿景是培养学生适应21世纪生活与工作所需要的核心

---

[*] 崔波，博士，浙江传媒学院出版学院教授；杨淳淇，浙江传媒学院新闻与传播学院硕士研究生；刘舒予，浙江传媒学院新闻与传播学院硕士研究生；蓝榕，浙江传媒学院新闻与传播学院硕士研究生。

素养与关键能力。青云在线并非横空出世，而是源于浙教社多年的研究与实践。青云端产品的设计，也是基于浙教社图书的开发方向，厚积薄发的成果。该平台以"内容+科技"双轮驱动的融合出版发展模式，为教育出版企业的数字化转型提供了新的思路和范例。总结青云在线的成功经验，可以深入探索教育信息化过程中的内容、平台、技术、服务等核心要点；同时借鉴其创新理念，促进教育公平、提高教育质量。

一 传统教育出版业数字化转型的困境

在融合出版的发展洪流中，传统教育出版业数字化转型面临的困境可概括为内部困境和外部困境。其中内部困境主要表现在人才短缺、内容纷乱、创收受阻等方面。外部困境主要表现为出版经费不足、出版物管理标准尚未健全、家长认可度不高等问题。

（一）内部困境

1. 通才型出版人才短缺

传统教育出版业为适应时代发展、探索数字化转型，对教育类图书编辑出版人才的能力要求日新月异，亟须编辑成为通才，既能担任审校把关人，又能高瞻远瞩对产品进行决策；既能做真抓实干的管理者，又能承担深入人心的宣传工作；既能熟练利用融媒体、数字技术进行内容生产和产品营销，又能保障教育公平，推动服务教学质量提升。然而，随着信息化浪潮袭来，人才流失和断层已成为困扰整个教育出版行业的"疑难杂症"。教辅出版人才匮乏，主要是由以下几点造成的。

（1）通才型人才难培养

数字教辅出版需要员工积极拥抱新技术、学习新技能。然而出版单位在对员工进行数字化培训时，会因员工处于创新思维和教育专业化培训的平台期而遭遇工作效率下降、成本上升的难题。而学校对数字出版人才的培养一样障碍重重，只因融合型专业需打通文理科，要求学生逻辑思维与感性思维兼顾。高中虽在实行文理分科的改革，但高考科目组合方式中仍有"大文""大理"，学生的"文理分家"思维并未根本转变，因此要求学生文理素养兼备并非易事。可见无论是企业培训还是高校设课，通才型出版人才的选拔和培养都是有难度的。

（2）新的技术认知难形成

融合出版需要数字认知，但前些年学科教育环节的数字认知滞后，导致编辑和其他从业人员在技术应用方面存在不足。根据2024年世界数字教育大会上发布的《中国智慧教育发展报告（2023）》，中国在较短时间内，通过一系列措施，在师生数字素养与教育治理的数字化方面，取得了长足进步，因此学科知识和教育出版就不能与数字技术脱节。然而当下技术迭代速度快，从大数据到云计算，再到元宇宙、生成式人工智能，一项技术还未精通，新的技术又出现。编辑们能否同时掌握资源聚合、数据管理、数字内容生产与营销等应用技术，成为企业转型的未知数。

（3）对人才的重视不到位

"人才是第一资源"，但是一些出版社在转型时未能及时意识到人才的重要性，导致从业者工作和学习缺乏主动性。目前教辅出版领域生产一线人员整体素质不高，专业能力不强，具有创新意识和工匠精神的技术带头人短缺。[1]加之个别出版社在吸引和选拔人才时并未有意识地优化人才结构，对高层次人才的培养和引进力度远远不够，导致人才纷纷改弦易辙，谋求新的出路。

由此观之，如何吸纳并管理优质人才、如何源源不断培养全能型人才、如何让人适应并赶上技术变迁，成为传统教育出版社数字化转型路上的"拦路石"。

2. 机械化转型中的内容乱象

数字教材虽已日益成为教育数字化和数字出版的核心资源，但其能否对基础教育发挥作用，还需出版社在转型过程中把握内容质量。教材的数字化虽然是教育出版转型的重要内容，但若仅仅强调对已有内容资源（教材、教辅等）的数字化，而非建立基于用户需求的个性化、定制化、全方位的服务模式，完全用传统模式进行产品研发和市场营销，很有可能错失发展良机，甚至丧失现有的内容优势和渠道优势。正如有些

---

[1] 吴乐勇：《出版人才队伍建设存在问题及解决对策——以广东省出版集团为例》，《人才资源开发》2021年第17期。

出版社过分夸大数字产品的作用，而引发的诸多出版乱象。

（1）内容把关与数字管理意识欠缺导致的侵权问题

根据北京互联网法院发布的《数字教育著作权案件审判情况白皮书》，近四年来，该法院共受理2700余件数字教育著作权纠纷案件，① 其中出版社遇到的侵权问题也十分繁杂。例如，出版社对内容质量把关不到位，存在未经授权将数字教科书内容用于其他用途，以及在数字平台上非法传播教材内容的现象。不仅如此，在数字化转型过程中，出版社与其他合作伙伴（如数字平台、作者、编辑等）之间的合同问题也可能引发纠纷。例如，关于版权分配、使用许可、收益分享等方面的合同争议。同时，出版社需要管理大量数字资源，包括数字图书、教材、音频、视频等。如果数字资源管理不当，也可能导致侵权问题。

（2）出版标准与课标认识不统一导致的资源乱战

2017年人民教育出版社与其他几个单位联合在数字教材加工规范的基础上提出的"三项行业标准"，涵盖了中小学数字教材的出版基本流程、数字教材的元数据和质检要求与检测方法。2022年进一步升级了"三项国家标准"，② 兼顾了行业政策、流程、元数据等方面的一致性。然而，现如今各地数字教育体系不一，电子课本因其研发的高难度，也少有单位使用统一标准制作，不同课时制作成数字教材的聚合模型庞大且复杂，导致各出版社对教育出版的标准认识不够统一，因而出现了资源重复建设和数据沟通受阻等乱象。内容五花八门、形式林林总总，不仅使数字教辅资料难以成为基础教育的核心资源，更有可能加剧教育内卷，与"双减"政策背道而驰。

因此，传统出版社若想在融合出版大势下华丽转身，对内容和技术的把关、对课程标准的理解，还需更上一层楼。若出版社不能结合自身现状和特点、找准基础教育痛点，盲目应用数字技术，以胡乱"炫技"取代锦上添花，以简单相加取代深度相融，以机械套用取代个性定制，终会淹没于融合出版的潮流中。

---

① 赵新乐：《数字教育著作权侵权成为网络治理重点》，《中国新闻出版广电报》2023年5月9日第2版。
② 《"凡编必审"首批中小学数字教材国家标准将实施》，《中国标准化》2022年第13期。

3. 创收新动能受抑制

在融合出版的转型实践中，出版社传统的管理机制受到挑战。长期以来，多数传统出版社沿袭编辑、宣传、发行三大环节相对独立的运营模式。[1] 而一旦面对数字时代的庞大信息流，信息交换与共享不够及时，各环节之间的互动频频受阻，影响着出版的质量和效率。在教育出版领域，其项目投入大、周期长，需要更加强大的技术建设和内容资源。不仅如此，教育出版前期投入颇多，需经过较长时间的流量和用户积累方见回报，在这样的情况下传统管理机制的弊端则更明显。

（1）分工协作机制不合理

传统出版社下设的各职能部门相对独立，各部门只专注于自己的业务，缺乏有效的沟通联结，导致编辑不懂发行，发行不懂编辑，限制了全流程中的协同效应。[2] 同时，在转型过程中，各部门身份转变也存在困难。编辑需要负责的不仅仅是内容，更要了解用户、精通营销。但是，许多编辑仍然难以将自己定位为产品经理的角色。这意味着他们无法在策划、设计、印制、发行、营销等环节实现有效的衔接。另外，虽然一些出版社成立了新媒体部或数字出版部，但其功能往往局限于将已有纸书内容单纯转变成为电子版本，或者进行简单的版权运营。因此，传统出版社的分工协作难以适应数字教育出版这一复杂课题，亟须调整部门间的协作以及企业内外部的资源分配与分工。

（2）缺乏风险应对机制

在教育融合出版领域，传统出版社面临许多挑战，特别是需要应对技术公司投资并购等情况。传统出版社拥有丰富的资源，但缺乏技术和渠道支持，当借助第三方平台进行销售时，常常出现利益分配话语权小、销售数据不透明、作者无法获得版税结算等问题，[3] 限制了传统出版社在数字化转型中的灵活性和收益稳定性。在面对项目开展过程中的战略决

---

[1] 黄毓：《融合出版视域下构建高校出版社高质量发展新机制研究》，《中国新闻出版广电报》2023年7月7日。

[2] 贺子岳、孙治鑫：《基于融合出版流程的出版社组织创新研究》，《出版科学》2019年第2期。

[3] 《电子书阅读跃居第一，传统出版转型数字出版的未来，还有多远？》，2022年8月26日，百度网，https://baijiahao.baidu.com/s?id=1742193935845028068&wfr=spider&for=pc。

策、价值评估、中期交易、后期整合所带来的风险时，传统出版社的应对机制同样较为单一。

协同效益不足影响出版效率，管理机制陈旧难以激发创新。融合出版项目确实具有高风险，种种因素抑制出版社创收的新动能，阻碍教育出版的数字化转型。

（二）外部困境

1. 出版渠道：技术搭建成本与"数据孤岛"难题

在技术、数据的赋能下，数字出版行业才能逐步完成转型升级。然而，技术搭建成本过高，数字出版行业再遇难题。为了得到技术上的支持，部分数字出版企业采取与技术公司合作成立子公司的模式，但由于企业内部体制机制存在差异，二者难以形成合力。① 当前，数字出版行业仍处于探索阶段，虽然近年来有关部门已经出台了许多数字版权相关政策，试图保障技术方面的供给，在一定程度上助推了数字出版产业的发展，② 但总体来看，技术在政策投入中的占比并不高。除了政策支持，技术能否成功搭建也受场地、人才、资金等因素限制。各种审批与人力物力财力的消耗对出版企业来说皆是不小的挑战。而对于数字版权所涉及的用户数据保护、版权保护等问题，也亟须财政、税收等方面更多的支持。

此外，随着技术的搭建与延伸，主管部门职能不明的问题也接踵而来。目前，中国的数字出版行业主要由文化部、广电总局、工信部、中宣部等多个部门进行管理，分工不同，管理上也多为不便。例如，文化部、科技部等多个动画和网络游戏产业基地重复建设，不同部门间甚至出现争夺审批权的现象。不仅如此，部分数字出版企业将数字化简单理解为 IT 系统的升级，而未从顶层设计、战略高度上考量出版产业的数字化转型。

与此同时，以数据为核心的技术搭建也面临着"数据孤岛"的困

---

① 张泽：《教育出版数字化转型升级路径探究》，《中国编辑》2022 年第 4 期。
② 张窈、储鹏：《我国数字出版政策工具选择体系及其优化策略研究》，《科技与出版》2021 年第 5 期。

境。① 随着近年来数字化程度的日益加深，大部分出版企业都已经有自用的软硬件平台信息系统，但由于各个出版企业技术搭建水平和体系存在差异，许多数字出版企业的数据系统之间联系甚少甚至完全隔离，"数据孤岛"逐渐形成。尽管大多数出版社已经意识到这一问题，但受整体出版环境、现有技术水平限制，目前出版企业还缺乏打破"数据孤岛"的能力。由此看来，出版社搭建并掌握数字化技术也是一项周期长、系统化的工程。

2. 出版环境：政策支持不足与教学场景难适应

数字出版企业目前处于快速发展阶段，但是仍存在政策支持不足的问题。在市场准入方面，国家尚未出台明确的数字教育内容生产和制作的规范与标准，导致数字教育资源生产的准入门槛低。又恰逢注意力经济时代，数字内容需争夺有限的用户资源、节约成本，一些粗制滥造的产品得以流入市场，导致各种数字教育内容质量参差不齐。这在一定程度上影响了人们对于数字教育资源的信任度和接受度。与此同时，相较于传统纸质教材教辅，政府在数字教育资源采购方面投入不足，而学校的采购经费也有限，因此学校更倾向于购买资金扶持力度更大的纸质教育资源。这也导致数字教育资源的推广和使用步履维艰。

因此，在数字出版企业的转型阶段，要想获得更深度的融合发展，离不开有关部门在数字版权保护、制定行业标准、资金等方面的大力支持。然而，当下中国数字出版政策虽在基础服务、技术、信息等方面推陈出新，但仍然存在整体发展不均、组合运用不灵活、实施效用不如预期、延续性较差等问题亟待解决。

3. 出版对象：家长方面存在缺位现象

数字化不仅赋能"教"，更要辅助"学"。而数字教育资源能否在学习上发挥最大效用，除了学生的自律和努力，也离不开家长的配合与支持。相较于纸质教材教辅，市场对数字产品的认可度和接受度普遍不高，主要有以下几个原因。

第一，家长普遍担心数字教育产品可能会影响孩子的视力。《中国眼

---

① 张晓丽：《高质量发展阶段出版业数字化转型的内在逻辑、现实困境与实现路径》，《科技传播》2022年第1期。

健康白皮书》有关近视防控的调查结果显示，中国儿童青少年总体近视率为53.6%，形势十分严峻。其中，6岁儿童近视率为14.5%，小学生为40%，初中生为70%，高中生则达到81.0%。多数家长认为，孩子近视与电子产品的使用有直接关系，因此，很多家长会干预孩子对于电子产品的使用。这也在一定程度上影响了数字教材教辅资源的进一步推广。

第二，对于数字教育资源的定价，尚未有统一的标准，市场上很多数字教育产品的定价较为随意，价格与价值不匹配的情况普遍存在，大大降低了家长的信任度。市场混乱不堪，劣币驱逐良币，低质量的产品大量涌入，乱象频生，数字教育资源出版的口碑直线下滑。因此，在选择教育产品时，家长会更倾向基于以往的教材选择经验，更多考虑纸质教辅资料。

第三，家长间对于数字教育产品的使用仍存在知沟现象。不同地区、不同学校的教育水平和教学方案均或多或少地存在差异，因此不可避免地，部分家长对数字教育产品的认知水平不足，进而影响孩子对数字教育产品的使用。

由此可以看出，在孩子没能力自己购买教育产品的阶段，家长便成了数字教育产品间接的受众。家长的信任度源于老师、专家的评价。因此，高质量的数字教辅资源要想被家长看到、被家长信服，还需与学校、老师合作推广。而这些数字资源要想在纸质教辅内容中杀出重围被学校认可、被老师看到、被家长信任，仍然道阻且长。

二 浙教出版转型与青云在线实践

世界经济数字化转型是大势所趋，新的工业革命将深刻重塑人类社会。要推动产业数字化，利用互联网新技术新应用对传统产业进行全方位、全角度、全链条的改造，提高全要素生产率，释放数字对经济发展的放大、叠加、倍增作用。

与传统的纸质教辅相比，数字化教辅将图片、文字、音视频融为一体，不仅可以拓宽出版教育信息的储存空间与传播途径，也能让信息呈现方式多样化，让教辅资料的内容更加直观。同时，数字化教辅并不局限于某一种特定的出版载体或范围，也不再沿用传统的编写、修改校对、印刷等流程，而是可以利用互联网或相关的技术平台，在特定的编辑软件中进行全程操作。这不但可以及时补充或更改信息，让教辅内容更加饱满、准确，还极大地缩减了出版环节，节省了出版的时间，在一定程度上也提升了教辅资料的质量，由此帮助学校更好地实现高效教学。

（一）青云端数字教辅出版现状

1. 内容资源：内容优质且种类丰富

智慧教辅的产品内容关乎教育用户多样化、个性化的学习需求，同时也是数字教辅出版机构提升核心竞争力和市场影响力的重要因素。面对传统出版和新兴教育机构的挑战，优质内容就是数字教辅出版可持续发展的底气与根基。青云在线背靠浙江教育出版集团，得益于浙江教育出版集团30多年来在内容产品、作者资源以及渠道积累等多方面优势，结合其出版物进行数字产品的开发，能有效保证产品的内容质量符合出版要求，且满足德智体美劳综合育人的需求。

青云在线目前有三大业务板块：融合服务、课程服务、知识服务。其中，融合服务主要是为浙江教育出版集团以及浙江出版联合集团内其他出版单位提供基于纸质图书的融合出版内容及技术服务；课程服务是基于集团的内容和作者自主或合作开发的各类在线课程；知识服务是基于"青云端"微信公众号矩阵以及浙教学习App等平台，围绕用户的需求，提供资源、产品和解决方案的信息服务业务。可见，青云在线大部分资源皆是基于浙江教育出版社的图书所开发而来，是对图书内容的补充和延伸。线上线下相融合，使图书的价值最大化，最终受益于广大读者。

以教育出版深度融合发展的视域审视教辅内容产品的优化转型，确保教育出版产品的学科知识准确全面是教育出版实现精品化的关键。从内容资源的覆盖面来看，目前青云端的出版业务已经覆盖了浙江省的多个学科和年级，其中初中数学、科学和高中信息技术的电子教材与数字教学资源已经被推广到全国十多个城市，被近1000万学生使用。从内容资源的丰富程度来看，除了传统的教材出版，青云在线大胆创新，面向课内、课前、课后不同的教辅应用场景，提供多样化的数字化教学服务，利用数据评测和智能推荐等技术，提升学生的学习效果和教师的教学效率。从内容资源的准确性方面看,为保证内容质量,传统出版社的审校管理制度仍在发挥作用。青云在线组建了一支高质量的编校队伍,专业的编辑、校对员人数占公司总人数近一半,严格执行出版社的审校制度,所有产品均经过三审三校,以确保产品的高质量。由此观之,青云在线在产品打造与内容深耕方面以传统渠道结合数字开发,成功打造了线上线下双向互补的高品质智慧教辅。

2. 平台建设:公众号运营与商城搭建

浙江教育出版集团于2014年开始了对融合出版的探索,并成立数字出版中心来专门负责数字出版和融合发展的工作。2015年9月,浙江教育出版集团正式上线"青云端"微信公众号,[①] 实现对纸质书的数字内容增值服务,后逐步增加青云商城,围绕用户的需求,提供在线教辅购买途径。"青云端"微信公众号与"青云商城"相辅相成,始终以服务基础教育课程改革为宗旨,以培养学生核心素养与关键能力、满足学生全面而个性化的发展为目标,不断前进。

"青云端"微信公众号的运营,首要任务是明确定位和受众。秉持浙江教育出版集团"服务教育,繁荣学术,积累文化"的宗旨,公众号主要的服务对象是广大教师、学生及其家长。为此,公众号充分利用自身的资源优势,抓住受众痛点,为受众提供精准的资源和服务。内容涵盖各类教辅的答案、听力音频、课外拓展资源、家庭教育资源以及教育领域的前沿动态等。"青云端"系列微信公众号按学段设置,分学前、小学、中学等学段,根据不同学段教师、学生和家长的需求,提供不同的资源和服务。学前段主要提供睡前故事、安全游戏、在线课程资源等,小学和中学段主要提供各类教辅资源、素质拓展类在线课程资源以及家庭教育资源等。

"青云商城"是基于青云端公众号矩阵搭建的图书电商平台,平台中的主要产品是浙江教育出版集团出版的各类教材教辅及其他图书。与淘宝、当当网等传统电商平台相比,青云商城的主要用户为"青云端"微信公众号矩阵的粉丝。平台通过对粉丝的深度运营,了解粉丝喜好,并

---

① 王婷婷:《试论教辅图书的融合出版——以浙江教育出版社"青云端"为例》,《中国地市报人》2021年第6期。

针对用户的实际需求推出产品和服务，使平台中的各类图书更具针对性和实用性。与此同时，将用户的实际需求转化为编辑选题策划的依据和方向，也使浙江教育出版集团出版的图书备受青睐。青云商城目前已开通了多个图书类目，包括教材教辅、教师用书、课外阅读以及科普等多个类别。未来还将进一步完善平台功能，增加更多的商品类别，以满足用户多样化的购物需求。

青云商城的功能设计与公众号的功能是相互补充的。除了商城的订单管理、会员管理、活动管理等基本功能，青云商城还提供了对公众号和商城的数据统计分析。青云商城不仅会通过数据统计分析公众号和商城的运营情况，还会根据后台提供的数据对未来的运营策略进行调整，进一步完善青云商城。此外，浙教社还会通过"青云端"微信公众号举办线上线下的签售或促销活动，进一步提升粉丝活跃度，增强公众号的粉丝黏性，从而形成一个良性的循环。

3. 产品销售：品牌推广与活动营销

目前，数字教辅产品的销售主要由民营企业和互联网公司掌握，传统出版社在数字教辅产品的销售中占据的市场份额较小，因此，浙教社乘着青云在线的东风进行数字教辅产品开发与销售，开启了数字化转型之路。

青云端的数字教辅产品营销和盈利模式是以"两端一潜服务""线上线下互动""品牌优势打造"展开布局。从客户群体构成来看，青云在线目前推出的融合服务和课程服务主要面向B端用户，知识服务主要面向C端用户，并发掘以广大K12学生、教师、家长、学校、教育机构等为主的潜在用户。从营销思维模式来看，青云在线之所以能在智慧教辅产品的激烈竞争中存活、不断获取利润，是因为其积极树立品牌意识，使产品竞争走向品牌竞争，凭借品牌优势将产品推向市场。为扩大品牌影响力，增强用户黏性，青云在线每年都会举办诸多活动，比如"青云杯"暑期口算竞赛活动、G20知识竞赛、开学包书皮大赛等以竞赛为主的线上活动，开展"家有儿女"系列家庭教育活动，举办动听故事盛典、读书分享会、作者见面会等形式更为丰富的线下活动。不仅如此，青云在线把握微信平台的新媒体运营，不断累积私域流量，策划一系列线上线下联动开展的活动，如线下开展读书分享会的同时通过自有视频号和新媒体渠道进行直播。除了举办活动与读者互动，青云在线还重视与用户的沟通交流，以促进品牌长久发展。通过制作有趣的内容发起话题、发布调查问卷、发布投票、分析用户故事等多种线上线下的方式与用户对话，提高了用户与数字出版平台之间的沟通效率，加强了用户与青云品牌之间的情感联系。如今，青云端公众号的用户参与度很高。根据青云在线2022年的年度报告，其年营收已达3.05亿元。

通过活动的形式打造多位一体的营销模式为数字产品的销售带来的影响是多方面的。一方面，活动可以增加数字产品的曝光度和知名度，让更多的用户了解和认识数字产品，从而扩大潜在客户群体；另一方面，通过开展线上线下体验活动，增加了客户对数字产品的信任和认可，可以吸引更多的客户购买数字产品。此外，通过活动，平台可收集用户对数字产品提出的反馈和建议，有助于企业了解客户的需求和反馈，为数字产品的改进和升级提供有效参考。

（二）青云端内容生产与传播特点

1. 理念创新：强强融合与转型升级同步

与以往的纸质教辅相比，数字化教辅将图片、文字、音视频融为一体。这不仅可以扩大教育资讯的存储和传播渠道，而且可以使教辅的呈现形式更加多元化，内容更具直观性。与此同时，数字辅助教材并不限于某个具体的出版载体，不仅可以及时补充信息或修改信息，使教辅内容更加充实和准确，而且可以减少出版环节，节约出书的时间，提高教辅材料的品质，从而使学校能更好地开展教学，满足广大读者的多样化阅读需要。

青云在线主要从事基础教育阶段的在线教育服务和数字教育平台工具、资源的开发，始终秉持集团"强融合、促转型"的发展理念，以培养学生的核心素养与关键能力、满足学生全面而个性化的发展为目标，利用互联网、数字技术向学生、教师提供优质的课程内容和科学的学习方案、教学方案。秉持着这种前瞻性的发展理念，青云在线始终走在行业前列，持续不断地进行转型升级，以适应市场的变化和用户的需求。

2. 服务探索："免费"资源与活动引领并举

数字出版的"免费"盈利模式可以定义为"由数字出版活动构成的

注意力、数据及企业结构系统与外部环境的关系的总和"。一方面，数字出版企业通过免费提供各类数字资源以聚拢用户，增强用户黏性；另一方面，"免费盈利"的同时又履行着服务教育的职责。

青云在线能够免费为广大读者提供在线课程、教学微课、浙教版数字教材、教材教辅配套数字资源、教学设计、教学案例等各类数字资源。看起来用户是免费使用数字资源，但实际上支付了注意力和数据。在某种程度上，用户的注意力成为货币，用户的关注成本、数据成本都可以被转换成商业价值。这样一来，商家就可以把"免费"的数字资源转化为可获利的关注度和数据。当用户创造出积极的价值后，公司就会以积极的价格销售给有需求的顾客，以此成为公司的利润。青云端所提供的"免费资源"正是如此，能够有效地将"免费资源"转变为商业盈利。

与此同时，作为联合控股方，浙江出版联合集团、浙江教育出版社和浙江省新华书店还肩负着服务用户的社会职责。青云在线始终坚持为广大用户提供包括融合服务、课程服务、知识服务在内的在线教育服务，针对不同学段教师、学生和家长的需求，提供不同的资源和服务，能有效减轻教师的备课和授课负担、学生的学习负担以及家长的家庭教育负担。

在"青云端"工作人员看来，"免费"是责任与盈利的合一。通过免费的数字资源能够聚拢用户，增强用户黏性，同时也是青云端为服务教育而承担的社会责任。数字经济下的"免费"实际上寄托了互联网时代的乌托邦理想。但是，当消费者鱼贯而入，免费就与盈利模式结合在一起，成为"免费"盈利模式，数字出版企业在这样的"免费"盈利中获取利润，也通过这种方式服务于现代教育。

3. 技术引进：数字课程与题库建设兼顾

数字技术、互联网技术、信息传播技术等的深入应用，为出版业的高质量发展提供了坚实的物质基础。随着技术的发展，传统出版行业出现了新的出版业态，内容生产与呈现、用户建设等环节因新技术而产生极大变革。

青云在线平台积极引进先进技术，兼顾数字课程与题库建设，以云计算技术推动实现高效稳定的在线教学服务。云计算技术成为青云在线平台生产高质量课程内容的坚实保障。此外，青云在线还运用大数据技术，分析学生的学习行为和成绩，为个性化学习提供支持；而引入人工智能技术，则实现课程的智能推荐，提升学习效果。同时，青云在线也凭借技术建设为用户提供移动端（手机和平板电脑等）的移动应用，方便学生随时随地学习。

当前，出版业在技术、内容、渠道、人才等多方面已经呈现全面融合的趋势。在技术融合方面，大数据、人工智能、VR 等数字技术与传统出版技术相融合，催生新媒体、新业态，出版形式不断创新，载体不断拓展，为用户提供前所未有的数字出版新体验。[①] 智能化已经成为传媒业的大势所趋，但媒体的智能化并不只是把技术当成一个噱头，而是需要将技术作为底层驱动力。在通过数字技术对出版内容进行拆分重构时，需注意实现优质内容的一次出版、多次开发，推动出版服务由单一图书产品服务上升至基于内容的多元化服务。而青云端正是将先进的数字技术与优质内容融合，打造青狮课后服务系列精品课程，利用数据评测和智能推荐技术，提升学生的学习效果和教师的教学效率，"融"得有新意、有保障。

三　教辅融合出版建议：以系统思维破圈重塑

从青云在线的实践来看，融合出版要想走得长远，必须打破旧有的思维模式，树立系统思维，让出版产品的生产、传播、消费之间形成有机互动，相互影响、相互作用，才能真正实现"出版 +"的目标，即出版产业与数字技术的深度融合。具体而言，这要求出版行业从单一的内容生产者转变为综合的服务提供者，通过更新认知理念、突破盈利机制、整合数字资源、优化用户体验、提升个性化服务、培养复合型人才等多种手段，来增强其市场竞争力。因此，融合出版企业应当运用系统思维，对现有的数字教辅出版模式进行审视，探索更加高效、智能且人性化的内容呈现方式，以期在激烈的市场竞争中占据有利地位。

---

① 刘九如、夏诗雨：《我国出版业数字化转型发展路径探究》，《出版广角》2023 年第 22 期。

（一）更新认知：破理念的桎梏

传统出版与数字出版之间的融合，不是简单的"1＋1"，而是对传统出版理念与经营理念的重新审视和超越，需要出版单位在全新的认知体系下重新理解融合。在传统出版中，教科书与教辅书是一体的，将教辅与教科书一同出版，在一定程度上可以满足广大学生吸收知识、提升成绩的需求。随着教育改革和教学实践的发展，以及技术手段的革新，教科书与教辅书的功能发生了较大变化：从主要满足学生学习需要向适应社会发展需要转变，从单一性功能向综合性功能转变，从单一载体向多样载体融合转变。

数字教材作为一种特殊形式的信息载体，其内容以文字、图片、表格、声音、动画等形式呈现，具有极强的知识性，这也是"传统出版"向"数字出版"转变的一种重要表现形式。但通过梳理传统出版与数字出版融合发展现状，可以发现，目前两者之间并没有真正意义上的融合发展。其根本原因在于，出版企业仍然坚持"纸介为主、纸网结合"的理念，认为数字教辅产品仅仅是一种补充和延伸，并没有认识到其更是一种新的内容形态。从长远来看，持续提升教学效率、减轻学生的学习负担，才是教辅出版数字化转型升级的真正目标。[①]

只有摆脱过去原有的理念桎梏，重新认识数字教辅产品的真正作用与目标，才能更好地发挥数字教辅产品的功能，实现二者的深度融合发展。在理念转变的过程中，企业要从根本上破除对数字教辅产品的错误认知，需要将数字教辅产品视为传统教辅产品的升级版，而不只是纸质内容的数字化。要在传统教辅产品的基础上，根据新的市场需求与用户体验，对数字教辅产品进行升级改造，实现数字化智能教辅的核心功能转变，强调用户的个性化体验，才能打造精品数字教辅产品。

（二）盈利变现：破机制的固化

盈利是出版社实现可持续发展的核心问题，是衡量出版社是否具有市场竞争力的重要指标。但由于数字教辅产品具有不同于纸质教辅产品

---

① 乔辉：《论互联网时代教辅出版的数字化转型升级》，《新闻爱好者》2021年第8期。

的特点，在盈利方式上也与纸质教辅产品存在很大不同，这就需要出版社从传统出版思维中跳脱出来，通过构建新的盈利模式来实现自身的转型。

目前，数字教辅出版的经营模式主要有两种：第一种是以产品为中心，即传统纸质教辅的数字化、网络化。这是以出版社为核心、以内容为基础的经营模式；第二种是以用户为中心，即电子教辅的个性化定制。这是以消费者为核心、以用户需求为导向的经营模式。青云在线采用的就是第二种经营模式，但同时也在尝试打造新型数字教辅生态系统，将融合服务、课程服务与知识服务三种业务手段紧密结合以实现数字教学资源与个性服务一体化。这一成功经验的确值得借鉴。

然而，在盈利模式方面，青云在线仍需要实现由单一的传统出版向融合出版转型，将传统出版中的渠道优势、发行优势与数字产品的用户优势相结合，探索数字教辅产品多样化的盈利模式。具体而言，传统教育出版社在转型过程中可以从以下三个方面来开展数字资源建设工作：一是在内容资源建设上，教辅出版机构应充分利用现有教材、教参、课程标准等教学资源进行数字化产品开发；二是在数字内容运营上，教辅出版机构应积极开展数字阅读推广活动，为用户提供丰富多样的数字内容服务，强调用户的个性化体验；三是在数字阅读变现上，教辅出版机构应积极探索基于知识服务的收费模式。

总之，若要实现经营模式和盈利模式的最大化，教育出版企业还需将教学服务作为导向，开发优质教学资源和产品、积极探索多元化的盈利模式、构建高效的营销体系，只有这样才能在激烈的市场竞争中立于不败之地。

（三）资源整合：破内容的束缚

以青云在线为例，其目前虽然拥有 20 多种数字出版资源，但这些资源主要还是以纸质版教辅资源为主，且在内容呈现形式上主要以文字、图片为主，缺乏形式新颖的互动内容。未来青云在线应不断优化数字教辅内容资源的供给结构、优化产品的呈现形式，打造立体化、多元化的数字教辅生态系统。

在内容资源方面，青云在线可以通过建立"产品 + 平台"的数字化教辅生态，整合优质数字出版资源和数字教育资源，实现全流程一体化服务。一方面通过内容产品建设和技术产品创新，为读者提供内容丰富、形式多样、互动性强的数字化教辅产品；另一方面也要搭建数字教育资源共享平台。

而类似的传统教育出版社在转型实践中，想要实现这一目标其实并非易事。其一，要做好对现有内容资源的研究，对各种教辅材料以及题库进行管理，构建起智能化的信息资源库。在信息资源库里学生可以轻松搜索自己需要的信息。其二，可以设置学习进度监测功能，对不同学习情况的学生推送符合当前学习状况的试题资源库，从而强化薄弱环节的学习，提高学习效率。以实际操作为例，可以将每门学科的内容进行专题总结和整合，针对不同学生设计分析出个性化的教学与学习方案。比如通过对失分试题的知识点进行难度、关联度分析，能够对不同学生的能力进行量化评价，在此基础上制订出的学习计划，更加适合学生当下的状态。此法不仅可以优化学生的学习方法，也能对当下内容资源的利用做到最大化。

系统的建设与升级需要教育出版企业具备全面的数据分析能力，方能精准采集用户学习数据，为后续的教学活动提供信息支持。因此，在充分利用现有资源的基础上，传统教育出版社还可以通过以下两种方式来拓展资源：第一，基于平台与技术开发，通过对平台提供的功能进行二次开发，从而为用户提供更多的增值服务；第二，在现有资源基础上进行整合与开发。例如，青云在线可以考虑对教辅资源进行整合与分类，按照教辅类别来划分不同的内容，并且将优质内容加以整合设计，推出具有针对性的个性化数字教辅产品。另外在内容呈现形式方面，还可尝试通过3D技术来打造一些沉浸式互动内容。

（四）拓展产业：破产品的单一

目前，传统出版业已经发展到了一个瓶颈期，在产品更新速度慢、盈利模式单一、产品服务能力弱等问题下，很难形成新的产业规模和竞争力。在这样的情况下，出版业应该从更多角度思考，打破传统出版的思维定式，通过拓展产业链实现产业升级。在融合出版时代，数字教辅出版需要强化资源整合意识和平台思维，主动推进各环节之间的融合，形成全流程、全方位、全媒体的数字教辅产品服务体系。

其一是依托于自身内容资源优势，整合教育教学资源，生产教学辅助工具，拓展产业链。例如，"好未来教育"通过整合好未来教育集团、新东方教育科技集团、学而思等教育机构的优质教学资源，不断探索教学新方式；通过与合作伙伴在智能硬件、云服务平台等方面的深度合作，打造了"九章大模型"等一系列智能产品，为学生提供了更加多元、个性化的学习工具，拓展了产业链条。

其二是利用自身的平台优势，与学校合作进行教辅资源开发与推广服务。例如，"好未来教育"与全国各大中小学建立战略合作关系，通过出版电子教辅图书、打造专属教育频道等方式开展合作。青云在线也可以借鉴这种方式，以微信、微博等新媒体为媒介，通过搭建自身的教辅资源平台，或者与其他教育机构合作，将自身资源整合到平台中，通过平台为用户提供个性化、多形式的教辅资源。

其三是通过提供增值服务拓展产业链。例如，"掌上高考通"通过提供考试服务和自主学习课程服务，如考试报名、考前模拟、在线阅卷、成绩查询等一系列增值服务，不断拓展产业边界。由此可见，教育出版业可以通过产业链的拓展升级，来打造涵盖内容生产、平台搭建、用户运营、产品研发和增值服务的数字教辅生态系统。

（五）招贤纳士：破能力的局限

人才是出版业发展的第一资源，没有人才就没有出版业的未来。目前，中国出版业正处于数字化转型升级的关键时期，只有加大对数字人才的引进力度，才能更好地适应数字出版转型发展需要。因此，要进一步完善数字教辅出版人才引进机制，为数字教辅出版转型提供必要的智库支撑，以适应数字时代的市场需求。在人才培养方面，青云在线等转型期出版社也需要有自己独有的思路，一方面要加强对传统出版人才的转型培训与学习；另一方面也要培养复合型人才，并不断引进和培养具有创新意识的数字教辅专业人才。

在数字化时代，编辑不仅仅只是信息的把关人，更是积极主动的信息传播者和创造者。因此，数字教辅出版转型必须重视编辑的数字化技能培养和知识更新，全面提升编辑自身的数字化能力；同时也要加强对出版企业内部各部门相关人员的数字化技能培训，只有企业中的"人"掌握一定的数字技术，才能对数字教辅的内容生产、内容呈现、传播渠道等进行优化创新，也才能更好地满足用户需求。因此，出版业要想在未来数字化转型中占据优势地位，就必须从根本上转变观念，强化复合型人才培养，提高复合型人才待遇，引进人才、培养人才、留住人才，加快数字人才队伍建设，全面提升教辅出版机构的数字化人才队伍水平。

中国剧本杀出版新业态发展报告

王武林　刘子博[*]

摘　要： 近年来，剧本杀出版新业态作为新兴的文化娱乐消费业态，正在迅速崭露头角。呈现出产业链完善、竞争激烈、产品种类繁多、消费群体不断壮大的行业特征。根据美团研究院发布的《2022年剧本娱乐行业发展报告》，2022年剧本杀类出版新业态市场规模达140亿元，线下经营场所超过3万家，剧本杀已然成为中国文化娱乐行业的重要组成部分。然而，随着行业的快速发展，也暴露出内容质量参差不齐、经营行为不规范、缺乏管制等问题，对行业的健康发展构成威胁。因此，对剧本杀行业的发展历程、产业现状、产品种类、消费群体等方向进行深入研究，具有重要意义。本文试图从剧本杀生产消费的多个环节提出优化路径，促进剧本杀行业的健康可持续发展。

关键词： 剧本杀；出版新业态；玩家

一　剧本杀概述：定义、发展历程与现状

（一）剧本杀的定义：角色扮演推理游戏

"剧本杀"也被称为角色扮演推理游戏，这一游戏分为线上版和线下版。线上剧本杀主要是通过"我是谜""谁是凶手"等App或小程序进行，玩家自行组队或通过平台匹配，选择剧本进行游戏。线下剧本杀则

---

[*] 王武林，博士，浙江传媒学院出版学院副教授、硕士生导师，研究方向为数字出版、智能媒体传播；刘子博，浙江传媒学院硕士研究生，研究方向为数字媒体与智能传播。

分为圆桌剧本杀和实景剧本杀，圆桌剧本杀是指玩家在一固定场所通过剧本线索进行推理游戏；实景剧本杀是指玩家需要在一个还原的场景内进行搜证，以此还原案件，找出真相或真凶。无论是线上还是线下，圆桌还是实景，"剧本杀"中的"剧本"都具有至关重要的作用，只有剧本足够有逻辑、有悬念、有刺激、有细节、有节奏，剧本杀活动才能进行下去。

玩"剧本杀"又称"打本"，剧本杀的资深玩家普遍认为"剧本"是"剧本杀"游戏的核心。该游戏需要根据剧本的设定，集合一定数额玩家"上车"，人员齐备后玩家一起"开盒"打本。玩家们在特定的场所内，获取自己的身份剧本，并且要扮演剧本中的角色，在 DM（游戏主持人）的引导下完成剧情。玩家中有 1—2 名为凶手，而其他玩家则需要在游戏过程中，破解死者的死亡原因和凶手的作案动机，再利用证据和逻辑推理指认嫌疑人，并且在讨论中说服其他玩家同意自身观点，最终所有玩家票选凶手。随后，DM 公布真相，玩家进入"复盘"时间，共同讨论推理漏洞或成果。游戏中的角色扮演和推理过程，以及玩家之间的互动和交流都依托剧本进行。

（二）发展历程：本土化融合与发展

1935 年，第一份剧本杀游戏"Jury Box"问世，玩家在游戏中扮演法庭陪审团的成员，根据手头的证据和资料推理，揭示对应玩家的罪名，最终做出决议并进行投票。这种游戏形式让玩家真实地体验到了推理的乐趣，也奠定了剧本杀的基本玩法和模式。2013 年，一款名为"死穿白"的英文剧本杀的引入，标志着"剧本杀"这一游戏来到中国。但是，此时的"剧本杀"并没有得到广泛的关注。直到 2016 年，随着综艺"明星大侦探"的爆火，这类结合推理、游戏、互动、表演、剧情的节目引起了热议。2016 年年底，西安第一家以剧本游戏为主的剧本店正式开业，引入《死穿白》《致命马戏团》《怒海余生》等国外直译剧本，而后桌游店、密室店引入剧本游戏成为潮流。同时，第一批原创剧本杀写手开始创作，行业雏形初步形成。2017 年，剧本游戏行业小众圈子通过慢慢摸索逐渐被年轻人群体熟知，剧本类型也开始从最初简单的开放本、封闭本这两种模式逐渐演化为恐怖、欢乐、阵营、情感等多个大类。此时国内第一批剧本游戏的生产者——发行工作室，也逐渐开始在这个行业里崭露头角。2017 年年底，市场推出了第一个"城市限定本"《莲花观》，随后《梨花旅馆》《庄周梦蝶》等优秀"城市限定本"不断出现。

  2018 年，剧本杀行业开始进入飞速发展期。日式变格剧本《羽生夜谈》，以其优质的代入感和独特的背景结合能力，成为了年度现象级剧本。[①] 越来越多的剧本游戏店铺、作者、发行工作室、玩家了解并进入这个行业，更多有趣成熟的作品开始进入市场。也是在这一年，"剧本展会"来到了行业中，剧本游戏展会吸引了大量店家、玩家、发行与作者。大家交流创作、"测车"买本、分享圈内的信息和趣事。随后，全国各大城市相继举办展会，剧本行业正式进入年轻人的娱乐视野中。此后，各种"独家本""城市限定本"也进入玩家与店家的视野里。2019 年，剧本杀行业正式进入井喷期，剧本店铺数量激增，市场快速增长，规模发展到 2018 年的 2 倍，产值突破 100 亿元。知乎账号"剧游蛙实景行程剧本杀"提到，2019 年硬核烧脑大作《年轮》一经问世便火爆全网，而情感剧本《安生》《舍离》《古木吟》的出现让情感本一度成为业界主流。针对剧本产品，行业出现了盒装本、城市限定本与独家授权本这三种产品类别。在区别剧本质量的同时，也满足了不同店家对剧本的需求，为剧本杀生态增加了不少可发展空间。与此同时，市场对于剧本的发行需求不断增加，从之前的几个月办一个展会，变为一个月办三个展会。随着行业的迅速发展，剧本游戏的种类也发生了创新，增加了玩家演绎、NPC 演绎、半实景搜证等更多元的玩法。2020 年，大量资本进入行业，有关剧本游戏的网络和电视综艺节目层出不穷。剧本杀行业也开始诞生各种衍生产品，如主持人培训、门店经营培训、剧本作者培训等，剧本游戏行业走向了千家万户，成为年轻人的一项主流娱乐及艺术欣赏的方式。2020 年，天眼查数据显示，国内共新增剧本杀相关企业超 3100 家，较 2019 年同比增长 63%，实现了逆势增长。一方面是由于大批新店家的涌入，另一方面却是大规模闭店潮的发生。以北京望京、双井商圈为例，2020 年因疫情原因，剧本杀店铺关店率达到 80%，即使在疫情好转的下

---

  ① 《剧本杀发展史》，2021 年 11 月 23 日，知乎，https：//zhuanlan.zhihu.com/p/436588392？utm_psn=17186131411 37604609。

半年，也不乏大批新开门店因经营不善而倒闭。①

2021年，全国剧本杀行业出现了发行企业1000家、门店20000家以上的"盛世"。2021年3月，中国文化娱乐行业协会沉浸式剧本娱乐专业委员会在天津成立，标志着主流力量正式入场。《人民日报》发布微博话题："剧本杀成'90后''00后'社交新潮流"引发网络热议，周浩晖、蔡骏、那多、紫金陈等知名悬疑作家纷纷投身剧本杀创作阵营，剧本杀产业飞速狂奔。艾媒咨询数据显示，2021年中国剧本杀行业的市场规模达170.2亿元。但是受疫情影响，剧本杀门店的经营状况急转直下，多个剧本杀展销会上发行商与门店的比例甚至达到了1∶1。2022年，美团平台数据显示，全国剧本杀类线下经营场所上升超过30000家，但剧本杀类业态市场规模下降为140亿元，活跃用户数为434万，较2021年下降约70万。这可能是因为剧本杀业态处于上升期，商户数量增长，但消费者的出行受疫情影响，导致成交金额下降。②直到进入2023年，剧本杀行业逐渐恢复并开始重新发展。艾媒咨询预计到2025年，中国剧本杀行业市场规模将增至448.1亿元。③

（三）行业现状：政策引导下成熟市场竞争与发展

1. 产业链完善，行业分工细致

当前，中国剧本杀行业已初步建立起一条较为完整的产业链，包括剧本创作、发行、运营、营销等环节。产业链上游由剧本写手、IP授权方产出剧本，剧本写手分为兼职和全职，兼职的自由写手近几年较少，大多是在发行公司任职的全职写手，通过买断、保底+分成、纯分成等多种方式售卖剧本。IP授权方产出剧本则是改编游戏、动漫、漫画和小说等文化产品。例如，梦墨绘梦馆与bilibili官方进行跨行业合作，将动

---

① 《悬疑小说之父入局、官方协会成立，剧本杀的拐点时刻》，2021年5月11日，预言家游报账号，http://www.bianews.com/news/details?id=87613。

② 《2022年剧本娱乐行业发展报告》，2023年7月26日，"美团研究院"微信公众号，https://mp.weixin.qq.com/s/xwOvC6L2R1EcfftqSngyGg。

③ 《艾媒咨询 | 2022—2023年中国剧本杀行业发展现状及消费行为调研分析报告》，2022年12月28日，艾媒智库报告中心，https://report.iimedia.cn/repo13-0/43264.html?ac Plat Code=bj&ac Fr om=87147。

漫《百妖谱》改编成剧本，由梦墨绘梦馆与剧幕工坊共同制作。在这之前，梦墨绘梦馆还推出过多款 IP 本，比如由腾讯动漫正版授权的 IP 剧本《三体·弥撒的回音》，以及西影正版授权的 IP 剧本《大话西游》。① 产业链中游则是由剧本发行工作室、线下展会、线上销售平台等负责发行和销售。著名的剧本发行工作室有灰烬工作室、老玉米联合工作室、稻草人工作室和西安蛛丝马迹等。② 线下展会是各大剧本杀商家采购剧本的重要场所，这种营销模式已经成为主流。在展会活动过程中，店家选择剧本报名"测车"，从而决定是否购买剧本；与此同时，展会方也会对店家进行打分筛选，主导权掌握在卖方手中。线上的剧本销售平台有小黑探、买本本和剧人气等，有的店家也会在淘宝、拼多多等电商平台购买剧本杀。对于产业链下游，有线上的剧本杀 App"我是谜""谁是凶手""剧本杀""百变大侦探"等。线下的剧本杀门店数量也在持续增长中，部分企业还从剧本分发向剧本创作、行业培训、版权运营等上下游环节拓展。在北京、上海、成都、广州等剧本杀发展较为成熟的地区，不少企业还以剧本为核心资源，加大对剧本版权价值的挖掘运营力度，将剧本内容与影视、游戏、小说、动漫、剧场、文旅、博物馆等相结合，开展多元化经营，形成了 IP 授权产业链。③

2. 市场竞争激烈，剧本消费升级

随着剧本杀市场的扩大，行业的"内卷"逐渐激烈。从整个产业链来看，每个环节都出现了一定的内卷情况，并且这是从上至下的整体现象。从剧本产出环节来看，剧本发行商暴增，各种"限定本"发行的数量相比之前翻了 4—5 倍，剧本的数量却更加参差不齐。专业编剧、作家的入场拉高了剧本质量的标准，外行写手的粗制滥造也以极低的价格扰乱市场。并且，为了达到"限定本"大制作的标准，剧本杀的剧本也出现了篇幅越来越长、剧情越来越吊诡、世界观越来越复杂的趋势。从剧本杀的发行推广环节来看，剧本的展会成为每个店

---

① 《2022 年剧本杀有哪些 IP 本？》，2022 年 12 月 23 日，搜狐网，https：//game.sohu.com/a/620353738_121227943。

② 《会写课堂良心推荐 | 认准这 4 家剧本杀工作室，玩本不踩雷》，2021 年 8 月 13 日，百度网，https：//baijiahao.baidu.com/s？id=1707943570885686551&wfr=spider&for=pc。

③ 杨昆：《我国剧本杀行业监管的探索实践及路径构想》，《出版参考》2022 年第 12 期。

家的"必修课"。并且如今的剧本杀市场是典型的"卖家市场","爆本"的版权都牢牢掌握在发行商手中,而市面上大多数剧本都有授权规则,即发行商对店家进行打分。店家参与展会的剧本测试或全程OB(Observer,旁观)获得积分最高,其次是配合展会的宣发项目、店铺拥有过佳作和曾经成交。如果不参加展会,就丧失了和同城其他店家对"爆本"的竞争力。

从剧本的消费环节来看,"打本"变得更加复杂,不仅需要安排一段完整的时间,游戏场景还由一变多,换装也成为"基本操作"。"传媒1号"在报道中提到,现在的玩家对本子的要求很高,既要创新,又不能冷门;既要好玩,又不能只有好玩;既要时间短,又要好体验。①为了留住玩家,剧本杀门店纷纷打起了价格战、剧本战、服务战。在销售平台投放低价体验券、争取买"爆本"的授权,还在店内的道具、装修布置甚至零食饮料方面不断攀比内卷。对此,"传媒1号"表示,剧本杀开始在游戏流程中加入串手链、吃火锅、做花灯等环节,看似丰富了玩家的体验,实则增加了玩家的体验负担,玩家对剧本故事的感受和对角色的情感代入也会被分散。②

3. 政策扶持引导,明确发展路径

作为近年来备受关注的新文化业态,剧本杀产业得到了主流力量的规范与扶持。从政策的发布方面看,国家至今共出台了《剧本娱乐管理暂行规定(征求意见稿)》《剧本娱乐经营场所消防安全指南(试行)》《关于加强剧本娱乐经营场所管理的通知》三个专项政策。此外,《"十四五"文化产业发展规划》《关于推进实施国家文化数字化战略的意见》等文化产业领域政策中也提到了如"加快文化产业数字化布局,培育以文化体验为主要特征的文化新业态"等表述,同样对作为文化新业态的剧本娱乐行业作出指引。2022 年,全国 6 个省份、两个城市共出台了 10 份

---

① 《剧本杀卷不动了,尊嘟假嘟?》,2023 年 8 月 26 日,"传媒 1 号"微信公众号,https://mp.weixin.qq.com/s?__biz=MjM5ODM0OTcwMQ%3D%3D&mid=2651933027&idx=1&sn=fab03454a1a561f1dab17dd5317de810&scene=45#wechat_redirect。

② 《剧本杀卷不动了,尊嘟假嘟?》,2023 年 8 月 26 日,"传媒 1 号"微信公众号,https://mp.weixin.qq.com/s?__biz=MjM5ODM0OTcwMQ%3D%3D&mid=2651933027&idx=1&sn=fab03454a1a561f1dab17dd5317de810&scene=45#wechat_redirect。

相关意见，对剧本娱乐行业中的内容管理、未成年人保护、剧本与场所备案、监督管理等方面作出规定。从政策的内容来看，相关政策中明确禁止包括违反宪法、危害国家统一，宣扬淫秽、色情、赌博等在内的"内容十个不准"，对剧本杀出版产品的内容乱象进行规制。[1] 并且，政策中还提出对剧本的鼓励内容，包括讴歌党、人民和英雄；弘扬社会主义核心价值观；弘扬社会主义先进传统文化与精神；铸牢中华民族共同体意识；有利于未成年人健康成长；推动科学事业的发展；促进多元文化交流；符合国家政策；等等，为剧本创作题材和内容的发展指明了方向。在《成都市促进剧本娱乐行业健康有序发展的办法（试行）》中，提出放管结合、管理"条块结合，以块为主"，从建立本土剧本创作孵化基地，大力扶持本土剧本创作团队；加强版权保护；加大对现有剧本娱乐活动经营单位的培育孵化；鼓励市级剧本娱乐行业协会（联盟）与国家、省级剧本娱乐行业协会沟通交流；加强剧本娱乐行业人才的引进、培育、激励和服务，建立沉浸式剧本娱乐实训基地；支持和推动剧本娱乐行业深度融入爱国主义教育基地、博物馆、旅游景区、文创园区、运动场馆、绿道公园、课堂、商场等场景；加大项目扶持，利用市文化产业、旅游产业等市级专项资金，给予扶持；搭建银企长效对接平台，对申请成都"文创通"贷款，实行市场同比最优贷款利率八个方面进行推动。[2] 从各地政策的高频词来看，着重关注未成年人保护、经营场所安全和"剧本杀+"三个方面，引导剧本杀行业健康有序发展。其一，部分剧本可能会含有不适合未成年人的不良信息或情节，因此要求剧本脚本应当设置适龄提示，标明适龄范围；设置的场景不适宜未成年人的，应当在显著位置予以提示，并不得允许未成年人进入。其二，经营场所安全也是各地关注的重点，要求建立"安全官"制度，指定专人负责消防、治安、

---

[1] 《文化和旅游部关于公开征求〈剧本娱乐管理暂行规定（征求意见稿）〉意见的公告》，2023年4月15日，中国政府网，https：//www.gov.cn/lianbo/2023-04/15/content_5751672.htm。
[2] 《剧本娱乐业怎么管怎么发展？文旅局详解〈成都市促进剧本娱乐行业健康有序发展的办法（试行）〉》，2022年10月17日，成都市文化广电旅游局（成都市文物局）网站，https：//cdwglj.chengdu.gov.cn/cdwglj/c133216/2022-10/17/content_8c62667fd1924623a92010c120577387.shtml。

等工作。① 2022年4月，国家消防救援局、文旅部出台《剧本娱乐经营场所消防安全指南（试行）》，从消防安全基本条件、消防安全管理、用火用电安全管理、易燃易爆可燃物安全管理、安全疏散管理五个方面对剧本娱乐经营场所的消防安全进行了细致规范。并且，随着剧本杀市场的不断扩大，越来越多的企业开始尝试与剧本杀结合，例如与旅游、教育、文化等领域的结合。有关部门鼓励剧本杀行业积极探索新的商业模式和合作模式，推动行业的多元化发展。

二 剧本杀作品：剧本的玩法与风格分类

剧本杀行业在国内经过七年的发展，其剧本类型变得十分多样。从剧本的推理类型来看，分为本格本和变格本；从剧本的剧情机制来看，分为封闭本和开放本；从剧本的题材内容来看，除了传统的硬核推理本，剧本杀行业还衍生出了恐怖本、情感本、欢乐本、机制本、阵营本等。剧本杀的分类标签可以叠加，现在，本格的硬核本、变格的恐怖本、开放的欢乐本、恐怖情感本等类型都十分受玩家欢迎。但是，当前剧本杀业内对剧本的分类并没有权威的界定，比如有根据剧本故事背景分类的日式、北欧、古风、现代等标签，还有拓宽玩法产生的"酒本""火锅本"等。有人认为阵营本可以归类为机制本范围，恐怖本、欢乐本等特殊情感倾向的剧本应该统一归类为情感本，等等。根据美团商业分类和店铺分类等主流的分类方法，后文将详细介绍不同分类的剧本，并且分析典型案例。

（一）基于推理类型的分类

1. 本格本

"本格"的说法源自推理小说流派，是侦探小说的一个主要派别，以逻辑至上的推理解谜为主，早期的剧本杀多为本格本。本格本通常以现

---

① 《剧本娱乐业怎么管怎么发展？文旅局详解〈成都市促进剧本娱乐行业健康有序发展的办法（试行）〉》，2022年10月17日，成都市文化广电旅游局（成都市文物局）网站，https://cdwglj.chengdu.gov.cn/cdwglj/c133216/2022-10/17/content_8c62667fd1924623a92010c120577387.shtml。

实生活中的事件为背景,注重逻辑推理和证据收集。比如剧本《北国之春》《粟米苍生》《山之神》等都是根据真实事件改编而成的。本格剧本杀中包含两个条件:一是有谜团,二是能用正确的方法解开谜团。比如剧本《第七号嫌疑人》中,谜团是富豪洪青死在自己举办的宴会,并且赴宴的客人也被囚禁,现场只剩一具尸体和6个嫌疑人。推凶的关键证据是"没被处理血迹的燃料罐",发现凶手是红色色盲,再通过一系列的时间推算和动机推理,最终解开谜团。本格本以惊险离奇的情节和耐人寻味的诡计为经典特征。在游戏中,玩家需要通过对线索的调查和分析,逐步还原事件的真相,推理作案手法和挖掘犯罪动机。这种类型的剧本杀游戏通常更加注重玩家的逻辑思维和推理能力,同时也需要玩家具备一定的生活经验和常识。通过游戏,玩家可以锻炼自己解决问题的能力。剧本杀资深玩家认为,《第七号嫌疑人》《关于北原千叶的一切》《月光下的持刀者》《所罗门的律法》等是本格作品之中的经典。

2. 变格本

变格本以离奇怪诞为特征,更加注重想象力和创意,通常以奇幻、科幻、诡异等题材为主,加入穿越、灵魂、魔法、精神分裂、平行时空等超现实设定。经典的变格本有《老槐树》《须臾》《往事》等。作家要保证这些设定是合理的、可理解的、不会有矛盾的,玩家则需要通过推理和想象来解开谜题。这是变格剧本杀的难点和乐趣所在。

(二) 基于剧情机制的分类

1. 封闭本

封闭本的特点在于,剧本用分幕式呈现给玩家,每个玩家公平地得到信息,凶手不知道自己的身份。玩家所有的行为都是依照自己剧本中的内容而定的,每个阶段有阶段性任务,获取固定信息,不可以单独行动。[1] 在部分封闭本中,游戏的推理性比较弱,玩家可以沉浸式体验故事情节。封闭本通过逐步解开每个案件的线索,使背后的逻辑逐渐清晰完整,以达成任务胜利,适合剧本杀新手。以《办证通知》为例,该剧本

---

[1] 《剧本杀的本可以分成哪几种类型?分别有哪些代表作?》,2022年12月15日,知乎,https://www.zhihu.com/question/371575897/answer/2802434889。

就详细介绍了各种角色、搜证玩法和新手小提示等内容,以降低游戏难度。经典封闭本有《派克戴维斯》《七个密室》《无名之町》等,封闭本中也有适合老玩家的硬核封闭本,比如《所罗门律法》《独家解密档案》等。

2. 开放本

开放本是指剧情开放,允许玩家自由发挥的剧本。通常情况下,玩家一口气读完剧本,有扮演与调查环节,玩家行动相对自由,可以有自己的玩法(说谎、表演、隐瞒、私聊);玩家指认凶手正确,故事会有一种走向,指认失败则故事走向另一条线。[①] 当前,开放本在剧本杀市场中占据了较大的比例,许多剧本都采用了开放模式以增加可玩性。这种模式更加注重团队合作和沟通技巧,为玩家提供了更加丰富多样的游戏体验。

(三) 基于剧本题材的分类

1. 推理本

这类剧本的主调在于推理、还原案情,一般具有一定难度。硬核本是推理本的一种,推理过程极度烧脑,剧本中的手法和剧情还原难度很大,需要玩家有很强的逻辑性。硬核本的核心诡计更加耐盘,也因此新手更难上手。经典作品有《雾鸦馆》《眠梦不老泉》等。本格硬核推理本是剧本杀老玩家的最爱,适合逻辑清晰,注重细节,爱好推理、有耐心的玩家们。代表作品有被业内人士称为本格推理本"天花板"的《犯罪屋2:持斧奥夫》、无"酱油角色"的《第七号嫌疑人》、超高难度的《七个密室》等。

2. 情感本

情感本指的是以代入角色、体会角色心路历程为主的剧本杀,往往情感本会弱化机制和推理等方面的程度。情感本中的情感涉及亲情、爱情、家国情等,通过描述各个角色的故事,让玩家们体验人生百味,引起情感上的共鸣。例如经典情感本《古木吟》,剧情游走在现实和幻境之中,通过三幕感情铺垫,在揭秘的同时,角色之间的友情令人潸然泪下,

---

① 《剧本杀开放本介绍 剧本杀开放本是什么意思》,2022年6月10日,游民星空网,https://www.gamersky.com/handbook/202206/1489774.shtml。

结合现实题材代入感会更加真实，也使玩家更容易有沉浸式情感体验。[1]美团排名第四的剧本杀《告别诗》也是典型的感情本，以青春回忆、热血青涩为关键词，降低逻辑推理比重，注重沉浸和游戏互动，获得玩家们9.7的高分好评。情感本的经典作品有《那一束月光》《破晓》《金玉良缘》《暗号》《山之神》《晚点》等。

3. 恐怖本

恐怖本是一种注重听觉、触觉等感官体验的剧本杀类型，通过布置环境、灯光、音响等手段营造恐怖气氛，让整个剧本氛围诡谲多变，剧本在本格、变格中来回切换，让推理难度剧增。当前，恐怖本还是以推理为主，将密室元素加入游戏和搜证环节，通过仪式、道具和真人NPC的辅助，让玩家有不一样的体验。但是，对于恐怖本的讨论毁誉参半。恐怖本的经典作品有《月下沙利叶》《黑羊公馆》《一点半》等。

4. 欢乐本

欢乐本是以营造欢乐氛围、注重搞笑和对撕环节为特点的剧本。这些剧本通常包含一些有趣的人物关系、语言幽默、故事发展让人啼笑皆非，同时融入日常玩笑、网络新梗、小游戏等元素。欢乐本对于新手来说难度不高，相较于硬核本更注重娱乐性，而相较于情感本则更注重情感交流，适合大多数玩家参与。在优秀的剧本和用心的店家的引导下，玩家们可以度过一段愉快的时光。此外，欢乐本的整体氛围轻松愉快，也适合用于团建、联络老友以及拼车结交新朋友等活动。经典作品有《来电》《宿醉》《市井狂人》《比武招亲》《戏精的诞生》等。

5. 机制本

机制本是在基础的剧本杀剧情和凶案模式里，加入了贴合剧情的"互动游戏"环节，通过规则明确的游戏来赢得胜利，游戏的胜利有时会决定剧情的走向。比如《千佛梦》中的拍卖会、《森弗监狱》里面的大富翁、《来电》中的"作案"机制和《我在明朝当海盗》中的"开船"机制。机制本也在不同的剧情下可以分为"阵营机制本""纯机制本"等，

---

[1]《〈古木吟〉剧本杀测评 古木吟剧本杀好玩么》，2022年7月19日，游民星空网，https://www.gamersky.com/handbook/202207/1501018.shtml。

阵营机制本和纯机制本又可以分为更多不同类型的机制本。① 这类剧本适合喜欢互动、交流、研究规则的玩家们。经典的机制本有《老骗子俱乐部》《宝格丽之夜》《外交官》等。

6. 阵营本

"分阵营"也属于"机制"的一种，玩家需要分成几个阵营，然后同一个阵营的玩家相互配合，一起对抗其他阵营的玩家，各个阵营竞争后决出胜负。② 由于阵营对抗中需要玩家进行组队、演戏、撒谎骗人等，所以适合能言善辩、演技在线、性格开朗的玩家们。在游戏中，玩家在与其他玩家进行沟通和合作的同时，也需要时刻警惕其他玩家的欺骗和误导，保持清醒的头脑和判断力。一些高热度的古风阵营本包括《龙宴》《荆轲再刺秦王》等，现代阵营本中的经典剧本有《拆迁》《末班车》等。

三 剧本杀玩家：特征、需求与体验

（一）发达城市年轻玩家为消费主流人群

1. 玩家群体：青年玩家为主

剧本杀的主要消费者集中于年轻群体。艾媒咨询发布的《2022—2023 年中国剧本杀行业发展现状及消费行为调研分析报告》显示，26—30 岁的玩家在剧本杀市场中占比 48.9%。③ 此外，论文《基于沉浸式体验的剧本杀顾客消费者行为调查分析》中的数据进一步显示，18—25 岁的玩家占比高达 94.49%。④ 美团平台的数据显示，剧本杀的用户大多数

---

① 《梯橙学堂：剧本杀中的"机制本"到底是什么?》，2023 年 4 月 13 日，百度网，https://baijiahao.baidu.com/s?id=1763038531630177456&wfr=spider&for=pc。
② 《剧本杀阵营本什么意思》，2021 年 9 月 4 日，娱乐焦点网，https://mip.yulejiaodian.com/ask/2021090414845.html。
③ 《艾媒咨询 | 2022—2023 年中国剧本杀行业发展现状及消费行为调研分析报告》，2022 年 12 月 28 日，艾媒智库报告中心，https://report.iimedia.cn/repo13-0/43264.html?ac PlatCode=bj&ac Fr om=87147。
④ 罗童、梁稻、鞠成晓：《基于沉浸式体验的剧本杀顾客消费者行为调查分析》，《特区经济》2023 年第 10 期。

小于35岁，核心主力人群年龄为20—30岁。① 深入研究剧本杀玩家的特征发现，剧本杀吸引年轻群体主要是因为它深度契合了青年人的个性特点和文化取向，同时巧妙利用了心理满足机制，为青年人提供了别具一格的娱乐体验。

剧本杀的游戏性满足了青年群体追求新鲜感和刺激感的需求。并且，剧本杀作为一种文化娱乐时尚和潮流，了解它的渠道存在年龄圈层的局限性，而青年群体对新鲜事物的好奇心和接受能力强，娱乐社交需求强烈。据调查，超过半数的玩家是通过剧本杀App和网络综艺这两个途径了解到剧本杀游戏的。而这些渠道的用户群体中，青年人的数量占据了相当大的比例，占比第二的渠道就是朋友介绍。对于青年人来说，通过参与剧本杀，可以扩大自己的人脉圈和社交圈。在与其他玩家的互动中，青年人能够建立更深的社交联系，增强彼此的情感纽带。此外，青年人有释放压力和情绪的需求。在现实生活中，青年人面临着各种压力和挑战，如学业、就业、人际关系等。而剧本杀可以为他们提供一个安全、舒适的虚拟环境，同时也能让他们在游戏中找到归属感和成就感。例如在《北平以北》中，玩家需要作为士兵，利用地形伏击敌人，为战友争取时间。在这过程中参与者通过认同剧本中的虚拟身份，可以投射自己的情感、角色认同和价值观，从而满足自我认同的需求。

2. 玩家地域：发达城市占比高

剧本杀产业与经济发展紧密相连。数据显示，29.5%的受访玩家来自华东地区，69.9%的玩家位于一线、二线城市。这表明在经济较为发达的地区，人们对剧本杀这种沉浸式娱乐方式更为青睐。美团平台数据显示，截至2022年年底，剧本杀门店数量位列前三的城市为上海、北京、成都，这进一步印证了经济发展程度与剧本杀产业之间的正相关联系。剧本杀需要一定的经济投入，包括场地租赁、道具购买、人员服务等，发达城市通常拥有更多的文化活动和娱乐设施，这些投入相对较低，而且市场也相对较大，因此更容易吸引投资者和创业者进入这个行业。例如剧本杀典型城市成都，在规模上，截至2022年7月，成都市共拥有

---

① 《2022年剧本娱乐行业发展报告》，2023年7月23日，"美团研究院"微信公众号，https://mp.weixin.qq.com/s/xwOvC6L2R1EcfftqSngyGg。

784 家门店,各区形成门店网络,且在武侯区形成集聚效应;① 在形式上,早在 2018 年,剧本杀店"壹点探案"就在青城山打造了全国首个"两天一夜"沉浸式剧本杀,引发"剧本杀+"的行业变革;在制度上,成都市六部门在 2022 年联合制定了全国首个针对剧本娱乐行业的落地管理规范《成都市促进剧本娱乐行业健康有序发展的办法(试行)》;② 在剧本上,成都灰烬工作室创作的剧本杀《谁动了我的奶酪》入选"金剧场"和"十大口碑剧本游戏作品",成都还坐拥《雄起》《贪欢》《月亮是指路牌》等优质城市限定本,吸引外地玩家。然而,当前全国剧本杀行业仍以散店为主,连锁化程度较低,这使剧本杀产业在城市之间的发展差距较大。

(二) 多重因素影响玩家消费体验

研究发现,在用户评论中,"剧本""主持人""角色""剧情"等词排在前列,说明玩家对线下剧本杀体验的关注点主要在剧本和人物上。③ 以下将从剧本质量、DM 控场能力、同场玩家素质等方面分析影响剧本杀消费者体验感的因素。

1. 剧本质量决定玩家消费选择

根据对大众点评剧本杀门店评论数据的整理,"剧本"一词出现频次达到 6913 次,是玩家提及最多的词汇。由此可见玩家对剧本的关注度非常高,一个好的剧本可以为玩家提供引人入胜的故事情节和角色设定,增加游戏的吸引力和可玩性。剧本的设计需要考虑到玩家的需求,如游戏的流畅性、情节的逻辑性、角色的丰满度以及任务的难度等。

剧本的开头设计十分关键,有效的破冰环节可以快速调动玩家的积极性。比如《古木吟》在游戏开始之前进行心理测试,根据心理测试结

---

① 《艾媒咨询丨2022—2023 年中国剧本杀行业发展现状及消费行为调研分析报告》,2022 年 12 月 28 日,艾媒智库报告中心,https://report.iimedia.cn/repo13-0/43264.html?ac Plat Code = bj&ac Fr om = 87147。

② 《红星观察丨性价比低、套路重复?新注册企业较 2021 年减半,剧本杀"降温"还是"整合"?》,2023 年 9 月 4 日,百度网,https://baijiahao.baidu.com/s?id = 1776107121057046017&wfr = spider&for = pc。

③ 董思佳:《基于网络文本分析的线下剧本杀玩家沉浸式体验研究》,《商展经济》2023 年第 7 期。

果进行角色分配;《记忆碎片》开局玩家无剧本,通过公共任务寻找身份。另外,玩家剧本需要任务明确、突出重点、通俗易懂,有利于游戏剧情的顺利推动。好剧本可以兼顾每个玩家角色,避免边缘玩家和主角玩家的游戏体验感过于参差。例如经典剧本杀作品《何似在人间》,需要7名玩家通力合作去还原案件,剧情不刁钻,但是展现了每个玩家的性格特色,抽到任意角色的玩家都可以体会到游戏的快乐。总之,一个好的剧本需要考虑多方面的因素,包括故事的吸引力、角色设定、游戏的流畅性、逻辑性和合理性、任务的难度以及兼顾每个玩家角色等。

2. 环境、时间与价格影响玩家消费选择

"剧本杀"的沉浸式体验主要建立在角色内容的假定性与环境的逼真性基础上。[①] 玩家在选择剧本杀时,店内环境是一个重要的考虑因素。数据显示,65.9%的受访玩家表示他们在线下消费时主要考虑店内环境。[②] 这表明,一个舒适、安全、有沉浸感的环境能够提升玩家的游戏体验感,并可能影响他们的选择。在时间方面,美团的数据显示,在工作日,剧本杀订单量高峰在晚7点至晚8点和晚11点;在周末,高峰则在晚6点至晚8点和晚12点至凌晨1点。这表明玩家更喜欢在晚上进行剧本杀游戏,并且大部分玩家喜欢短时间的剧本杀游戏,85.2%的受访玩家认为1—3小时的剧本杀最佳。这表明玩家更倾向于快速、紧凑的游戏体验,因为他们需要在工作日的有限时间内找到娱乐方式。在剧本杀价格方面,剧本杀价格因城市和类型而异。非实景搜证的剧本杀在三四线城市的价格为50元左右,二线城市的价格为70—100元,一线城市的价格在130元左右。实景搜证的剧本杀,二线城市在300元左右,一线城市在500元左右,可过夜的沉浸式剧本杀价格可能上千元。不同规格剧本杀价格从高到低排序为独家限定本、城市限定本、精品盒装本、普通盒装本。大部分玩家更倾向于低价或者中高价格的剧本杀游戏,不少玩家抱怨,现在的剧本杀游戏价格持续走高,性价比降低。

[①] 吴雪晴:《"剧本杀"的沉浸式体验与社交互动——基于传播学拟剧理论视角》,《新闻传播》2022年第9期。

[②] 《艾媒咨询丨2022—2023年中国剧本杀行业发展现状及消费行为调研分析报告》,2022年12月28日,艾媒智库报告中心,https://report.iimedia.cn/repo13-0/43264.html?ac Plat Code=bj&ac From=87147。

3. 剧本杀DM控场能力左右体验质量

从调查结果来看，80%的玩家看中剧本杀DM（剧本杀主持人）的专业程度，认为主持人应该语言情感丰富、演绎过程投入、角色把握准确、控场能力强、对剧本理解透彻。[1] 在游戏中，DM肩负着推动游戏进展、随时答疑解惑、关注每位玩家状态的任务。一位合格的DM必须对剧本内容有深入的了解，对玩家动向有准确预测，这样才能顺利带领玩家完成推理。一位能够为新手玩家"扶车"，为老玩家"助兴"的DM，需要具备深厚的游戏理解能力和优秀的语言表达能力，可谓可遇不可求。DM的重要性尤其体现在最近火热的"演绎本"（包含情感本、恐怖本、欢乐本等），这类型的剧本弱化了逻辑推理的部分，降低游戏门槛的同时，对玩家的代入程度要求上升。玩演绎本就像演了一场大戏，如果DM无法带动玩家参与表演，则会导致冷场，使游戏体验大打折扣。业内人士表示，"我们还需要一些有表演功底的人，毕竟剧本杀是需要玩家将自己代入角色里"。[2] 在经典硬核推理本中，DM则需注意讨论走向，及时"扶车"避免玩家跳戏。对于突发状况，需灵活处理，做到该出现时出现，该隐身时隐身。剧本杀资深玩家表示，如果遇到合适的DM，就会一直选择这家店。不少玩家认同，业务能力强的DM会使原本普通的剧本玩得很"爽"。当推本的评论区出现店名+剧本名+DM名的时候，就说明玩家的体验确实很好。全职DM表示："这个行业里面最值钱的东西其实不是剧本，而是主持人。"[3]

4. 同场玩家素质影响游戏体验

"互动"是许多玩家玩剧本杀时看重的体验。剧本杀"拼车"就像开盲盒，在一次次的游戏过程中，剧本杀的常客会渐渐组成自己的固定车队。一般来说，一场剧本杀的最佳状态是3—4名熟人再加上2—3名陌生人。剧本杀玩家表示，对于高口碑的好本，玩家更偏向选择熟悉的

---

[1] 董思佳：《基于网络文本分析的线下剧本杀玩家沉浸式体验研究》，《商展经济》2023年第7期。

[2] 《剧本杀为何让他们着迷?》，2022年1月18日，百度网，https://baijiahao.baidu.com/s?id=1722223280432891753&wfr=spider&for=pc。

[3] 《特稿 | 来去之间：剧本杀DM的理想与现实》，2023年4月23日，百度网，https://baijiahao.baidu.com/s?id=1763955550751470350&wfr=spider&for=pc。

"车友"，以免在游戏过程中"踩雷"。当"戏精"在硬核本里撒泼打滚、"逻辑怪"在欢乐本里揪破绽，新手玩家误入"高端局"，老玩家误入"新手村"，都会影响同场玩家的游戏体验。有玩家认为，如果在第一场剧本杀中遇到了"奇葩"队友，有可能会使他们再也不想玩剧本杀了。因此，虽然每个玩家都有自己的游戏风格，但在剧本杀游戏中遵守游戏规则才能营造出良好的游戏氛围。

四 "剧本+"：基于剧本核心的出版新业态

当前，"剧本杀"游戏中谋杀与破案的部分正在减弱，甚至有的剧本杀只剩"剧本"而没有"杀"，玩剧本杀逐渐成为一种沉浸式体验不同生活与文化的方式。2022年6月，文化和旅游部、公安部、住房和城乡建设部、应急管理部、市场监管总局五部门联合发布《关于加强剧本娱乐经营场所管理的通知》，明确了线下"剧本杀"门店为"剧本娱乐经营场所"，并且将线下剧本杀门店纳入管理轨道。这一举措促进了"剧本杀"行业确定"剧本"的核心作用，从"剧本"出发，积极破圈融合，实现"剧本杀+"的裂变发展。如今，剧本杀在剧本内容层面积极汲取传统文娱类的精华元素，并展开广泛的联动合作，以达成共同发展的良好效应，如"剧本杀+文旅""剧本杀+研学""剧本杀+科技"等行业发展新业态。

（一）"剧本杀+文旅"：跨地域的文旅融合

"剧本杀+文旅"模式是指剧本杀公司将剧本杀的游戏与文化艺术场所或景区相融合，并且将剧本杀游戏情节设置融入玩家的旅游行程之中。该模式下，剧本杀公司将根据景区的特点，因地制宜地创作独家剧本，让玩家在沉浸式体验剧本杀游戏的过程中，潜移默化地加深对景区历史、风俗、文化的了解。例如，云南彝人古镇推出的剧本杀《彝人古歌：威楚之战》将地方历史和彝族文化融入剧本，并将彝人古镇文旅核心区产品、业态等内容完美融入剧情体验当中，毕摩房、风情街等特色建筑都成为了游戏中的重要场景，玩家与NPC（非玩家角色）互动做任务，而并非局限于"推本"环节。北京圆明园拾光买卖街推出的沉浸式亲子主题的剧本体验活动——《小小文人进宫记》，以古代文人进宫为背景，以小书生学艺为剧情，以琴棋书画诗酒花茶为线索，让古代文人八雅之美跃然街中。南京保利大剧院6周年院庆，将《北国之春》搬上专业舞台，给观众非凡的观剧体验。河南中牟县的"只有河南·戏剧幻城"，借助外围100亩的农田，以及15米高的夯土墙构建出56个格子的场景体验空间——21个剧场幻城，通过讲述"土地、粮食、历史、传承"的5000年历史文化，给人们心灵震撼。①"剧本杀+剧场"模式给玩家营造沉浸体验的前提不是场景制造，而是体验式的剧本，以历史中的大事件为背景的剧本，既突出了剧本杀的角色性特点，又兼顾了剧场式演出的大众性。2021年10月，号称"全国首款红色剧本杀"的《接班人》在第十一届数博会上亮相，开创了剧本杀的剧本新门类——红色剧本杀，并且迅速发展起来。2022年，团建剧本杀《北平以北》进入大众视野，该剧本杀开启了"剧本杀+剧场"模式的新篇章——红色主题的沉浸式剧本杀。《北平以北》以民国时期发生在北平地区的抗战历史事件为剧本背景，创作了能够容纳上百人参与的剧本杀游戏，玩家以历史参与者的身份参与到抗战历史中去，与NPC一起"物资筹备""学习技能""搜集情报""伏击日军""护送关键人物"，全程有紧张感、节奏感、参与感，每一个角色都有自身的职责使命，同时剧本还设置两阶段情节带动整个活动的推进。"剧本杀+剧场"模式让玩家深度沉浸在情节互动之中，与角色和其他玩家产生情感共鸣，集体活动的游戏机制也加深了玩家对自身游戏行为的认同。②

自2013年起，国家发改委、文旅部就联合印发《国民旅游休闲发展纲要（2013—2020年）》，提出部署培育现代休闲观念、保障旅游休闲时间、优化旅游休闲空间、提升旅游休闲体验等10项重点任务，率先引导社会重视休闲旅游行业，各地区政府积极响应，为"剧本杀+文旅"模

---

① 崔德乾：《沉浸式体验：场景是基础，剧本是灵魂》，《销售与市场》（管理版）2021年第11期。

② 袁荷春：《"红色剧本杀"的青年文化特征及其思想政治教育运用》，《青少年学刊》2021年第6期。

式的发展打下政策基础。① 2022 年，国家发改委会同文化和旅游部联合印发《国民旅游休闲发展纲要（2022—2030 年）》，旨在优化中国旅游休闲环境，完善相关公共服务体系，提升产品和服务质量，丰富旅游休闲内涵，进一步促进剧本杀和文旅的业态融合。景区深厚的历史底蕴为剧本杀游戏赋予了文化底色，而景区召集跨地域人群的能力也使剧本杀的玩家从"线上匹配"进展到了"线下匹配"。艾媒咨询报告显示，剧本杀门店主要集中在北上广深等经济发达城市，或者成都、武汉等网红城市，尤其是实景类剧本杀门店，其投入成本过高，普及率较低。"剧本杀+景点"模式可以将全国各地的剧本杀爱好者通过景点集结，依托地方文旅部门的扶持，打破了实景类剧本杀的空间桎梏，通过趣缘吸引，使跨地区的玩家共聚一堂，享受文化与旅游的双重快乐。2023 年 4 月，洛阳市文广旅局推出"全城剧本杀"活动，联合重点景区、商业街区、牡丹园、博物馆等单位，打造《神都诡事录》等 17 个实景剧本杀、《无上龙门》等 7 个沉浸式体验项目、卡卡五号推理馆等 16 家桌面剧本杀项目，共计 40 个剧本杀项目。通过剧本的文字搭载能力和剧本杀的机制玩法，能够让一些不太知名的小众景区展现自身风格和特色，并且走进大众视野。②

（二）"剧本杀+研学"：寓教于乐的跨界合作

2016 年，教育部、国家发改委等部门印发《关于推进中小学生研学旅行的意见》。文件中指出，要加强研学旅行基地建设，规范研学旅行组织管理，健全经费筹措机制，建立安全责任体系。2017 年，教育部发布的《中小学综合实践活动课程指导纲要》进一步指出要设置实践课程，引导学生能从个体生活、社会生活及与大自然的接触中获得丰富的实践经验。这一系列研学实践的相关政策的颁布实施，有力地促进了各地研

---

① 《国家重点专项规划之——"十三五"旅游业发展规划》，2017 年 5 月 8 日，国家发展和改革委员会网站，https://www.ndrc.gov.cn/fggz/fzzlgh/gjjzxgh/201705/t20170508_1196737.html。

② 《官宣！洛阳全城剧本杀超全玩法来了！》，2023 年 4 月 4 日，"洛阳旅游"微信公众号，https://mp.weixin.qq.com/s?__biz=MjM5MTQxNzA0NA==&mid=2651272614&idx=1&sn=2f3ba71120e6818633b56992e0ed5876&chksm=bd64621d8a31cb0b1eff9a22e5a51242c22614d04acc137916294b52416b1d9163b52a70ca07&scene=27。

学活动的开展。"剧本杀+研学"结合真实空间演绎与研学基地文化内涵，将特色文化融入剧本，同时保持文化本真。学生通过研读剧本，了解故事背景、获取任务卡，提升阅读能力。学生根据提示在指定地点获取信息并完成任务，有效避免研学过程中出现的问题，对研学内容进行有效的建构。在实际操作中，博物馆和课堂这两个研学场景十分适合"剧本杀+研学"模式的发展。

"剧本杀+博物馆"模式是指以博物馆的展品、历史、场馆等为素材，制作剧本杀剧本，旨在让玩家在博物馆"打本"的过程中了解博物馆的藏品与历史，与其说是"剧本杀"，不如说是"剧本游"。[①] 早在2019年，上海玻璃博物馆就推出了沉浸式项目——《消失的艺术家》，参观者作为侦探，要在博物馆内找到消失的艺术家和艺术品，是"剧本杀+博物馆"模式的前身。[②] 2021年，成都金沙遗址博物馆以"回望长安——陕西唐代文物精华展"为载体，推出了沉浸式剧本杀《金沙之夜·回望长安》。该剧本杀由大唐长安城的引领人"唐知许"（即DM）带领"看官"们（即游客）流连于展馆之内，以文物为线索，游客随机抽取角色，扮演各式唐代人物，完成有趣的闯关任务。本次活动在中秋推出的三场全部爆满，随后国庆期间又加演了四场。无独有偶，全国各地的博物馆都推出了剧本杀活动，其中洛阳全城的博物馆共推出了7个剧本杀项目，全方位地展示了洛阳古城的文化遗产。隋唐洛阳城应天门遗址博物馆推出《唐宫乐宴》《神都大朝会之万花会》，洛阳博物馆推出《神秘客——文物守护计划》，隋唐大运河文化博物馆推出《运河谜踪》，二里头夏都遗址博物馆推出《夏都奇谭》，洛阳古墓博物馆推出《古墓探秘》。[③] 剧本思维帮助各博物馆充分运用其历史文物的文化优势，通过剧情与游戏设置展馆动线。以往游客参观一个博物馆有时只需一个小时，

[①] 戚帅华：《"博物馆+'剧本杀'"：拥抱文化传播新业态》，《洛阳日报》2022年3月10日。

[②] 崔德乾：《沉浸式体验：场景是基础，剧本是灵魂》，《销售与市场》（管理版）2021年第11期。

[③] 《官宣！洛阳全城剧本杀超全玩法来了！》，2023年4月4日，"洛阳旅游"微信公众号，https：//mp. weixin. qq. com/s?__biz = MjM5MTQxNzA0NA = = &mid = 2651272614&idx = 1&sn = 2f3ba71120e6818633b56992e0ed5876&chksm = bd46421d8a31cb0b1eff9a22e5a51242c22614d04acc137916294b52416b1d9163b52a70ca07&scene = 27。

但剧本杀将游戏时间设定为 2—3 小时，增加了游客的停留时间，加深了游客对博物馆的了解。"剧本杀 + 博物馆"模式，是一次对公众服务和社会教育的全新尝试，玩家通过游戏的形式，从以往的"被动浏览"转变为"主动探寻"展馆信息，阅读展板文字、详细观察文物形态，并且学习传统文化、欣赏展馆的表演，走马观花的博物馆游览模式已经被改变。"剧本杀"元素的加入，不仅调动了学生看展的积极性，还通过剧本的剧情属性，拓展了展览和展品的信息层级，给学生留下深刻且生动的文化体验。①

"剧本杀 + 课堂"模式是一种创新的教学方式，将"剧本杀"游戏元素融入传统课堂教学中。这种模式通过让学生参与扮演角色、解读剧本、推理线索等互动环节，激发学生的学习兴趣和参与度，培养学生的思维能力、沟通能力和团队合作精神。这种模式旨在创造一个积极、互动的学习环境，使学生更加主动地参与学习过程，提升学习效果和体验。现有的"剧本杀 + 课堂"实践中，主要是和文科课堂相结合，比如将红色剧本杀融入"中国现代史纲要""思想政治教育"等课的教学。东莞外国语学校的历史教师张宏杰在课堂上陪学生玩"法国大革命"主题的沉浸式剧本杀游戏，通过卡牌游戏帮助学生梳理历史脉络。此外，他还布置了有趣的课后作业，如剧情选择类游戏"人生如梦之重回 90 年代"。这些创新的教学方式激发了学生对历史学科的兴趣，加深了知识的理解和记忆。② 并且，张老师出版了《让学生成为"头号玩家"》一书，展示了"沉浸历史"教研团队在"双减"政策下运用游戏化教学创造愉悦学习体验，提升历史教育教学品质的理论与实践成果。③ 对于理科课堂而言，"剧本杀"显然更适合琐碎的化学知识点，师生通过共同创设"剧本"，将已学和延伸的化学知识串联起来，通过环环相扣的剧情获取更深层次的学习体验。④ 除了校内课堂，"剧本杀 + 课堂"的模式还可以在校外实

---

① 智慧等：《"博物馆 + 剧本杀"，擦出文旅新火花》，《洛阳日报》2023 年 8 月 11 日。
② 曹霁：《历史教师张宏杰：让学生成为"头号玩家"》，《教育家》2023 年第 40 期。
③ 《让学生成为头号玩家——历史游戏化教学的理论与实践》，2023 年 6 月 11 日，百度网，https://baijiahao.baidu.com/s?id=1768406347200547710&wfr=spider&for=pc。
④ 董佩霞、李丹、陈艳芳：《"化学剧本杀"游戏在高中化学项目式教学中应用的思考》，《学苑教育》2022 年第 22 期。

行，用"儿童剧本杀"的形式达到教学的目的。比如某儿童剧本研学机构举行的10大唐代诗人主题剧本杀游戏，孩子们扮演唐代的各大诗人，演出了他们的大致经历、性格特征、典型故事，还能背诵自己的"代表作"。[1] 除了传统的书本知识，剧本杀+课堂模式还具有提高学生素质教育的潜力。例如，模拟经营剧本《魔陨降世·困斗之兽》可以对学生进行财商教育，而《蜀州大阅·少年状元》剧本杀则通过蹴鞠射箭、解谜闯关、团队竞赛等活动，让学生在锻炼身体的同时，对国学也有了更多认识。

剧本杀这一媒介能够整合学校科幻教育、电影评论、创意写作等资源，落实"四位一体双院制"模式，提升学生信息提取、逻辑思考、语言表达、情绪调配及记忆力等能力，培养能够应对数字经济挑战的新时代信息管理者。[2] 在数字化时代发展变化下，结合学校结构所促成的"剧本杀+课堂"模式更有利于让学生成为高情商、高智商的人才。

（三）社交娱乐需求驱动玩家参与

美团的数据显示，65.3%的剧本杀玩家会在两周内消费剧本杀1次及以上，超四成用户消费频次在一周1次以上。根据中青校媒的调查，玩家参与游戏的原因各不相同。其中，42.83%的玩家表示他们参与游戏是为了满足社交需求，希望通过游戏结识新朋友或加深与他人的联系。35.55%的玩家则是出于个人爱好，对游戏中的某些方面感兴趣，比如剧情、角色机制等。还有21.84%的玩家则是为了打发时间，将游戏作为一种娱乐方式来消磨时光。深入研究剧本杀玩家的特征发现，剧本杀玩家通常具有社交与娱乐两大参与动机。

1. 线下交流满足社交需求

现代社交方式的多元化使人们越发追求全新的社交体验。随着线下剧本杀的兴起，人们在游戏中找到了一种与他人面对面交流的机会。对于那些每天生活快节奏的上班族来说，剧本杀的"组局"成为一种难得

---

[1] 王嘉：《儿童剧本杀 剧场成"课堂"》，《成都日报》2022年11月4日。
[2] 《国内首家"剧本杀"学院｜把课堂搬到"云端"将教学引向实地》，2023年4月19日，网易新闻，https://sx.news.163.com/23/0419/11/I2MDS2HB04149A58.html。

的社交渠道。这种亲密而真实的社交体验在互联网时代显得尤为珍贵。对于热爱线上剧本杀的玩家来说，能够通过网络与来自天南海北的陌生人进行激烈的思想交锋，也满足了其沟通的欲望。不同类型的剧本杀游戏为玩家提供了不同的社交体验。想要与异性感情增温的玩家会选择情感本、恐怖本；与好友共玩的玩家会选择欢乐本，享受愉快的氛围；同学聚会则会选择阵营本，互相扯皮玩梗；与同事玩则会选择轻松的机制本；等等，多样的剧本杀游戏为玩家提供了丰富的选择。

当前，剧本杀被认为是一种大人版的"过家家"，在虚构的情节和角色中，玩家们通过解决问题和挑战来认识新朋友。与"半熟人"一同参与游戏的潮流受到玩家们的认可，通过互动方式，参与者能够更深入地了解彼此，建立更加真实和深入的人际关系。剧本杀的出现不仅为玩家提供了重塑社会网络的平台，而且也有利于社会关系的迅速升温。[①] 因此，这种团队协作的游戏是公司团建和团队破冰的理想选择。大型实景剧本杀游戏如《商战纪元·汇通天下》可容纳20—200人同时参加，更是通过线上、线下相结合的技术，以复杂的情节和多样的游戏机制，为参与者提供了一个全方位的合作与竞争体验，尤其适合大公司的团队活动。《工人日报》记者采访的公司管理人员袁先生说："刚进入公司时，和团队成员也不熟，名字都常记错。后来大家一起玩了一局'剧本杀'，就一下子熟络了。"[②] 而像《拆迁》《搞钱》《来电》等难度不大的多人本，则适合10人左右的团队进行破冰活动。有的剧本杀玩家表示："几个人坐在一起玩几个小时，难免产生一点交集，而且言行举止中也可以看出对方的人品。"剧本杀在游戏中建构了一个真实的游戏空间，提供了一个共同且与每个人密切相关的话题，在活动范围内，每个人都可以就这个话题展开讨论，强化原有社会关系，建立新的社会联系，重构后的游戏共同体之间的互动产生了新的社会空间。[③]

[①] 邱乾、刘人豪：《游戏作为一种"自我技术"：基于当代青年群体的"剧本杀"田野调查》，《法大研究生》2023年第1期。

[②] 《"剧本杀"成90后00后社交新形式》，2021年1月23日，百度网，https：//baijiahao.baidu.com/s? id＝1689647238852371904&wfr＝spider&for＝pc。

[③] 邱乾、刘人豪：《游戏作为一种"自我技术"：基于当代青年群体的"剧本杀"田野调查》，《法大研究生》2023年第1期。

2. 沉浸式游戏满足娱乐的需求

剧本杀能够满足消费者的娱乐诉求。美团调研显示，超过4成的玩家玩剧本杀主要是为了休闲娱乐。中青校媒调查显示，83.42%的受访者希望在剧本杀中获得沉浸式体验的趣味，58.81%的受访者希望获得成就感和满足感。北青网的报道的《剧本杀为何让他们着迷》一文中写到，对于很多玩家来说，剧本杀不只是一场游戏，它也可以是展示自己生活态度的一种方式。年轻玩家愿意为此付出，花钱充会员，为的就是享受游戏的乐趣，剧本杀最核心的就是游戏体验感。① 玩家会为了好的剧本、机制、创意去消费一场剧本杀游戏，这种参与心理在情感本、欢乐本、机制本的消费者中体现得尤为明显。剧情的跌宕起伏、阵营对战的游戏机制，或者与其他领域的跨界合作都是吸引玩家的利器。比如《杏》和《夏》包含食宿以及接送的沉浸式剧本杀，与民俗、戏剧、文旅相结合的剧本杀游戏，等等，一经推出就引发了玩家的追捧。剧本杀的资深玩家表示，传统的圆桌剧本杀势必会走向没落，纯推理的剧本已经很难再翻出新的花样，但是"剧本杀+"的趋势会给大众创造新的娱乐选择，也发掘了剧本杀满足受众更多娱乐需求的可能性。

（四）"剧本杀+科技"：沉浸式虚拟现实新体验

2021年，全国首档沉浸式剧本杀直播综艺节目《最后的赢家》问世。该节目融合了剧本杀与XR技术，播出后广受好评，大大提高了观众对"剧本杀+科技"模式的认知度，VR剧本杀开始投入市场。② VR剧本杀，是一种玩家佩戴头显设备，体验各种剧本杀场景并完成搜证环节的游戏形式。据从业者介绍，对于实景布置困难或盒装本场景中玩家难以代入的剧本，VR剧本杀能够解决场景再现问题，提升沉浸感。洞见研报在《剧本杀增量空间几何》报告中提到，AR、VR打造的沉浸式剧本杀

---

① 《剧本杀为何让他们着迷?》，2022年1月18日，百度网，https://baijiahao.baidu.com/s?id=1722223280432891753&wfr=spider&for=pc。

② 《我们体验了VR剧本杀：它具备线下娱乐爆款的一些特质》，2021年7月5日，百度网，https://baijiahao.baidu.com/s?id=1704440403534964333&wfr=spider&for=pc。

将成为一大趋势。①

　　VR剧本杀的优势体现在，其一，能够解决实景布置困难、场景实现难以及换景成本大的问题。通过VR技术，可以1∶1地还原真实场景，甚至能监测队友的位置和探测房间的边界，这为玩家提供了一个高度自由的探索空间。店家也无须担心场地储备问题，只需确保一个25—50平方米的空间内无障碍物即可。

　　其二，VR剧本杀可以提高搜证的沉浸感。传统桌面剧本杀搜证多为预制卡片式，由DM直接发放，缺乏真实搜证过程，可能影响玩家信念感及互动性。VR技术能还原现场，让玩家在虚拟环境中搜证，并在讨论时获得真实证据，增强沉浸感和互动性。此外，VR剧本杀还降低了对DM的依赖。玩家可以自主探索场景和搜集证据，剧情引导和演绎部分可以交由真实生动的VR画面。

　　但是，VR剧本杀的诞生，将行业对剧本的要求再次提升。沉浸式的技术在为剧本增色的同时，也容易抢了风头。经典的VR剧本杀《夺命黑金》就脱离了"剧本质量配不上VR技术"的困境，玩家们评论称："《夺命黑金》中VR本的形式与剧本内容契合，让形式完全不突兀，甚至给剧本剧情加分。"当前，"剧本杀+科技"模式的推广受限于其高昂的成本和受众普及率不高。在成本方面，店家需要购入设备和准备足够大的场地，这会导致客单价偏高；在受众普及方面，不少玩家还不会正确使用VR设备，需要店家进行教学。总体而言，在数字化、科技化的时代背景下，新兴技术能够为剧本杀行业注入新的活力，"剧本杀+科技"模式无疑是剧本杀行业发展的新方向。

五　剧本杀出版新业态发展的现实困境

　　随着剧本杀产业的快速发展，其发展需求与现实之间的矛盾也日益凸显。2021年9月，新华社发布报道《宣扬暴力、灵异，变味的剧本杀引担忧》批判了剧本杀行业乱象的危害性。全国政协委员、重庆市文化

---

① 《VR，能拯救剧本杀吗？》，2021年11月30日，澎湃网，https://m.thepaper.cn/baijiahao_15618796。

旅游委党委书记、主任刘旗也在《关于促进剧本杀新业态发展的提案》中指出，剧本杀行业在迅速发展的同时，也暴露出内容无审核、版权无保护、行业无监管三大问题。① 在野蛮生长的过程中，剧本杀行业的发展需求逐渐与产业现实之间产生了矛盾。这种矛盾凸显了产品质量、版权保护和审核机制等方面的产业发展问题。

（一）产品质量低劣，无法满足市场需求

市场需求是推动行业发展的关键因素，剧本杀行业要实现市场化发展，必须紧跟市场变化，开发新产品和服务，保证竞争力和可持续发展力。当今，剧本杀行业产品质量低首先体现在剧本质量低。剧本同质化、媚俗化严重，洗稿、抄袭、粗制滥造的情况也频频出现。艾媒咨询2022年的调查报告显示，剧本杀消费者中有47.4%的人认为线下剧本杀需提升剧本质量。剧本剧情套路化严重造成玩家审美疲劳，还会导致玩家被迫剧透，丧失沉浸的体验感。剧本风格媚俗，过分追逐灵异、色情、血腥的情节吸引眼球，而忽视了作品的文化品质。其次，道具和场景也是影响剧本杀产品的重要因素。部分剧本杀门店会购买盗版盒装本，道具质量差，剧本有缺漏，门店为了节约成本，对场景搭建敷衍，剧本和场景之间代入感低。最后，剧本杀从业人员的素质也影响产品质量。如今剧本杀DM大部分文化水平不高，行业人员流动性大，对于很多玩法复杂的剧本，DM的能力决定了玩家的体验感，低职业素质的从业者能力和消费者需求不匹配，部分消费者在经过一次失败的游戏体验后，就会放弃或减少门店消费。

（二）版权保护薄弱，制约产业创新力

剧本杀产业涉及的版权问题较为复杂，包括剧本创作、角色设计、美术设计等方面。当前，盗版"剧本杀"的侵权形式越发隐蔽。这种隐蔽性主要表现在销售渠道和方式上。大部分盗版"剧本杀"的销售环节在线上进行，中间商通过"一件代发"形式参与销售，这种模式比网店

---

① 郝灿：《探析剧本杀内容监管走向》，《检察风云》2022年第17期。

更隐秘。① 由于缺乏有效的版权保护机制，一些优质的作品被抄袭、盗版，严重影响了原创作者的创作热情和产业的发展。2023 年 6 月，上海首例盗版"剧本杀"侵犯著作权案宣判，一条以苏某某、林某某为首的印制、销售盗版"剧本杀"盒装剧本产业链被彻底斩断。这个案件体现了对剧本杀作品版权保护的三大困难，一是版权理念未普及，著作权人缺乏维权意识或不了解维权途径的问题。对于小规模的商家而言，也更倾向购买电商平台的低价盗版剧本。二是办案力量不足，当前对于剧本杀侵权案件，缺少专业化知识产权办案团队。三是对于侵权范围难界定，涉案作品众多且权利人分散。在办理侵犯知识产权刑事案件时，除审查犯罪数额和情节外，关键在于明确民事与刑事的界限，以准确判断案件性质，在确认民事侵权后，才能评估是否构成知识产权犯罪。以上版权保护问题制约了剧本杀产业的创新力发展，打击原创作者的创作积极性。

（三）审核机制粗放，阻碍市场规范建立

目前，尚未有明确的上位法律法规授权对剧本杀进行备案管理。2022 年 6 月，五部委联合印发《关于加强剧本娱乐经营场所管理的通知》，为规范剧本娱乐市场提供了一定的政策依据。从法律层级来看，这些政策规定均为规范性文件，具有一定约束力，但在形成制度性管理规则方面并不明确，不利于剧本杀行业管理的规范化和法治化。② 西北政法大学教授、地方政府法治建设研究中心主任王周户指出，"由于五部委通知属于规范性文件，不能设置行政处罚条款，对有些违规行为缺乏有效的震慑力"。③ 在对剧本杀娱乐场所的审核中，《娱乐场所管理条例》并未规定游艺场所使用的剧本需要备案，而《营业性演出管理条例》仅针对为公众举办的现场文艺表演活动，不适用于剧本杀场所的审批。在对剧本内容的审核中，虽然一些省市规定列明了剧本内容的负面清单，但是对于具体内容的界定标准仍不够明确，特别是对于一些"推理本""恐怖本"等剧本类型。并且，当前对剧本杀实施的主要是事中事后监管，

---

① 张宏羽：《上海首例盗版"剧本杀"侵犯著作权案》，《检察风云》2023 年第 20 期。
② 杨昆：《我国剧本杀行业监管的探索实践及路径构想》，《出版参考》2022 年第 12 期。
③ 朱宁宁：《推动剧本娱乐行业行稳致远》，《法治日报》2023 年 5 月 16 日。

对剧本的生产环节缺乏审查，剧本合法合规主要依靠剧本杀经营企业自审，缺乏可供参考的内容自审或监管细则。剧本杀行业中的游戏内容提供、作者签约、投稿创作、内容交易、版权分配、宣传推广等环节都是在线上进行。[①] 但是当前的剧本杀审核着重对线下门店的制约和管理，对线上环节监管权责不明，比如网络出版监管部门尚未出台明确的线上"剧本杀"行业规定，也没有将其纳入网络出版范畴。

六 剧本杀出版新业态管理展望

（一）加强正面引导，推动供给端产品升级

针对剧本杀这一新兴业态，在监管加强的同时要加强正面引导，以提升剧本杀产品满足市场需求的能力。首先，加强对剧本内容的审核，使之结合热点，设计新颖剧情和角色，融入正能量元素，把握消费者需求和市场流量。实施精品剧本评选计划，通过评选优秀剧本作品，鼓励优秀剧本的创作和生产。其次，提升道具和场景质量，对道具和场景进行规范管理，确保道具质量和场景搭建符合剧本要求，增强玩家的沉浸感。同时，加大人才培养力度，加强培训和考核，提高DM等从业人员的专业素养和综合能力，确保玩家获得良好的游戏体验。最后，为确保消防安全，应制定并执行密室剧本杀行业的消防安全管理标准，对剧本内容进行严格审查。要求明确标注涉及易燃、逃跑、追逐等场景，从源头加强安全管理，重点巡查并强化监管。监督商家完善设备设施，对高风险环节提升保护等级，确保人身财产安全。[②]

（二）加大版权保护力度，促进创新发展

《知识产权强国建设纲要（2021—2035年）》指出，构建响应及时、保护合理的新兴领域和特定领域知识产权规则体系。建立健全新技术、新产业、新业态、新模式知识产权保护规则。探索完善互联网领域知识

---

① 张浩：《全国统一大市场建设下"剧本杀"内容开发困境与优化路径》，《常州工学院学报》（社科版）2023年第41期。

② 郝灿：《探析剧本杀内容监管走向》，《检察风云》2022年第17期。

产权保护制度。加大对剧本杀知识产权的保护，从行业监管、发行商和店家、创作者和受众多方面进行努力，才能有效释放行业创新发展力。在行业引导层面，当前剧本杀的保护模式分为依《中华人民共和国著作权法》的拆分保护和整体保护，以及依《中华人民共和国反不正当竞争法》的兜底保护，但是在实际的侵权认定中，仍存在界限不明、惩处不足的问题。[1] 监管部门应该加大打击盗版侵权行政执法力度，并且开展剧本杀领域侵权盗版专项执法，查处和公布一批典型案例，推动版权行政执法与诉讼维权的有效对接，完善行业维权机制。[2] 在对侵权行为的界定方面，剧本杀整体、剧本相关元素、场景相关部分都应享有著作权，应该对剧本杀中的剧本、组织者手册、视频、音乐、插图、服装等部分的版权进行立法保护。从发行商和店家层面看，对于剧本杀的侵权类型有侵犯复制权、发行权、表演权、信息网络传播权等。剧本杀的创作、发行、使用等多种环节都有可能存在侵权行为，剧本杀经营单位有审查产品的义务，例如在《上海市密室剧本杀内容管理暂行规定》中，监管部门要求剧本杀经营单位建立健全内容自审制度，在申请备案时提交版权合法性声明，以避免版权纠纷。在发行方进行审核时，有观点认为，应该依据"检测—比对—保护"流程。根据初稿，筛选高复制比例的剧本，由编辑和资深玩家整体比对判定，利用数字认证技术和区块链技术保护版权。目前，剧本杀行业交易量最大的平台黑探有品，正在与第三方机构在自审备案服务和出版社对接方面进行合作，为未来发行审核机制的发展提供思路。[3] 剧本杀的创作者和消费者都应加强著作权保护意识。创作者要在投稿前，申请著作权登记，保留证据；并且加强对行业规范管理制度的了解，主动举报、配合调查侵权行为，保护自身合法权益。剧本杀消费者需要鼓励原创，自觉抵制盗版伪劣的剧本杀产品。

（三）优化监管机制，出台实施细则

推动剧本娱乐行业法治化、规范化发展，要秉持包容审慎思维，提

---

[1] 孙怡然：《剧本杀著作权问题研究》，硕士学位论文，四川师范大学，2023年。
[2] 杨昆：《我国剧本杀行业监管的探索实践及路径构想》，《出版参考》2022年第12期。
[3] 王晋、宋群：《剧本杀行业著作权法律风险及治理进路》，《中国出版》2022年第9期。

高立法层级，建立科学立法体系。同时，要优化监管体制，出台实施细则，提高法律规制性能。[①] 制定专门针对剧本杀行业的法律法规，明确行业管理的基本原则、管理体制、市场主体、市场行为、监管措施、法律责任等，为行业管理提供全面的法律依据。修改完善现有相关法律法规，将剧本杀行业纳入相关法律的调整范围，明确相关主体的权利和义务，加强对行业的规范和管理。加强地方性法规和政府规章的制定和实施，结合当地实际情况，制定具体的管理措施和办法，形成上下联动、全国一盘棋的管理格局。

对于剧本杀行业开发、门店和印刷环节，需加强资质审查和监管，参照出版单位资质管理实施，引入版号或审批制度提升产品质量和意识形态标准。对于剧本内容的审核，应该参照《出版管理条例》，实行"事前监督"。对作品质量的管理应该参照《图书质量管理规定》，从内容、编校、设计、印制等方面建立剧本杀作品质量标准。[②] 需要制定详细内容审核指南，建立专业团队，鼓励行业协会和专家参与。加强对剧本内容的审核力度，确保剧本内容符合法律法规和社会道德标准。并且，剧本杀行业涉及线上和线下环节，涉及多个主管部门，为提高管理效率，应努力打通各环节壁垒，建立跨部门协作机制，明确各部门事权，推进线上线下一体化监管。针对边界模糊、执行弹性大的监管规则，应确定统一、科学合理的监管标准，明确线上平台监管方式，统一执法标准和尺度，提升监管有效性和自审可操作性，降低执法成本和遵从成本。[③]

七　结语

随着科技的进步和娱乐方式的创新，剧本杀有望与虚拟现实、人工智能等先进技术相结合。展望未来，剧本杀市场具有巨大的发展潜力，

[①] 朱宁宁：《推动剧本娱乐行业行稳致远》，《法治日报》2023年5月16日。
[②] 赵均、崔展鸿：《作为出版新业态的剧本杀：基于产业发展与出版管理的思考》，《现代出版》2023年第4期。
[③] 张浩：《全国统一大市场建设下"剧本杀"内容开发困境与优化路径》，《常州工学院学报》（社科版）2023年第4期。

优秀剧本占据核心地位的同时，差异化服务、行业自律和政策引导成为发展的关键。

因此，对于投资者和创业者而言，保持敏锐的市场洞察力和创新精神至关重要。只有不断推陈出新，为玩家提供更加优质和多样化的产品与服务，才能在竞争中脱颖而出。这需要他们密切关注市场动态，了解玩家的需求和喜好，及时调整和优化产品和服务。并且，商家需要积极探索新模式，挖掘剧本的衍生价值，将剧本杀与其他娱乐方式相结合，创造出更加独特和吸引人的消费体验，才能在激烈的市场竞争中立于不败之地。

同时，剧本杀行业的健康发展离不开高素质人才。这要求行业内的企业和个人不仅关注业务规模的扩大，更要注重人才培养和团队建设。通过提供专业的培训和指导，确保从业人员具备扎实的业务知识和良好的职业素养，能够为玩家提供周到的服务。此外，加强行业自律意识必不可少，行业内的企业和个人应自觉遵守市场规则，杜绝不正当竞争和违法行为，共同维护市场的秩序和公平。通过全行业的共同努力，引导玩家树立正确的价值观和消费观念，促进玩家形成健康、理性的娱乐消费习惯，才能进一步推动行业的可持续发展。

当前，娱乐产业有望成为国民经济的重要支柱和文化交流的关键平台，娱乐产业的发展状况彰显国家的文化软实力和国际竞争力。政策部门在维护市场秩序、促进产业健康发展方面扮演着举足轻重的角色。在宏观层面，政策部门应当站在战略的高度，对娱乐产业实施全面、严格的监管，组织业内专家，结合产业发展趋势和市场需求，制定具有前瞻性和可操作性的行业规范。这些规范和标准不仅为产业内的企业和个人提供了明确的行为准则，也为市场秩序的维护提供了有力保障。在微观层面，政策部门还应当通过制定优惠政策、提供资金支持等方式，鼓励企业加大研发投入，提高产品与服务的质量和竞争力，为娱乐产业的可持续发展营造良好的社会氛围。

华东理工大学出版社融合出版报告

尹 力 张 杰 马 兰 邢 洁[*]

摘 要：在国家顶层设计和数字媒介技术发展的共同推动下，近年来出版业融合发展开始成为国家文化数字化战略的重要支撑和发展方向。本文以华东理工大学出版社为研究对象进行实地调研，探讨总结了华东理工大学出版社的融合出版实践发展特色，以及其融合出版实践对当下众多中小型出版机构可借鉴之处。

关键词：华东理工大学出版社；出版融合；发展路径

一 融合出版背景与华东理工大学出版社的发展

随着全面深化改革顶层设计发力、数字媒介技术崛起，5G、人工智能、物联网等新兴科技的发展与创新成为推动改革的重要参数。在"技术赋能"和"技术赋权"的共同驱动下，人们的生活场景和行为方式都发生了巨大变化，各行各业都置身于技术的洪流中试图把握媒介融合的新方向，出版业态由此得以重构，且这一过程是动态性的。概括来说，"技术+出版"的发展总共经历了三个阶段：数字出版—转型升级—融合出版。从2014年4月，原国家新闻出版广电总局和财政部联合发布《关于推动新闻出版业数字化转型升级的指导意见》，到2016年"数字出版"

---

[*] 尹力，博士，浙江传媒学院讲师、硕士生导师；张杰，浙江传媒学院新闻与传播学院硕士研究生；马兰，浙江传媒学院新闻与传播学院硕士研究生；邢洁，浙江传媒学院新闻与传播学院硕士研究生。

作为新兴文化产业首次列入"十三五"规划，"数字化"成为这一阶段出版形态的核心。其后几经迭代转型升级，直至2022年4月中宣部印发《关于推动出版深度融合发展的实施意见》，出版业融合发展开始成为国家文化数字化战略的重要支撑和发展方向。在一系列政策落地实施和市场需求不断变化的大环境下，各出版单位转型升级的步伐也不断加快。

华东理工大学出版社（以下简称"华理社"）是1986年成立的由教育部主管、华东理工大学主办，以"服务终身教育"为定位的综合性大学出版社。作为一家"非典型"的大学出版社，华理社突破了过往大学出版社就是出教材、做一个学校渠道图书分发的刻板传统，在2000年之后，慢慢形成了包括学术出版和市场出版的"双引擎"发展模式。该社的学术出版依托华东理工大学化学化工和社会工作两个优势学科，并通过专业出版服务国家重大战略，做好重大项目研究与出版；其市场出版则专注于外语学习、基础教育、迪士尼IP图书以及科普等细分领域。

华理社自2015年开始从出版业务端进行数字化转型，实施图书与数字产品同步出版战略，并以用户为导向，实行"一种内容、多种形态"的融合出版策略。在外语与基础教育出版方面，华理社不仅与迪士尼、培生等全球顶级文化公司展开合作，探索青少年外语学习的新需求与新机遇，出版了一批深受读者喜欢的图书，还在K12中小学同步教辅与小语种（日语）教材方面形成了较为完整的产品线。小初高的语数英周计划和配套数字化课程，学日语一定会用到的红蓝宝书以及高价值的知识服务产品"安宁老师的日语课"，不仅是华理社的品牌产品，在市场上也得到了用户的认可。据开卷2022年教育出版垂直细分领域排名统计，华理社的"小学非同步"列第四位，"小语种"列第二位，"英语读物"列第三位，其累累硕果背后凝聚的是华理社十多年来"根植优势内容，把握流量风口"、随行就市满足需求、不断探索融合出版发展的实践与努力。那么，作为一家中小型出版社，华理社这些年来是如何进行融合出版转型的？他们走出了一条怎样的融合出版路径？他们的融合出版实践对于中小型出版机构有着怎样的可借鉴之处？本文将在对华理社实地调研的基础上展开一些探讨。

二　华东理工大学出版社出版融合发展实践

2005年，中国人民大学蔡雯教授首次将媒介融合概念引入国内。基于媒介融合的研究，近年来国内学者致力于厘清融合出版的概念，并对其进行界定。2022年1月，在全国科学技术名词审定委员会主办的融合出版概念及定义专家审定会上最终形成一致意见，即融合出版是"将出版业务与新兴技术和管理创新融为一体的新型出版形态"。[①] 可以说，互联网技术与数字技术激发了内容资源的多元价值组合，也为出版业融合发展提供了新的空间。面对数字化浪潮带来的变化，华理社主动适应和拥抱数字时代，因地制宜探索适合自身的融合出版发展新路径和新业态。

（一）以技术为支撑，打造多形态融合出版产品

互联网时代随着用户获取信息的方式和习惯快速升级变化，融合出版的载体早已不再是文字和图片所能涵盖，而是结合了音视频、微课程、直播等多种媒介形态的叠加组合。为推动出版社传统纸质图书向电子书、有声书、独立数字产品等融合出版物延伸，华理社从2015年开始进行初阶的电子书转码，尝试涉足对数字出版的探索。因为2015年前存量转码有很多排版文件格式，无法支持直接转码，而多步骤的数字化加工会提高产品成本，所以华理社转入"纸电同步"的赛道，从选题策划之初就对图书内容文字进行审核，预判适不适合做电子书，从而决定要不要有配套电子产品。一些申报的纯文字作品，例如社会工作的相关书籍，就会被规划为电子书形式，而一些理工化学纯公式不太适合做电子书的就不会规划。

受技术和用户需求的双重推动，华理社早在2016年就开始"纸数同步"布局。"纸数同步"融合出版模式是针对同一内容，纸书与相应的数

[①] 尹琨：《专家审定"融合出版"概念及定义》，《中国新闻出版广电报》2022年1月25日。

字产品同步策划、同步制作、同步出版运营的融合发展模式。[①] 以外语学习内容为例，华理社与上海海笛数字出版公司合作，开发了零基础英语等学习应用，华理社负责提供基础英日韩图书，海迪公司负责生产声音产品。

随着知识付费时代的到来，华理社融合出版实践也迭代，开始研发独立的数字产品。首先挖掘非成品图书的优质内容，然后以音视频课程形式进行数字化开发和运营，入场知识付费赛道。华理社还与喜马拉雅、懒人、蜻蜓等平台对接，从他们"免费转付费"时期就开始介入，最开始是华理社把自己做好的数字内容成品直接交由平台播放，随着合作的深入推进，华理社会根据平台的需求定制产品。比如平台新增了外语赛道，华理社就会和平台共同策划，生产能够吸引用户学习并维持用户黏性的头部产品。

随着融合出版实践的推进，华理社意识到与他人平台合作难以构建自身的私域流量池，产品投放他人平台，不仅周期长，用户会存留其平台上，而且产品易受平台流量裹挟，一旦平台停止对产品进行流量投放，产品就会失去曝光度，从而变相降低产品的价值。因此，华理社开始基于自身优势业务领域和品质内容，着手布局以微信服务号为基础的垂直领域新媒体矩阵，构建可反复触达和转化的私域流量池，以期留存用户，更好地提供增值服务。近年来，华理社的融合转型已达深化阶段，以"专业+互动+增量"为信条，利用多形态产品满足差异化需求，利用数字化技术放大内容效益，依据不同场景提供高适配的融合服务。

到目前为止，华理社推出的融合出版物已涵盖电子书、移动学习App、有声书、有声点读电子书、E-only、数字课程、数字题库、数据库、数字教材等。数字技术的进步推动了华理社融合出版实践的不断创新，但无论是最初的纸电同步向纸数同步转化阶段，还是研发独立数字产品的跃步升级阶段，再到搭建媒体矩阵与融合服务的固本深化阶段，华理社各个阶段的融合出版实践都并非割裂的，而是处于一种交融状态，在搭建自营新媒体矩阵的同时，他们也仍然在完善纸数同步和独立数字产

---

① 丁毅：《"纸数同步"出版模式：华东理工大学出版社融合发展探索》，《编辑学刊》2022年第5期。

品阶段的内容，并且会实时投放和补充到新媒体矩阵中。

（二）以内容为基石，深耕垂直细分教育出版领域

对于中小型出版社来说，深度融合发展之路必须精确市场定位，用细分的"专卖店"经营取代传统的"百货商场式"经营，才能有效规避同质化带来的问题。华理社基于社里传统出版的教育资源品牌优势，深耕内容资源，重点抓住基础教育、迪士尼IP+教育全系列、小语种等垂直化领域进行开发，取得初步成效。

1. 根植教育资源特色与优势

"双减"政策落实，加速推动了基础教育资源建设和平台服务建设的规范化发展与模式迭代更新。华理社着力构建具有特色的教育产品体系和服务体系，在基础教育方面，华理社拥有中小学的头部产品《周计划》，2023年对该产品进行全新改版，由黑白单色改为双色，并配备新型图书、课程、错题本之类的数字化功能产品。另外基础教育系列品牌英语科目的《2000题》，被称为魔都九色花，是经久不衰的畅销书。

日语是华理社的出版优势学科，为此社里专门设置了日语出版产品线，依托高校网络、专业发行渠道、新媒体矩阵、日语学会等支持系统，建构了包括日本文化、日语考试、日本文学、教材出版和学术出版在内的完整体系，呈现出良好的出版生态。

2. 创新教育出版内容和形式

为持续加快构建全媒体出版体系，华理社在创新教育出版内容和形式上也做了不少努力。首先是IP联名开发，华理社与迪士尼在2014年达成合作，围绕迪士尼IP开发了阅读类、基础学习类书籍及数字产品，以最大限度调动学生的积极性。他们还对产品进行升级，包括全媒体出版和融合出版内容的加持。

其次是提供数字课程等增值服务，例如华理社自己参与制作的谭晶华老师的《日本近代文学史60讲》，不仅投放到喜马拉雅、知乎等平台，同时也会发布在小鹅通、App、H5页面这些自营新媒体矩阵里。

最后是与教育企业联手，共同探索传统出版与数字科技融合发展的新路径。例如，2023年9月，华理社与猿辅导共同开发并合作出版了《图解小学数学计算题》《图解小学数学应用题》系列丛书。该系列聚焦

于计算和应用题两个专项,将教学实践过程中收录的常见题型归纳总结,再以图解方式呈现,用形象、直观的呈现方式帮助孩子快速掌握知识。整套丛书共包含 221 个知识模块、774 个题型,涵盖了小学数学所有知识点,且所有例题均配有视频,整套讲解视频近 5000 分钟,该系列丛书自上市以来销量已超过 100 万册。

(三)以管理创新为引擎,推动内部机制和流程改革

1. 结构调整:成立融合运营部门

出版单位成立融合运营部可以实现出版单位的多元化发展和资源的有效利用。融合运营部可以整合出版、发行、营销等多个部门的资源和能力,实现更高效的协同工作并提供更优质的服务。华理社早在 2016 年就取消了全功能型的数字出版部,并在 2018 年设置了融合运营编辑岗位,该岗位参与图书选题的论证。社里还设置了数字选题产品经理,负责数字产品的运营,保障了全媒介融合出版链条的顺畅运转。

在前期融合出版实践的基础上,近年来华理社逐步打破出版社传统的内部条块分割管理模式,成立新的融合运营部。现在的融合运营部像一个系统内部的中枢枢纽,把出版社的编发销各部门都沟通串联了起来,它并不会单独做内容,而是将市场的信息资源、平台需求整合后反馈给编辑部,其功能类似于出版社内部的一个情报部门、市场信息加工部门。此外,融合运营部还承担产品运营营销、活动策划的工作,包括将产品投放到各个平台等。一般来说,中小型出版社通常资源有限,因此成立融合运营部可以有效整合各个部门的资源,避免资源浪费和重复投入,提高利用效率。

2. 制度完善:建立出版管理制度

建立数字出版管理制度是数字化时代的发展趋势,是提升出版社竞争力和创新能力的有效途径。数字出版管理制度一方面可以优化出版流程,降低生产成本,提高生产效率,实现快速出版和快速更新,更好地抓住市场机遇;另一方面也可以帮助出版社进行数据化管理和分析,从数据中获取洞察,指导决策,优化产品策略和营销策略。

华理社的数字出版制度主要有两部分,数字选题申报制度和 EPR 数字模块管理。数字选题依靠融合运营委员论证制度,对重点选题进行单

独选题陈述，再通过委员投票进行选题的落地，对于投入大、制作周期比较长的选题，设置了专项重点选题制度。此外还利用 EPR 数字模块进行生产（选题、合同、制作、审读、发布）、销售、版权分成的数字打通，使流程更加标准化。基于数字出版管理制度，华理社可以更好地开发出版产品形态和满足用户需求。

（四）以渠道运营为基石，提高一体化协作能力

1. 组织运营：以微信为核心的新媒体矩阵

华理社的新媒体矩阵包括微信公众号、小程序、视频号等多种形式，出版社通过不同的内容形式和渠道满足读者多样化阅读需求，提升内容的传播效果。微信是中国最大的社交平台之一，拥有庞大的用户群体，通过建立以微信为核心的新媒体矩阵，可以更好地辐射用户群体，吸引更多读者和粉丝。

华理社以微信为核心，通过微博、抖音、小红书账号引流到微信，再通过微信搭建小鹅通、微店等来满足不同产品的销售功能，让用户可以不用安装应用或者使用电脑，就可以直接在微信端获取想要的产品和服务。此外也可以通过图书上的微信二维码以及平台的其他活动来吸引受众，比如定期举办的赠书、抽奖、考前答疑等。目前华理社主要有九个服务号，其中粉丝量最大的"华理日语"，已有 40 多万的粉丝。

2. 用户运营：以社群为核心的多元化服务

微信平台具有良好的互动性，出版社可以通过微信新媒体矩阵与读者建立更紧密的联系，促进读者与出版社之间的互动和交流，增强读者黏性。华理社重视对社群的运营管理，设有 24 小时的社群运营，针对已经购买的用户进行答疑维护。另外还设有服务前来咨询用户的社群，为他们提供答疑、调研、精准推荐和售卖等。

社群会定期举办赠书、抽奖等活动，读者也可以参与讨论、分享阅读体验、交流观点，这些都增强了出版社与读者之间的互动，提升了读者的参与度。通过为用户提供多元化服务，出版社实现与读者之间更加紧密的联系，打造了具有社群黏性的阅读体验，促进数字出版业务的发展与创新。

3. 平台再塑：以产品为核心的智能化桥梁

随着算法等技术的出现，出版社现在可以通过内容个性化推荐、智能化编辑和制作、数字化出版、数据驱动营销以及创新产品开发，不仅提升出版业的竞争力，还可在数字化转型的过程中实现可持续发展。华理社目前开发的融合出版产品包括电子书、有声点读电子书、移动学习App、E-only电子书、有声产品、数字课程、数字题库，不同的数字产品如电子书、音视频类产品会投放在不同平台上，部分是同华理社建立了合作关系的外部平台，自营平台则是"1+9"的新媒体矩阵。华理社针对迪士尼、英语、日语、韩语、K12等不同业务领域设定服务号，服务号链接自营平台，比如小鹅通店铺、有赞等。目前华理社的营收占比主要以数字课程为主，这些高阶数字产品的开发不仅是出版社的核心，也是如今市场关注和需求的重点。

三 华东理工大学出版社融合出版实践的启示

通过前文对华东理工大学出版社出版融合实践的分析，笔者认为有以下几点启示是值得中小型出版社参考的。

（一）建立一体化发展机制，实现传统出版与新兴出版的同步谋划、统筹推进

中国现有出版管理制度产生于计划经济时代，形成了以审批制度、主管主办制度、行业管理制度、属地管理制度为核心的规制政策。在严格的审批制度下，内容出版成为高垄断的行业。而在出版社内部，过细的分工不仅导致流程分割、组织破碎，使一个连贯的业务流程往往被分割成许多支离破碎的业务段，而且产生了相互隔离的部门壁垒，削弱业务部门之间的交流，使整个业务过程运作时间长、协调成本高。

而华理社在其融合出版路径探索中比较突出的特点就是管理创新，首先体现在对内部组织管理结构的调整上。通过拆分原来的数字出版部，将原先集中在一个部门的工作拆解到全社各个部门，让编辑做选题策划，让制作部做数字产品的加工，包括电子书、有声书这类，再让营销部进行销售，让出版社每位员工感觉到融合出版跟每个人都息息相关，而非

某一个部门的工作，从而调动大家的积极性。

其次，华理社建立了数字选题申报全流程，从前期的选题策划、项目设计到后期的产品线建设、品牌营销都有很清晰的制度设计。在选题论证过程中，融合运营部人员也参与进来，和编辑一起共同商议选题，论证可行性。这种一体化的流程机制，无疑有助于达成更高的工作效率，使策划制作出的数字产品更符合市场需求。

最后，华理社不断升级迭代的融合出版产品牢牢建基于其传统出版的优势领域，并围绕其优势领域生产优质内容。而这也启迪我们，虽然在融合出版的过程中，数字技术及其应用改变了内容输出的方式和形态，但好的内容依旧是核心竞争力，是实现流量变现的不二法宝，所以今天的融合出版，一定不是新兴出版对传统出版的抛弃，反而是要根植传统出版，主动寻找并接纳其优势内容的反哺。

（二）立足实际，找准切口，不贪大贪全贪多，聚焦自身优势领域精耕细耕

在传统出版环境中，由于出版行业的限制，出版形式相对简单，但在融合出版环境中，出版行业、内容以及两者之间的关系因技术变化而有所不同，出版物也可塑造为不同形态。一些中小型出版社进行融合出版产品研发时，大多从对竞品的研究和模仿开始，导致市场同质化产品多，质量参差不齐。此外，中小型出版社当前产品成果大多集中于纸质图书的数字改造与延伸，并未针对自身定位找到一条特色化的发展之路，只是盲目开发多形态的产品，而非真正意义上的数字化内容生产产品，也未形成完整的产业链，难以突破差异化竞争的束缚。

在调研中我们发现，华理社非常强调"认识自己才能很好地开展融合出版"，他们认为每个出版机构的融合发展道路不尽相同，要结合自己的资源禀赋、优势领域和品牌优势等去探索融合出版之路。在他们的融合发展实践中，我们可以看到，华理社始终聚焦并深耕于自身的优势特色领域，比如基础教育、外语（日语）学习、迪士尼读物等细分市场，并在新产品新业态新模式转化应用上下功夫，打造了广受用户欢迎的基础教育品牌产品，如"周计划"系列、日语出版全产品、迪士尼 IP + 教育全系列产品等。无疑，华理社探索融合出版的理念与实践对打破同质化竞争、找到一条适合自己的融合发展之路是有启迪意义的。

（三）积极接纳并应用新技术，借此发展新领域、开辟新赛道，推动业态创新

华东理工大学出版社是中小型出版社里较早启动融合出版实践的单位，自2015年华理社开启出版融合发展的探索，他们就积极拥抱、运用新技术。跟随新技术的进步和迭代，华理社也先后经历了"纸电同步""纸数同步""平台建设阶段""开发独立数字产品阶段""建设新媒体矩阵阶段"。而2023年横空出世的ChatGPT以生成式人工智能深度赋能出版业内容生产、资源管理、产品研发等各个环节，不仅驱动出版业智慧变革，也给出版业深度融合带来新的发展机遇。无论是亚马逊兴起的"AI写书潮"，还是中信出版集团"智能出版平台"对人工智能技术的接入，都体现了生成式人工智能对出版业态模式、主体关系和价值逻辑的重构。

作为典型的中小型出版社，华东理工大学出版社也积极布局人工智能。目前，生成式人工智能已为华理社提供了以下助力：一是通过自动生成内容、协同编辑、智能审校，节省翻译类读物生产时间，提高生产效率；二是通过协作插画设计和书封设计等方面，节约生产成本；三是通过算法数据分析，进行市场分析和预测，精准策划出版选题，提升宣发效果。未来华理社还将利用生成式人工智能技术深耕读者服务，通过智能推荐、角色对话、阅读陪伴等场景服务实现交互迭代，助力出版社的数智化转型。

在生成式人工智能时代，出版行业以庞大且高质量的底层数据、对用户需求的深刻理解、专业的出版从业人员，从而拥有得天独厚的转型空间。因此，充分利用出版社自身的优质内容资源，借助新技术提前布局，并借此发展新领域、开辟新赛道，不仅是出版社未来融合发展的方向，某种程度上也给予了中小型出版社在未来市场竞争中抢占先机的有利机遇。

四 结语

经过近十年的发展，华东理工大学出版社的融合出版实践取得了丰硕成果，也给中小型出版社如何走出一条适合自身发展的融合出版之路提供了一些可资借鉴的参考。现今在人工智能深度赋能出版业的背景下，华理社也在推动自身的智能化转型升级，不过我们仍需关注到，AIGC 赋能的出版业虽然前景广阔，但大多数出版社与生成式人工智能的深度耦合还处于起步阶段，特别是相较于技术成熟、资金充沛的大型出版社，中小型出版社目前还面临着数据库建设和平台打造所需的高额成本、复合型人才储备的短缺、配套设施的不健全等问题。面对生成式人工智能时代的发展困境，出版行业还需进一步凝聚共识、探索出路，加强出版理念、运营模式和传播方式等的创新；同时加强与技术企业、运营商等的产业合作，着力突破发展瓶颈，推动自身由数字化向智能化转型升级。

人工智能与出版业的融合发展之路正处在时代的风口浪尖上，中小型出版社在当前文化市场中，不仅要应对大型出版社的强势竞争，还要面对数字化、网络化带来的冲击，这无疑增加了其生存和发展的难度。然而，困境往往也是变革的催化剂，是催生新思维、新模式的契机。在人工智能技术的加持下，中小型出版社可能要内外兼顾，不仅对内要深耕垂直细化道路、推进体制机制改革、提高一体化协作能力；对外也要把握技术机遇，探索出版智能化，实现转型升级，从而增强自身的品牌影响力和市场竞争力。

政策篇

中国版权保护报告

李　娟　李琬钰　陆　彤[*]

摘　要：随着互联网技术的发展及内容生产格局的扁平化，2023年以来，网络环境下版权侵权行为呈现出多样化和复杂化的特点。本文梳理了2023年以来的版权保护政策及具有典型意义的案例，对图书电商、短视频的音乐版权、AI新闻作品、网络社区及网络直播五种行业内常见的版权保护问题进行了分析，从技术赋能、制度完善、共建保护机制、版权意识提升几个方面提出了具有针对性的策略和建议。

关键词：知识产权；版权；短视频；人工智能；版权政策

一　版权保护的时代背景

在迅猛发展的数字化时代，互联网技术的革新和新媒体平台的普及为全球版权保护带来前所未有的挑战和机遇。中国是世界上最大的互联网用户集聚地，版权保护是一项紧迫的议题，版权保护不但是文化创新和科技进步的关键因素，也是中国文化软实力和社会文明水平的彰显。互联网带来创造力和传播力的同时，也带来更为复杂的版权保护问题，版权政策也需要随新问题的出现与时俱进，满足新的时代发展需求。

近年来，中国在版权保护方面取得一定的进展。然而侵权现象仍然层出不穷，从网络上随意传播的盗版电影、音乐到未经授权就被转载的

---

[*] 李娟，博士，浙江传媒学院副研究员；李琬钰，浙江传媒学院新闻与传播学院硕士研究生；陆彤，浙江传媒学院新闻与传播学院硕士研究生。

文学作品，侵权的手段多样化，波及范围广泛，严重损害创作者的合法权益，威胁文化产业的正常发展和市场秩序。更为重要的是，随着科技的快速发展，版权保护面临的挑战也在不断演变。数字化技术的应用使作品更易于被复制和传播；同时随着二次创作和AIGC等新的创作方式及创作主体的出现，也造成了作品的可版权性和版权归属问题的认定难度。这不仅要求我们必须不断更新版权保护的政策和技术，也需要对版权保护问题作出更为深入的分析和思考。

因此，深入研究和分析当前的版权保护政策环境，评估现有法律框架的效力，探索适应数字化时代需要的版权保护新政策，不仅对于维护创作者的合法权益、促进中国文化产业的健康发展具有重要意义，也对于激发社会创新活力、推动文化和科技创新具有深远影响。本文将聚焦这些关键议题，通过版权保护的现状及经典案例的分析呈现当下版权保护实践的成果，进而探讨数字化、网络传播技术给版权保护带来的问题与挑战并尝试提出相应建议，以期推进版权保护向纵深发展，在保障知识产权的同时，更好地促进文化繁荣、科技兴盛。

二　版权保护现状

加强版权工作规划部署，不断完善具有中国特色的版权治理体系，是"十四五"时期推进知识产权强国建设的重要内容，对全面贯彻落实党中央关于知识产权工作作出的重大部署和建设知识产权强国具有重要意义。随着人工智能技术的兴起，在内容出版的实践过程中，如何解决日益复杂的版权保护问题也是检验现代化治理水平的必答题。因此有必要从宏观角度对近年来中国的版权保护政策进行梳理，以更好地指导当下的版权保护实践。后文将从顶层设计、法律法规和执法成效三个层面呈现当下版权保护现状，并通过典型个案的考察揭示现有版权保护机制的更新与进步。

（一）顶层设计：指明版权保护方向

党的十八大以来，以习近平同志为核心的党中央把知识产权保护工作摆在更加突出的位置。2023年2月，中共中央、国务院印发的《质量强国建设纲要》指出，要"加强专利、商标、版权、地理标志、植物新品种、集成电路布图设计等知识产权保护"，继续将版权保护纳入顶层设计，指明版权保护在中国当前高质量发展中起到的重要作用。2023年7月，中共中央、国务院印发的《关于促进民营经济发展壮大的意见》指出，要"持续完善知识产权保护体系"，①从侧面也反映出版权保护是经济高质量发展中不可或缺的因素。保护版权就是保护创新，营造一个良好的版权保护环境能够激励更多的有识之士加入内容创作和科研创作中，形成良好的文化氛围，对提升国家的文化软实力大有裨益。版权保护也有利于形成良好的市场秩序和竞争环境，鼓励各类企业和创作者投入更多资源进行创作、生产和经营。这不仅能够促进产业的繁荣发展，还能够吸引更多的投资，推动经济的健康发展。

凡事预则立，不预则废，以上规划锚定了中国近年来版权保护工作的坐标和方向，充分彰显中国对版权保护工作的高度重视及版权保护治理的决心。版权保护是一项久久为功的事业，需要随社会经济发展、文化发展同频共振。版权保护既需要有预先规划作为指引，又需要法律法规的强制力作为武器，后文将从法律法规的角度梳理版权保护的重要突破。

（二）法律法规：回应版权保护新问题

党的二十大报告强调要加强知识产权法治保障，形成支持全面创新的基础制度。②随着中国特色社会主义进入新时代，以及经济和社会发展迈向新的阶段，知识产权特别是著作权保护，面对着新的环境和责任。从2020年第三次修订的《中华人民共和国著作权法》（以下简称《著作权法》）中可以看出，法律法规在版权保护中扮演着越发重要的角色，在修法后提高了对著作权的侵权的赔偿力度，将法定赔偿的上限提高至500万元，对情节恶劣的侵权行为可采用惩罚性赔偿制度，给予被侵权人赔

---

① 《中共中央 国务院关于促进民营经济发展壮大的意见》，2023年7月19日，中国政府网，https://www.gov.cn/zhengce/202307/content_6893055.htm。

② 习近平：《高举中国特色社会主义伟大旗帜 为全面建设社会主义现代化国家而团结奋斗——在中国共产党第二十次全国代表大会上的报告》，人民出版社2022年版。

偿，一定程度上整治了版权保护领域一直存在的"守法成本高，违法成本低"的问题。

2023年作为党的二十大的开局之年，中国政府在重点领域、关键产品和关键环节上采取有序推进、持续发力的措施，面对日新月异的互联网环境，针对知识产权领域出现的新问题作出了积极有效的法律应对。2023年7月，国家网信办联合国家发改委、教育部、科技部、工业和信息化部、公安部、广电总局发布了《生成式人工智能服务管理暂行办法》（以下简称《办法》），《办法》提出国家坚持发展和安全并重、促进创新和依法治理相结合的原则，采取有效措施鼓励生成式人工智能创新发展。针对生成式人工智能服务的特点，该办法实行分类分级监管，明确了提供和使用生成式人工智能服务的总体要求。同时，提出了促进生成式人工智能技术发展的具体措施，明确了对训练数据处理活动和数据标注等的要求。在规范生成式人工智能服务方面，《办法》明确了服务提供者应当对未成年人用户对生成式人工智能服务的依赖有所防范，采取各项措施规避此现象的发生。同时要按照《互联网信息服务深度合成管理规定》，对图片、视频等生成内容进行标识。针对违法内容，《办法》规定应当及时采取处置措施。除此之外，《办法》还建立了安全评估、算法备案、投诉举报等制度，明确相应的法律责任，廓清生成式人工智能的诸多模糊地带，将人工智能生成物纳入有法可依的管理轨道。

国家版权局、工业和信息化部、公安部、中央网信办联合开展"剑网2023"专项行动，旨在打击网络侵权盗版行为。在该行动中，共删除244万条侵权盗版链接，关闭了2390个侵权盗版网站（App），并查处了1513起网络侵权案件。与此同时，市场监管总局牵头开展了2023网络市场监管促发展保安全专项行动，共查处了2.7万件网络违法违规案件；组织开展了优化平台协议规则专项行动，督促854家平台企业严格落实法律法规规定，累计修改优化协议规则3680项，以保障消费者、平台内经营者和平台企业的合法权益。此外，还清理了各类平台违法违规信息30万条，及时处置了网络直播乱象等问题，进一步净化了网络交易环境；发布了《互联网广告管理办法》，以切实维护广告市场秩序，推动互联网广告业持续健康发展。在"剑网"活动不断取得切实成效的同时，根据国家版权局2023年全国著作权登记情况的通报，截至2023年，全国著作权登记总量达 8923901 件，同比增长 40.46%，总体呈现大幅增长趋势。①

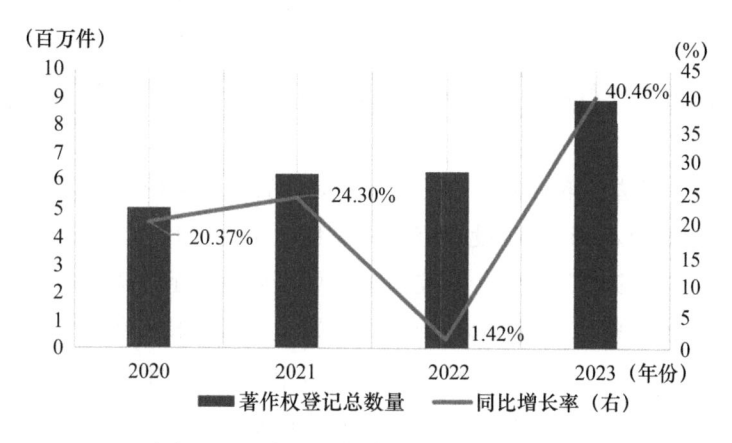

图1 2020—2023 年著作权登记总量分析

（三）双轨制执法：提升版权保护效能

当前，中国的著作权呈行政保护与司法保护双轨并行态势。在行政保护上，有关部门不断优化行政执法监管手段，开展专项治理工作，严厉打击侵权盗版行为；在司法保护上，法院不断提高案件审理的质量和效率，积极探索新业态下著作权新案件的司法保护规则。与其他国家相比，中国版权保护的突出特点是版权行政管理部门在其中扮演着重要角色。版权行政管理部门持续制定与版权保护相关的发展规划和行动纲领，每年主动在全国范围内针对重点领域开展版权执法行动。国家版权局在《2023 年全国知识产权行政保护工作方案》中要求牢筑行政保护基础，进一步强化行政裁决工作的规范性，着力提高执法办案业务能力和水平，建立健全跨区域专利侵权纠纷案件行政裁决机制，加大跨区域、跨部门办案协作、标准对接、业务交流力度。2023 年 8 月，中央网信办和国家版权局联合开展了"清朗·杭州亚运会和亚残运会网络环境整治"的专项行动，旨在针对赛事举办期间网络环境中存在的突出问题进行集中整治。在此行动中，共删除了涉及亚运侵权的链接约 19.16 万条，关闭了

---

① 《国家版权局关于 2023 年全国著作权登记情况的通报》，2024 年 2 月 20 日，国家版权局网，https://www.ncac.gov.cn/xxfb/bqshfw/bqdj/ndtj/202410/t20241018_870050.html。

3.7万个侵权账号。同时，国家知识产权局、中央网信办、公安部、海关总署和市场监管总局5个部门也联合开展了针对杭州亚运会和亚残运会的知识产权保护专项行动，其中国家知识产权局还组织了成都大运会知识产权保护专项行动，以加强对知识产权的保护，严厉打击侵权违法行为。

此外，司法政策对全国各级法院所提供的司法保护水平有明显影响，专门化知识产权法庭的建设和审判、检察体系的优化，形成知识产权案件处理的"金字塔"格局。法院的案件处理效率得到提高，版权纠纷的有效处理能力增强。法院坚持严格保护知识产权，持续推进审判理念变革，依法严厉打击侵权假冒行为，充分运用惩罚性赔偿，对于符合法律规定需要受刑事处罚的案件，坚决按照法律从严追究刑事责任。在知识产权审判领域，法院不断深化改革创新，加强对知识产权纠纷溯源的治理，努力提升审判质量和效率。2023年，人民法院共新收知识产权案件49万件，审结48.96万件（含旧存案件），较2022年分别增长5.5%和1.8%。[①]

由于中国互联网经济发达，新技术和新商业模式层出不穷，版权立法无法及时跟上社会经济技术发展的步伐，表现出明显的滞后性。司法和行政执法工作常常需要在明确的法律规则出台之前，对新的版权问题作出回应，这具有很大的挑战性。鼓励创作、促进文化和艺术的创新与繁荣，成为当前中国版权司法保护的政策导向，而版权治理的概念也逐渐获得广泛认可。在鼓励创作原则的指引下，各级法院也采取了诸多措施，包括不断完善司法解释及指导意见、积极研究处理新类型案件、有效适用临时措施、加大侵权赔偿力度等，切实保障科技和文化产业的健康发展。

---

① 《〈中国打击侵权假冒工作年度报告（2023）〉发布》，2024年4月27日，中国政府网，https://www.gov.cn/lianbo/bumen/202404/content_6947930.htm。

三 版权保护典型案例

(一) "同人作品"第一案[①]

2023年5月,被称为"同人作品第一案"的金庸诉杨治的小说《此间的少年》一案有了终审判决结果。该案自2016年原告提出诉讼以来便广受关注,引发诸多关于版权保护的争议。

2015年,查良镛(笔名"金庸")发现作家杨治(笔名"江南")的小说《此间的少年》大量使用了自己书中的人物、背景故事等设定。《此间的少年》讲述的是让人熟悉的大学生活的故事。小说以宋代嘉佑年为时间背景,地点在以北大为模板的"汴京大学",主要人物是金庸小说中乔峰、郭靖、令狐冲等大侠。该书在中国内地出版并大量销售。查良镛将作者杨治以及该书的出版方北京联合出版有限责任公司(以下简称"联合公司")、北京精典博维文化传媒有限公司(以下简称"精典公司")、广州购书中心有限公司等起诉到法院,要求对方停止侵权。2018年8月,一审法院判决被告不构成著作权侵权,构成不正当竞争并判赔188万元。在二审期间,查良镛去世,其继承人林乐怡参与了诉讼。2023年,广州知识产权法院二审改判认定杨治构成不正当竞争,杨治、联合公司、精典公司构成著作权侵权,杨治应消除影响并赔偿林乐怡经济损失及合理费用188万元,联合公司、精典公司就其中赔偿33万元承担连带责任。

同人作品是对已有作品进行二次创作的产物,往往在角色、背景、情节等方面与原作品有联系但又有所区别,因此备受争议。近年来,中国同人作品创作日益增加,引发了一系列知识产权问题,引起了社会和相关公众的关注。本案涉及同人作品侵权纠纷,作家查良镛具有很大的影响力,案件在同人作品版权保护的法律理论和实务层面都具有典型性,因此被称为"同人作品第一案"。该案的典型意义主要体现在对查良镛四部作品中的人物形象构成受著作权法保护的表达的确认和著作权法在创

---

① 《金庸小说人物二创案延宕7年:终审改判侵权,同人作品可付补偿再版》,2023年5月26日,澎湃新闻,https://news.cctv.cn/2023/05/26/ARTI2RxDtJ5VyhzNq1GRnriG230526.shtml。

作者与社会公众的利益之间的平衡上。

经综合考虑，法院未判决被诉同人作品停止侵权，而是规定再版时需支付经济补偿，按版税收入的 30% 支付。这一判决为规范同人作品的合理有序创作提供了司法指引，同时也为版权热点问题的理论研究提供了重要素材。

（二）首例涉虚拟数字人侵权案[①]

魔珐公司利用 AI 表演动画技术、超写实角色智能建模与绑定技术、智能动画与语音合成技术以及智能交互技术等多项人工智能技术，成功打造了超写实虚拟数字人 Ada。2019 年 10 月，魔珐公司通过公开活动发布了 Ada，并在同年 10 月和 11 月通过 bilibili 平台发布了两段视频。其中一段视频介绍了 Ada 的场景应用，另一段视频记录了真人演员徐某与 Ada 的动作捕捉画面。2022 年 7 月，杭州某网络公司在抖音上发布了两段涉嫌侵权的视频。这两段视频的中心内容使用了魔珐公司发布的相关视频内容，但在片头和片尾替换了相关标识，并在整体视频中添加了虚拟数字人课程的营销信息。其中一段视频还添加了杭州某网络公司的注册商标，并将其他虚拟数字人的名称写入了视频标题。魔珐公司认为杭州某网络有限公司的上述行为侵害其美术作品、视听作品的信息网络传播权，侵害录像制品及表演者的信息网络传播权，并构成虚假宣传的不正当竞争行为，要求停止侵害（后撤回）、消除影响并赔偿损失（含维权费用）50 万元。最终，一审法院判决杭州某网络公司在其短视频平台账号上为魔珐公司消除影响并赔偿经济损失（含维权费用）12 万元。宣判后，杭州某网络公司提出上诉，二审法院判决驳回上诉，维持原判。

虚拟数字人在各行业领域有着广泛的应用，随着技术普及和相关产业的发展，其涉及的法律问题日益受到关注。首例涉及虚拟数字人侵权的案件在杭州互联网法院得到审结，为这一新技术和新业态的权利归属和使用边界划定了明确的裁判规则。虚拟数字人的法律关系涉及开发者、"中之人"、运营者和品牌方等多个主体，涉及人物形象、表演权以及版

---

① 《首例涉虚拟数字人侵权案》，2024 年 1 月 6 日，中国法院网，https：//www.china-court.org/article/detail/2024/01/id/7748928.shtml。

权等问题，需要综合考虑多方因素。例如，虚拟数字人的人物形象可能构成著作权法上的美术作品；而对于真人驱动型虚拟数字人的表演者权，在现行的著作权法中并没有明确规定，但其行为和表演可能构成录像制作者的著作权或邻接权，未经授权使用可能构成侵权。这一判决积极回应了当前虚拟数字人在虚拟现实场景中的版权保护问题，并为未来智能驱动型及数字孪生型虚拟数字人的法律保护奠定了基础。

（三）首例 AI 生成图片著作权侵权案[①]

2023 年 2 月，原告李某使用 AI 软件 Stable Diffusion 通过输入提示词的方式生成涉案图片，后将该图片以"春风送来了温柔"为名发布在小红书平台。其后被李某发现，百家号账号"我是云开日出"在 2023 年 3 月发布了名为"三月的爱情，在桃花里"的文章，该文章配图使用了涉案图片。原告诉称，被告未获得原告的许可，且截去了原告在小红书平台的署名水印，使相关用户误认为被告为该作品的作者，严重侵犯了原告享有的署名权及信息网络传播权。此案经北京互联网法院审理认为，涉案的 AI 生成图片（"春风送来了温柔"）具备"独创性"要件，体现了人的独创性智力投入，应当认定该图片为作品。最终，法院判定被告就被诉侵权行为向原告赔偿的经济损失数额 500 元，案件受理费 50 元由被告刘某负担。

该案尝试探索了一些有关 AI 生成内容的规则，属于中国首例涉及"AI 文生图"著作权的案件，在现有法律框架对此没有明确规定的情况下，对于类似案情的审判具有一定的借鉴意义。其一，涉案图片由原告独立创作，体现出了原告的个性化表达，具备独创性，构成作品。根据《著作权法》的概念界定，独创性是作品的基本要求，只有具有独创性的表达才能被认定为作品并受到法律保护。本案中，原告作为涉案图片的创作者，通过使用人工智能模型进行创作，最终选定了涉案图片。该图片体现了原告的个性化表达，具备独创性，因此构成作品。其二，人工智能模型设计者未在涉案图片上主张权利，不是涉案图片的作者；原告

[①] 《2023 年度人民法院十大案件》，2024 年 1 月 6 日，中国法院网，https://www.chinacourt.org/article/detail/2024/01/id/7748041.shtml。

作为直接操作人工智能模型并选定涉案图片的人，是涉案图片的作者，享有著作权。根据《著作权法》的规定，作者是指创作作品的自然人或组织。本案中，人工智能模型设计者只是设计出了模型，并未直接参与涉案图片的创作过程，因此不能被认定为涉案图片的作者。而原告作为直接操作人工智能模型并选定涉案图片的人，可以认定为涉案图片的作者，享有著作权。

但该案的判决只能立足于对个案中的争议定分止争，并不意味着对人工智能生成物相关版权问题的盖棺定论，人工智能生成物在目前的法律框架下，还不能获得直接的保护。相较而言，人工智能生成物更符合知识产权无形资产的特征，是纳入《著作权法》的保护如通过法律创设形成新类型作品，还是通过制定专门法律对 AI 生成物的法律属性、权利义务规定进行明确，这些都有待更多的讨论。

四　出版行业的版权问题

出版行业的版权问题随着出版业的发展也在不断变化，以 2020 年新冠疫情为起点，本部分选择了新冠疫情以来出版业具有代表性的版权问题进行探讨，这部分版权问题主要集中在网络空间。例如，近年电商行业飞速发展，图书电商中存在的盗版图书问题日益严重；在短视频规模日益扩大的环境下，用户生产内容占据短视频生产的主要份额，同时也出现了音乐使用版权与影视作品二次创作的侵权问题；AI 时代迈入 2.0，更加强大的生成式 AI 引发版权裁定危机；社交平台的发展，一些基于兴趣进行圈层聚集的社区平台中也存在版权问题的争议；除此之外，网络直播在近年兴盛，其中游戏直播画面涉及的版权问题也是一个值得讨论的话题。

（一）图书电商的盗版销售

当前的数字经济时代，图书出版已经不再局限于传统的销售方式，紧跟时代的潮流，搭上电商的"顺风车"，新的销售渠道一方面为图书出售带来新的机遇，图书的线上售卖为消费者与出版社提供了更便捷的交易渠道；但另一方面负面问题也开始出现，盗版图书的售卖开始在电商中泛滥，侵犯到正版图书的版权。从图书的类别来看，教材教辅、考试用书、童书、高定价的专业书、长销的工具书、热门畅销书、地方志和大码洋古籍是盗版"重灾区"。① 一般出现盗版的书都有着销量高、盈利多、读者购买需求旺盛的特点，这类书最易出现盗版，给盗版书商有利可图的机会。刘慈欣的科幻小说《三体》曾被电商公司销售盗版，出版社将电商平台起诉。

　　纸质书、电子书等各种形式都存在盗版，盗版图书已经产业链化。例如电子书，有的盗版书商以借阅图书的名义，通过扫描将其转码为电子书。于盗版而言，这种方式能够极大程度压低成本，提高盈利空间，导致盗版乱象层出不穷。于读者而言，一方面电子书更轻便，符合当下人们的阅读习惯；另一方面盗版书与正版之间在内容上基本没有差异，不影响整体阅读效果，但质量与正版相比会大打折扣，像字迹不清、纸张质量差、油墨质量差且刺鼻等，严重则会危害健康，价格却是正版图书的一半都不到。有的读者因为缺乏版权意识，无意间购买盗版书，但也有部分读者正是被低价所吸引有意而为之。

　　盗版图书越来越多地出现在各大电商平台和短视频直播平台，出版社面对这一现象无可奈何。一是盗版的惩罚成本极低，盗版图书店铺即使被投诉售卖盗版书，也几乎不需要赔偿，甚至店铺都不需要关闭，几天之后就可以再上架图书，侵权成本低盈利空间大、平台监管缺位给了盗版书店铺"发展壮大"的机会。二是出版社进退两难，电商时代的到来，给了图书销售新的机遇，平台为出版社提供售卖渠道，出版社为了维护关系平衡选择回避维权。盗版图书的售卖不仅是对正版图书的知识侵权，而且给出版社和作者带来困扰，他们的版权利益受损，打击整个出版行业的积极性，破坏出版生态。出版业作为文化产业的重要组成部分，良好的出版环境是影响出版积极性的关键，其中版权保护是其健康发展的前提。为了版权人的权益，打击电商盗版图书售卖，构建版权保护新生态迫在眉睫。

---

① 《图书盗版：难以根治的"牛皮癣"？》，2024年3月15日，"中国出版传媒商报"微信公众号，https://mp.weixin.qq.com/s/yQFbfAxsPbfCIMrAATatGw。

(二) 短视频的音乐版权与影视二次创作

中国互联网络信息中心发布的第 53 次《中国互联网络发展状况统计报告》显示，截至 2023 年，短视频用户规模为 10.53 亿人，较 2022 年 12 月增长 4145 万人，占网民整体的 96.4%。短视频平台为用户生产内容提供了创作空间，丰富了大众文化的同时，带来的版权问题接踵而至，其中用户在进行内容生产时对音乐的使用以及对影视内容的二次创作所涉及的侵权问题格外显著。

1. 短视频音乐版权问题

短视频创作的要素之一就是背景音乐，背景音乐与内容的契合度是保证短视频产出质量必不可少的条件。但是用户在进行短视频内容生产的过程中大多不会关注背景音乐的版权问题，导致短视频平台音乐版权问题愈演愈烈。例如，北京音末文化传媒认为短视频品牌 papitube 旗下自媒体账号上传的视频配乐侵犯其信息网络传播权，将其诉至北京互联网法院。①

目前短视频制作中音乐使用存在三种形式。一是自选音乐制作完成短视频后将其发布在平台。这其中可能涉及，用户是在其他拥有该音乐版权的平台获取到音乐，但是该音乐不一定在短视频平台拥有版权。这种跨平台的音乐使用可能会涉及版权问题。二是部分用户会直接在短视频平台的音乐库中选择背景音乐，如果用户所使用的音乐平台已获得相应版权，则用户的行为不构成侵权；反之，则构成侵权行为。三是短视频平台中还存在一种内容类型，就是"翻唱"类视频。著作权中规定如果翻唱用于非商业用途，不向公众收取费用，表演者也不收取报酬的翻唱不构成侵权；但是短视频平台的收益转化形式之一就是浏览量与点赞量，一首歌若被用户通过短视频的形式翻唱走红，这个视频本身的浏览量与点赞量也会迅速增加，达到一定数量就可以实现流量向收益的转化。这就成为一种盈利行为，因而涉及侵权问题。

关于短视频音乐版权，一个问题是法律规定不健全，主要表现为侵

---

① 李祎、付坤：《媒介融合视域下短视频音乐版权保护存在的问题及对策》，《新闻爱好者》2023 年第 3 期。

权责任的认定不明确与赔偿范围的认定不明确。侵权责任的认定不明确具体表现如下，短视频平台的分享与点赞行为虽然不是出于营利的目的，但是分享作为传播的一环，会有利于作品影响力的提升，点赞则涉及流量转化成实际收益。两种行为背后都涉及隐性价值，是否属于营利其性质难以界定，因而对侵权的认定也造成了困难。赔偿范围认定不明确具体表现如下，短视频平台的数据计算机制复杂，用户类型复杂多样。在一般著作权侵权案中涉及的三个要素"权利人的实际损失""侵权人的违法所得""该权利使用费"在短视频平台中无法进行精确计算，因此在进行侵权赔偿认定时若以著作权标准进行判断会存在是否合理的问题。

另一个问题则是主体音乐版权意识薄弱，一个是用户版权意识薄弱，用户在制作短视频的过程中往往只关注到音乐是否能正确表达自己的情绪，忽略了音乐使用背后的版权问题。不论短视频制作涉及时长多少的音乐，前提都应该是获得音乐版权人的同意，音乐的使用行为才算合理，但短视频大多数用户都忽略了这一点；二是音乐版权人本身的版权意识薄弱，中国互联网络信息中心发布的第 53 次《中国互联网络发展状况统计报告》显示，截至 2023 年 12 月，中国网络音乐用户规模达 7.15 亿人，较 2022 年 12 月增加 3044 万人，占网民整体的 65.4%。短视频平台为音乐传播、提升音乐作品知名度提供渠道，部分音乐版权人在歌曲走红与维权中选择前者，也有部分音乐版权人在衡量权益保护与营销收入后，同样选择对版权维护视而不见。

2. 影视二创的侵权问题

短视频用户成为当前互联网网民的主力军，也成为了用户创作内容的主要成员。在短视频领域近年新兴了影视剧二次创作这一新的用户创作内容，用户由消费者变为产消者，反映了中国的文化产业发展进入新阶段，但同时有关二次创作的版权问题随之而来，用户在进行影视作品二次创作的过程中会涉及对原素材的使用，这部分内容会涉及侵权问题。

在影视二创中，一种是粉丝基于对影视剧本身或剧中某位明星的喜爱而将其中部分内容节选整合进行剪辑；另一种是影视作品解说类，这部分影视二创是在叙述完整原影视作品内容的基础上，将影视作品进行缩减，加以对应的文字解说，最后呈现一般为"xx 分钟看完一部剧"或者将一部剧分为上中下三个视频进行呈现。不论哪一种形式，都会涉及

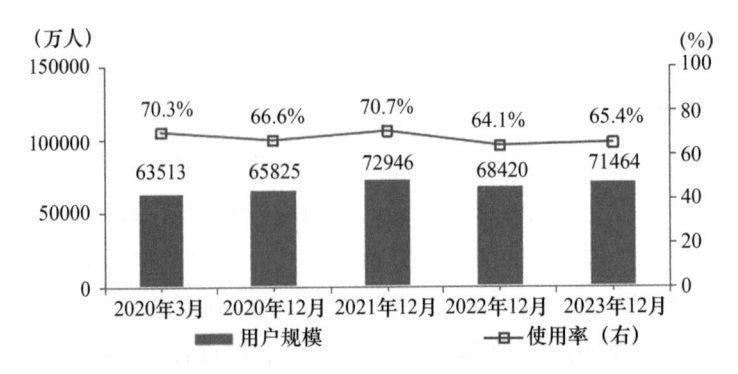

图 2　2020 年 3 月—2023 年 12 月网络音乐用户规模及使用率

资料来源：2023 年 12 月的中国互联网络发展状况统计调查。

对原素材的引用，只是引用素材多少的区别。二次创作的影视类视频可以视为一种引用行为，但必须满足"适当引用""已经发表"这两大核心要求。①"已经发表"这一点十分明确，但"适当引用"的界限界定模糊，没有一个具体的范围进行限制，就会给影视二创是否侵权的认定带来困难。

在短视频平台中存在这样的现象，有关影视二创的视频虽然附上了创作者自己创作的文案，但视频内容基本都是引用原作品，没有更多独创性的体现，已经大大偏离"适当引用"的范畴，属实构成侵权行为，但短视频平台并未将这些侵权视频进行下架，大部分作者也没有被起诉，是因为虽然构成侵权，但这些影视二创的作品也为原作品带来热度，是对原作品免费的二次宣传，从版权方的角度看，积极意义大于负面意义，权衡利弊后选择不起诉。与之不同的是，影视剪辑视频主"谷阿莫"被迪士尼、车库娱乐等五家公司联合起诉侵权，其影视二创视频也是大量引用原作品的素材，但是被起诉的原因是认为他的二创作品严重损害原作品的声誉，在内容上抹黑电影，影响版权方的利益。虽然两种类型的二创都属于过度引用，但是往往版权方与创作者产生纠纷的核心点在于是否对原作品造成负面影响。

影视作品的二次创作是在原作品基础上进行加工，会带有程度不一

---

① 周婷婷：《电影微解说的著作权问题研究》，硕士学位论文，上海师范大学，2020 年。

的主观性，这种主观性在二创作品的表现成为是否对原作品构成侵犯或抄袭的一个判断依据。在《著作权法》新增内容中提到使用，他人作品不得影响该作品的正常使用，也不能不合理地损害著作权人的合法权益，可以理解为对原作品的再创作不能擅自歪曲、抹黑原作品的剧情或价值观。影视作品二次创作有利于丰富用户生产内容，但是在二次创作的过程中存在的原作品引用引发的版权争议值得关注，对于影视二创应该有更细致严谨的规定来维护版权方利益；同时也能给予创作者足够的创作空间，在原作品的基础上发挥自己的独创性，促进二次创作生态的健康发展，进而进一步激发文化产业活力，展现多彩内容。

（三）AI 2.0 时代的新闻作品版权

当前 AI 技术已从 1.0 时代迈入 2.0 时代，生成式 AI 产品正凭借其强大的功能特性和良好的市场前景引爆新一轮新闻行业的革命，其中最具有代表性的生成式 AI 产品有 ChatGPT、Midjourney 等。科技作为一把双刃剑，生成式 AI 在赋能新闻行业的同时，也给新闻生产带来新挑战。生成式 AI 凭借其强大的 AIGC 功能机制较以往人工智能技术对行业的赋能更加明显，标志着人工智能时代新的拐点。目前生成式 AI 在新闻出版业优先落地试用，在 2023 年全国两会期间，中科闻歌多模态 AIGC 打造的 AI 主播在上游新闻、重庆国际传播中心正式公开；[①] 浙江文艺出版社的科幻图书《拉丁姆》的封面是运用 Midjourney 进行辅助设计的。

生成式 AI 是 AI 2.0 时代的首个现象级技术应用，它的核心机制——AIGC 可以做到瞬时生成用户所需的多模态内容，不仅是图文，连元宇宙的内容场景也能做到瞬时生成，并且能够做到不在人工参与标注的情况下自动学习完成全新内容产品。生成式 AI 的出现为新闻行业带来新的可能性，加速新闻业的智慧转型，提升用户体验，从新闻流程重塑、新闻内容的自动化生成到新闻阅读的个性化体验，全部一站式满足，实现真正的提质增效。但是这一技术背后可能隐藏着"新闻灾难"的风险。一是生成式 AI 背后的算法是对海量数据进行处理，难免会造成虚假新闻、

---

① 邓烨、王则皓：《AI 2.0 时代的新闻作品版权问题与科学规制建议》，《出版广角》2023 年第 14 期。

错误信息的传播，带来的后果不仅是对新闻媒体公信力和权威性的消解，导致公众出现认知危机，引发新闻行业的生态危机；二是在处理海量数据的过程中，这些数据的使用是否经过持有者的同意，以及部分数据是否涉及个人隐私，经过个人同意，这些都是技术发展过程中必须面对的问题。

除此之外，基于超级海量数据的生成式AI所生产出的新闻产品的侵权认定存在难度。一是因为生成式AI的技术隐蔽性，生成式AI抓取海量数据的过程是一个隐蔽的状态，在数据选择上，新闻媒体的内容因具有权威性成为最佳抓取目标，技术对其进行复制、储存以及利用的过程中，并不是照搬照抄，而是会进行自动加工，通过一定的技术手段，改变原素材的表达手段，从而降低与原始素材的重合度。在网络时代，数据海量化传播，新闻媒体难以分辨和察觉被清洗过数据后生产的内容是否对自己构成侵权，从而巧妙规避掉法律中对新闻版权保护的规定。二是现有的法律都模糊化生成式AI的侵权范畴，如出于"不压制技术创新发展能力"的目的将其合理使用的规范定在"不侵害他人合法权益之内"，这一表述并未给定确切的使用程度或范畴，导致侵权认定存在困难。还有一点就是随着生成式AI的使用范围扩大，用户数量不断增长，技术生成内容的流向和目的越发复杂难以确认，导致侵权规模和难度与日俱增。

生成式AI作为有良好前景的新技术，在发展中存在问题不可避免，但不能回避问题，需要积极应对新闻作品中生成式AI的侵权问题，才能塑造绿色健康的新闻行业生态。

（四）网络社区的版权归属

随着互联网的发展，网络的圈层化特点日益明显，像豆瓣、知乎这种具有社群属性的社区平台，其生产于该平台的内容在转载与使用的过程中存在版权问题。例如豆瓣这一平台，里面的小组都是基于相同兴趣进行的聚合，无论是在平台发布的个人内容还是在特定小组发布的与小组属性相关的内容，都属于用户生产内容。这些内容可以通过分享键或者截图的形式被搬运，即使截图平台会生成带有水印的图片，但是只需要个人选择取消，依然是可以生成无水印的截图，而且分享甚至是不需要基于原创作者的同意即可实现，就会导致原作者的创造内容极易在本人不知情的情况下被使用，并且从一个平台向其他平台扩散。虽然其中大部分都是单纯以分享为目的，无盈利的意图；但是也存在一些以营利为目的的自媒体账号在不经过原作者同意的情况下就转载内容，为自身账号提升热度，带来利益。这种显然涉及侵权，但是当前此类平台关于版权保护的机制还不够健全，存在各种问题。

一是网络社区平台内容的版权归属。当前大部分网络社区的规定是用户在该平台生产的内容，版权归用户所有，平台只具有该内容的使用权。但因为商业竞争的原因，一些平台就会规定用户在该平台发布的内容版权由该平台所有，这样用户只能选择一个平台进行内容发布，是对用户的一种隐性强迫。这一规定就会导致一旦用户发布在一个平台的内容被不规范转载后，用户无法用原作者的名义进行维权，增加维权难度，进而导致用户权益受损。

二是侵权行为的认定存在难度。确定侵权行为的前提是要有一个侵权标准作为判断基准，但是现在各平台基于自己的利益提出针对各自平台的版权规定，在侵权标准方面没有形成统一的标准。这就会导致不同平台对侵权行为的监管力度存在差异，一些监管较松的平台就会成为侵权者的"避风港"，一旦大批侵权者在同一平台进行聚集就会带来"劣币驱逐良币"的后果。这些侵权的行为当中较难把握的包括"洗稿"等一系列新型侵权行为。"洗稿"的特点是使用原作品的中心思想和主要内容并对其进行改写，从而达到降低与原作品的重合度，属于一种新的剽窃手段。侵权者通过将原作品的语序进行调换、内容上的删减以及词语替换等手法来掩盖原作品的真实来源。经过一系列手法改写后获得的"洗稿"内容，即使经过文字检索也难以认定其是否构成侵权。

除此之外，网络社区本身侵权行为存在取证困难的情况。一般的网络社区非实名制，当一些侵权现象发生时，无法通过找到真实的侵权方来维护著作权人的权益。并且网络社区转载的内容可以随时删除，这就给侵权方提供了"便利"，随时删除侵权的证据。另外，网络时代的传播速度是裂变式的，一旦出现侵权的规模式扩散，取证难度也大幅增加。一系列的侵权认定与取证难度，都为维权者的维权之路增加难度。

（五）网络游戏直播的版权问题

网络游戏直播是指媒体通过互联网向观众展示玩家游戏过程的实时在线直播，它由三个要素构成：一是游戏本身的画面，二是玩家操作游戏的画面，三是以直播的形式进行呈现。与网络游戏画面不同的是，网络游戏直播是观众在观看玩家操作游戏，并且这一过程是有解说进行讲解。网络游戏产业的发展日益加速，其中延伸出来的网络游戏直播有着门槛低收入高的特点，吸引了众多互联网公司在内的许多主体参与，在巨大的利益面前，主体间的纠纷也日益显现，主要是对网络直播画面的版权归属问题存在争议。

对于当前网络游戏直播存在的版权争议问题，一是在于网络游戏直播画面是否构成作品，中国的版权法保护的对象是作品，而作品的特点是具有独创性。中国的司法实践倾向于将有一定创作高度的视为作品。不同类型的网络游戏直播所具备的独创性程度不同。网络游戏直播整体可以分为两类，网络游戏玩家自行直播为 UGC（User Generated Content）和专业的电竞比赛直播 PGC（Professional General Content）。就 UGC 直播而言，直播画面与网络游戏画面接近，还会配有主播个性化的讲解以及观众的实时互动，但是整体的独创性程度不高，难以认定为版权中的作品。而 PGC 直播相较于 UGC 直播，独创性更凸显，会有观众、灯光、音乐、现场解说等，并且 PGC 直播的画面会进行切换，现场会有多个机位，能够实现不同机位组合输出画面，体现出设计的独创性，展现民事主体的智慧创作成果，更符合版权中对作品界定的范畴。

二是从作品属性的角度看，虽然 UGC 直播在版权中所说的作品的范畴之内，它更倾向为一种录像制品，同属于可伴音的连续图像组合，只不过 UGC 直播是以游戏动画视频的方式实时呈现在直播平台上。相比之下 PGC 直播属于类电影作品，因为其在直播过程中同样有导演等专业分工的工作人员，以及在镜头上会像电影一样用到分镜头、慢镜头等，甚至还有服装师、美工等团队构建在电影制作中也会存在。以上只是从著作权对作品的界定以及作品属性对网络游戏直播进行分析，但是能否按照录像制品或者电影作品的版权保护规定来对网络游戏直播进行版权保护并没有给出明确的规定。

除此之外，即使网络游戏直播能够按照作品属性受邻接权保护，但是由于网络游戏直播发展迅速，相关规定难以及时更新。而且网络游戏直播涉及的主体较多，权利归属也是一个问题，其中涉及的主体不仅有主播、观众、平台、监管机构，还有一些上下游行业，不同主体之间还存在利益关联。在行业规章不清楚的情况下，主体的复杂性更增加了追究责任主体的难度。可能会存在一方推卸责任，被侵权方的责任反而增加，版权人维权难度增加，网络游戏直播维权存在困难。

五　版权保护的发展建议

（一）区块链的技术赋能

区块链技术作为一项新兴技术，有着数据篡改难度大、数据可信度高、数据容错性强等特征。适当利用区块链技术，将其运用到版权保护中，一旦发生侵权行为，区块链技术会迅速进行溯源，快速准确地识别侵权行为的源头，从而可以起到保护版权人权益的作用。在具体实践中，区块链技术可以运用到图书电商销售当中，借助区块链技术打造一条图书全生命周期管理的链条，对图书进行方位的溯源；加之创新线上图书销售的渠道管理方式，对打击盗版图书线上销售起到辅助作用。

商务印书馆就运用大数据与区块链技术结合的手段，构建了一条集物理、技术、运营三合一的图书防伪溯源体系。该体系能够实现对图书检验真伪，操作过程简单容易，于生产方、经销商与渠道商而言实现了提质增效。不仅实现了数据智能化管理线上图书，还能将这套体系进一步应用到线上图书的数字营销当中，数据的准确计算能够让供需更精准。

但是使用区块链技术需要注意一些问题，当前中国针对区块链技术的相关法律还不够完善，技术发展迅速，法律存在滞后性，因此有关区块链的法律还需进一步精准细化。不仅如此，虽然区块链技术已经在大范围开始应用，但是关于这项技术的使用还没有建立一个统一的使用规范。技术作为一把双刃剑，需要一定的制度对其进行约束，才能更好发挥正向作用，从而更好地运用到版权保护当中，推动版权生态的良好发展。

(二) 制度层面的再完善

前面问题分析的部分,不论是 AI 2.0 时代的新闻作品版权,还是短视频的音乐版权与影视作品二次创作版权等出版活动,都在制度层面存在相关法律法规建设不完善的情况。需要进一步细化侵权边界,像短视频相关的侵权问题,不论是短视频的音乐侵权还是短视频影视二创的侵权,都需要明确视频本身是否存在盈利行为,这一行为的判断需要考虑到背后的隐性盈利。因此,针对短视频的侵权问题需要从"是否盈利"这个点来进行规则的细化。生成式 AI 的新闻作品侵权问题在于,该技术可以通过降低重合度等办法来规避法律设置的侵权界定。因此对于生成式 AI 的管理,不仅需要从法律层面针对生成式 AI 的复杂特性进行相关内容的有针对性细化,还应该从道德层面对技术进行规制。

针对网络社区存在的版权问题,因为网络社区侵权具有可迅速删除的特点,一旦证据被删,侵权行为就无法进行认定,所以可以设立侵权快速认证通道,能够在侵权发生后第一时间将证据进行保存,从而保证维权者的权益不被侵害。对于网络游戏直播存在的版权问题,主要是能否将 UGC 和 PGC 认定为作品。通过对作品属性的分析,网络游戏直播的版权问题治理可以从作品属性出发,采用邻接权保护的办法,并将这一内容添加到相关规定当中,及时更新规定,以适应当下迅速发展的网络环境。

根据出版业当前问题各自具有的特殊性,有针对性地对相关政策进行细化,发挥制度的约束作用,让版权持有者能够放心创作,打造健康的创作环境与出版发展生态。

(三) 共建合作保护机制

随着出版行业的发展,出版业存在的版权问题会涉及多个主体,因此在解决出版业版权问题上可以采取建立多方协作共建版权保护机制的办法。关于生成式 AI 存在的新闻产品版权问题,一是可以通过媒体间建立合作保护机制,以联盟的形式来加大新闻产品的版权保护力度。因为单一媒体的版权保护能力有限,媒体进行协作能够增强版权保护的能力。这个可以借鉴包括《纽约时报》在内的全球 2000 多家媒体联合建成的

"新闻媒体联盟"。行业联盟的建立不仅能够减小对生成式 AI 新闻产品侵权认定的难度，还能加大惩罚力度，分摊生成式 AI 侵权行为中各环节的成本。

二是可以进行跨界或跨平台的合作。这一点既可以应用于生成式 AI 新闻产品的侵权问题，也可以应用于网络社区存在的侵权问题。例如，新闻行业可以利用其自身拥有的优质版权资源与生成式 AI 的上下游行业进行合作，可以与技术研发公司展开深度合作，进行版权收益的协商以及建立专业技术模型预防侵权现象的出现；也可以与平台方进行合作，将媒体自身具备的权威优势与平台方的传播优势相结合，强化版权问题的治理意识和责任意识。对于网络社区而言，其之所以要建立跨平台的版权保护联盟，是因为网络社区出现版权问题后，各平台与法务部门缺乏沟通，导致维权难度加大。所以需要建立跨平台的版权保护联盟，提升版权保护的效率。

（四）个人版权意识提升

当前出版业所存在的问题中，部分是由于个人缺乏版权意识。虽然出版行业在不断发展壮大，但是大众整体的版权意识没有跟上行业发展，还是存在不少将互联网与免费分享画等号的认知，这种认知下就会带来侵权问题。例如短视频的侵权问题中，用户在使用音乐创作视频的过程中，会存在没有意识到音乐不管使用几秒钟还是几分钟，节选一小节还是完整使用整首音乐，都涉及版权问题。不论怎样，用户个人在创作过程中要有版权意识，不仅是对自己作品的版权意识，也包括使用他人作品需要有的版权意识。在合理范围内创作，在使用已有作品的过程中需要注意相关平台等的版权规定，不要抱侥幸心理。

另外，还需要跟受众科普侵权的利害关系，让版权保护宣传走进校园，强化受众的版权意识。受众如果能主动抵制侵权行为，将大大减少维权工作的难度，还能减少有关版权的纠纷。但是版权意识不能只依赖用户，创作者自己也应该提升版权意识。部分版权者在利益面前忽视自己被侵权，这是一种短视行为，不利于整个创作内容生态的良好发展。